Mimoun Azizi
Dichter und Denker im Islam

Mimoun Azizi

Dichter und Denker im Islam

Re Di Roma-Verlag

Bibliografische Information der Deutschen Nationalbibliothek:
Die Deutsche Nationalbibliothek verzeichnet diese Publikation in der Deutschen Nationalbibliografie; detaillierte bibliografische Daten sind im Internet über http://dnb.ddb.de abrufbar.

ISBN 978-3-86870-574-4

www.rediroma-verlag.de
15,95 Euro (D)

Inhaltsverzeichnis

Einleitung

„Im Islam leben wir
und im Islam sterben wir.“
(Goethe)

Der Islam bedeutet „Hingabe“ an den einen Gott, der weder gebar noch geboren wurde. Das Heilige Buch des Islam ist der Koran, was „Lesung“ bzw. „Rezitation“ bedeutet. Der Islam ist eine Religion, die uns in Europa noch sehr fremd ist. Es wird Sie wundern, dass viele großartigen wissenschaftlichen Errungenschaften, die wir in der westlichen Welt für selbstverständlich halten, ihren Ursprung in den islamischen Ländern haben. Die islamische Welt war vor mehreren hundert Jahren eine eigene Hochkultur. Ihre Universitätsstädte bildeten das Zentrum der Welt. Aus ihnen gingen großartige wissenschaftliche Gelehrte aus allen Bereichen hervor.

Exemplarisch für den Einfluss der islamischen Philosophie und der islamischen Wissenschaft auf Europa ist die Errichtung der ältesten Ärzteschule des christlichen Abendlandes, die Salerno in Unteritalien, die um das Jahr 900 gegründet wurde. Sie wurde maßgeblich von der islamischen Medizin geprägt. Ihren Aufschwung hat sie Constantinus Africanus, einem arabischen Kräuterhändler der zum Christentum konvertierte, zu verdanken. Er erlernte die lateinische und italienische Sprache und so konnte er medizinische Werke vom Arabischen ins Lateinische übersetzen. Die islamische Medizin konnte damals schon eine 200-jährige Medizingeschichte vorweisen. Dazu haben Jahja ibn Aflah, bekannt unter dem Namen Johannes Afflatius Saracenus, ebenfalls Konvertit, erheblich beigetragen. Er eröffnete die Reihe der großen salerintaner Ärzte wie Petrus Musandicus und Magister Urso.[1] Cordoba, heute eine unbedeutende spanische Stadt, war damals die größte Stadt Europas. Sie war der Leuchtturm der Zivilisation, des Wissens und der Toleranz. Zu keiner

[1] Vgl. Walter Görlitz, Wächter der Gläubigen, Sieben Stäbe Verlag, Hamburg, 1936, S. 8

Zeit, weder danach noch davor, haben alle drei monotheistischen Religionen so harmonisch miteinander gelebt und sich ergänzt. Die Stadt verfügte über die größten Bibliotheken der damaligen Zeit. Sie beherbergten die größten und die bedeutendsten Büchersammlung des Abendlandes. Aus dieser Stadt kamen die bedeutendsten Philosophen, Mathematiker und Mediziner seiner Zeit. Menschen aus allen Ländern strömten nach Cordoba, um sich Wissen anzueignen. Die iberische Halbinsel, speziell Andalusien, erlebte seine Blütezeit.

Al-Chawasimi schrieb bedeutende geographische und astronomische Werke, die 300 Jahre später durch den Engländer Athelhart von Bath ins Lateinische übersetzt wurden. Er schrieb auch bedeutende mathematische Werke wie z.B. „Algabra wa almuqabalah". Daraus leitet sich das Wort „Algebra" ab. Sogar Leonardo da Vinci ließ sich von einem arabischen Mathematiker unterrichten. Am Hofe Friedrich II., der in der Mathematik und arabischen Naturwissenschaften bewandert war, lernte er Theodorus aus Antiochia kennen. Dieser war zuvor in Mossul bei Kamal din ibn Junis, einem genialen arabischen Mathematiker, Schüler gewesen. Eben dieser Ibn Junis war auch ein exzellenter Kenner der Schriften des al-Farabi und Ibn Sinas und auch in den Schriften des Euklid bewandert. Theodorus, der Schüler des Ibn Junis, erkannte die Talente Leonardos und lehrte ihn die Multiplikation, die Division, das Potenzrechnen und das Wurzelziehen.

Die drei Söhne des Musa ibn Schakir, des islamischen Robin Hood, der nachts als Räuber getarnt die Reichen bestahl und tagsüber am Hofe des großen Kalifen al-Mamoun Astronomie und Geometrie lehrte, haben großes im Bereich der Naturwissenschaften vollbracht.

Die Söhne des Musa folgten dem Beispiel ihres Vaters. Mohammed ibn Musa, der Älteste, wurde ein bedeutender Politiker und im Sinne seines Vaters ein hervorragender und loyaler Berater des Kalifen al-Mamoun. Al-Mamoun, der sich so für die Wissenschaft faszinieren konnte und selbst ein gebildeter Mann war, baute für seine Astronomen am Hofe eine Sternwarte in der damals wohl berühmtesten und bekanntesten Stadt, Bagdad. Hier wurden die berühmten Mamounischen Tafeln ausgearbeitet. Mohammed ibn Musa konnte mit einer extremen Genauigkeit sogar den Umfang der Erde errechnen. Er verfasste wichtige astronomische Schriften wie zum Beispiel über Transversalensatz. Mit seinen beiden anderen Brüdern verfasste er das berühmte Buch „liber trium fratrum de geometrica". Ein Buch über Flächenausmessung, das später von Cremona ins Lateinische übersetzt wurde. Auch beschäftigte er sich mit der Logik und mit der Philosophie. Ahmed, der mittlere von drei Söhnen, machte sich einen Namen als genialer Techniker. Sein Buch „Buch von den sinnreichen Anordnungen“ war ein Meilenstein technologischer Entwicklungen und seiner Zeit deutlich voraus. Alhazen, der jüngste, glänzte als Mathematiker, ganz besonders in der Geometrie. Zu seinen Werken gehört das Werk über die Kegelschnitte. Zu den Verdiensten dieser drei Brüder gehört auch, dass sie keine Mühen und Kosten scheuten, um Literatur aus der gesamten damaligen bekannten Welt zu sammeln und in Bagdad ins Arabische zu übersetzen. In Bagdad entstand sogar eine Übersetzerschule. Die Banu-Musa sind ein Beispiel für die hohe Kunst der arabischen und islamischen Wissenschaft.

Dem Nürnberger Peter Henlein wird der Ruhmeskranz geflochten, die Uhr erfunden zu haben, Uhren jedoch gab es schon lange vor seiner Zeit. In der Omaijaden Hauptstadt Damaskus standen bereits im 8. Jahrhundert auf den Marktplätzen die Tageszeit anzeigende Uhren.

Der Arzt und Techniker Ibn Firnas baute um das Jahr 870 die erste Flugmaschine. Es wird berichtet, dass es ihm sogar gelang, sich einige Sekunden in der Luft zu halten. Bei einem dieser Flugversuche verunglückte er. Der Astronom as-Sarqqali entwickelte in Toledo die später berühmten Alfonsischen Tafeln, die von dem Arzt Don Abraham ins Kastilische übersetzt wurden.

Nicht nur Leonardo, sondern auch Kopernikus benutzte das Wissen des Morgenlands, um seine Erkenntnisse zu vertiefen. Ohne die Tafeln des al-Chawarismi, ohne die des al-Mamounischen, die des al-Battani, die des Ibn Junis und des al-Sarkali, hätte es Kopernikus womöglich nicht geschafft. Ibn al-Cheitam begründete die Lehre der Strahlenberechnung. Dieser als Alhazen bekanntgewordene Wissenschaftler war einer der bedeutendsten Lehrer des christlichen Abendlandes. Berühmt wurde seine Theorie über die Planetenbewegung sowie die Erkenntnis, dass nur der Mond seine Helligkeit von der Sonne empfängt. Während Euklid und Ptolemeus der Ansicht waren, dass das Auge Sehstrahlen auf die Dinge, die wahrzunehmen sind, entsende, war Ibn al-Cheitam davon überzeugt, dass nicht die Strahlen die das Auge verlassen das Sehen bewirken, sondern er ging davon aus, dass die Form des wahrgenommenen Gegenstandes bzw. Objektes in das Auge strahlte, wobei das Wahrgenommene durch die Linse umgewandelt wird. Damit kann zweifelsfrei Ibn al-Cheitam als Vater, und nicht Leonardo da Vinci oder Bacon, der experimentellen Forschung angesehen werden.

Al-Cheitam experimentierte als erster mit der Lochkamera, dem Prototyp der Fotografie. Auch die durch verschiedene Medien wie Luft und Wasser bedingten Strahlenbrechungen sowie die Gesetze der Funktion des

Scheinwerfers entstammen seiner Forschung.

Der Philosoph al-Kindi beschäftigte sich mit den Fragen der Naturwissenschaften und der Astronomie. Unter seinen zahlreichen Abhandlungen findet sich u.a. eine ganz besondere Abhandlung über das „Urrätsel der Astronomen". Es ist auch al-Kindi gewesen, der die Winkelmessung mit dem Zirkel in der Geometrie einführte. Er konnte auch spezifische Gewichte von Flüssigkeiten berechnen und vor Newton experimentierte er mit der Gravitation und den Fallgesetzen, welche er in seiner Abhandlung „Über die aus der Höhe herabfallenden Körper" beschrieb. Bereits um das Jahr 1000 stellte der Arzt Ali bin Suleiman die Atomtheorie auf. Ali bin Suleiman kam zu der Schlussfolgerung, dass die Körperteilung nicht aufhöre und dass man nicht zu etwas gelange, das nicht mehr teilbar sei. Ebenfalls um das Jahr 1000 kam ein anderer islamischer Forscher, nämlich al-Biruni, zu der Überzeugung, dass nicht die Sonne für den Wechsel von Tag und Nacht verantwortlich sei, sondern der Planet Erde selbst, der sich um die eigene Achse drehe und mit den Planeten die Sonne umkreise. Eine Theorie, die 500 Jahre später Kopernikus zu seiner machte und womit er unsterblich wurde. Die Philosophie des Ibn Rushd setzte im 14. Jahrhundert, insbesondere in Frankreich, England und Deutschland eine Diskussion im Gange, an der sich u.a. Albertus Magnus, Thomas von Aquin und Roger Bacon rege beteiligten und die maßgeblich ihre Arbeiten beeinflusste. Die islamischen Wissenschaftler, insbesondere der Astronom und Mathematiker al-Kaschi, sind auch die Erfinder des Rechnens mit Dezimalbrüchen. Sie sind auch die Begründer der Trigonometrie. Nicht zu vergessen ist auch die Perfektionierung der Algebra durch Omar ibn al-Chaijam. Die quadratischen Gleichungen, die Winkelberechnung eines Dreiecks und die Flächenberechnung eines Kreises, die heute in der Schule zur Grundausbildung im Fach Mathematik gehören, sind arabischen Ursprungs. Das Verwenden von Sinus, von Seiten und Winkeln des Dreiecks, das Aufstellen der Funktionen Cosinus, Tangens und Kotangens hat das christliche Abendland ebenfalls den arabischen Mathematikern zu verdanken. Zu den berühmten Mathematikern gehörte zweifelsohne Abu al-Wafa, der neue Berechnungsverfahren für Sinustafeln erfand, ein mathematischer Quantensprung. Von den islamischen Mathematikern übernahm das Abendland auch die Sexagesimalrechnung und die Sechzigerteilung des Kreises. Der wohl einflussreichste und auch im Abendland bekannteste islamische Arzt und Philosoph Ibn Sina, der einflussreichste Lehrer der Scholastik seiner Zeit, beschäftigte sich hauptsächlich neben seiner ärztlichen Tätigkeit mit der unendlich kleinen Größe, die dann auch zur Erfindung der Infenitiesimalrechnung durch Newton und Leibniz geführt haben. Ein weiterer bedeutender islamischer Philosoph war der Mathematiker und auch begabter Musiker al-Farabi, der sich durch die Beschäftigung mit einer Musiktheorie den Weg zur Entwicklung und Entstehung des Logarithmus ebnete.

Diese Philosophen und Naturwissenschaftler waren nie der Gefahr ausgesetzt als Ketzer getötet oder geächtet zu werden. Ganz im Gegenteil sie waren angesehen und am Hofe der Kalifen gern gesehene Gäste. Der Islam stand diesen Entwicklungen in keinster Weise im Wege. Vielmehr hat er die Akkumulation und die Erweiterung des Wissens, was dem Wesen des Islams ja auch entspricht, mit allen ihm zur Verfügung stehenden Kräften unterstützt. Die Dichter und Denker im Islam genießen ein hohes Ansehen. In den Städten, in denen sie zur Welt kamen bzw. in denen sie lehrten, werden diese durch architektonisch außergewöhnlich gestaltete Mausoleen unsterblich gemacht.

Einige dieser außergewöhnlichen Menschen und ihren unsterblichen Einfluss auf die menschliche Geschichte möchte ich Ihnen in diesem Buch näher bringen. Der Leser soll einen Vorgeschmack auf eine Reise in eine Welt aus 1001 Überraschungen bekommen. Der Autor erhebt keinen Anspruch auf Vollständigkeit. Vielmehr handelt es sich um eine zufällige Auswahl aus einer großen Anzahl von außergewöhnlichen Dichtern und Denkern, aus allen Bereichen der Wissenschaften. Dabei ist der Autor einfach der eigenen Seele gefolgt.

Islamische Mediziner

„Daher sind die des Avicenna, Rhasis und Averroes Bücher eben mit der gleichen Autorität als des Hippocratis und Galeni aufgenommen worden und haben so viel Kredit erlang, dass, wer ohne dieselben zu kurieren sich unterstanden, von dem hat leicht gesagt werden können, er ruiniere die allgemeine Wohlfahrt.“
(Agrippa von Nettesheim)

Thabit, der Neffe des Emirs von Schaisar, berichtete von einer Begegnung mit den Franken und deren Ärzte auf der Burg Al-Muneitira. Die Franken-Herrscher hatten wenig Vertrauen in ihre Hofärzte. Nicht selten baten sie um ärztlichen Beistand arabischer Ärzte, wie auch in diesem Fall. Thabit berichtete, dass man ihm in dieser Burg einen Reiter gezeigt habe, an dessen Bein sich ein Geschwür nach einer Verletzung gebildet habe. Ferner stellten sie ihm eine Frau vor, die von Fieber geplagt war. Dem Reiter habe er ein Zugpflaster aufgelegt. Dabei brach das Geschwür auf und der Heilungsprozess begann. Der Frau verordnete Thabit eine Diät. Dadurch besserte sich ihr körperliches Befinden. Doch dann sei ein fränkischer Arzt hinzugekommen und habe behauptet, dass Thabit es nicht verstehe, diese Menschen zu heilen. Der fränkische Arzt habe vorgeschlagen, das Bein des Reiters zu amputieren, was auch erfolgte. Dies hatte den Tod des Reiters zur Folge. Im Hinblick auf die Frau, der vorgeworfen wurde, das in ihrem Kopf der Teufel wohne, wurde die mittlere Kopfhaut abgezogen bis der Schädelknochen freigelegt war. Der Kopf wurde nun mit Salz berieben. Die Frau starb daraufhin. Diese Geschichte gilt als Beispiel der Heilkunst der Franken und auch als Beweis für die Überlegenheit der islamischen Medizin. Die abendländische Medizin war durch Handauflegen und Exorzismus geprägt. Nirgendwo auf der Welt gab es besser qualifizierte Ärzte als bei den Muslimen. Die medizinische Wissenschaft blühte bei ihnen. In keiner Kultur existierte ein derart ausgebildetes Sanitäts- und Apothekenwesen. Die arabischen Krankenhäuser suchten damals ihres gleichen. Die hygienischen Maßnahmen waren der damalige Zeit um Jahrhunderte voraus[2]. Während im islamischen Raum die Kunst der Medizin ein sehr hohes Ansehen genoss, war sie im Abendland verpönt. Im christlichen Abendland verließ man sich ausschließlich auf die Kraft des Glaubens und verachtete die handwerkliche Arbeit der Ärzte nach dem Motto „Inhonestum magistrum in medicina manu operari". Dies war sicherlich nicht die Philosophie einzelner christlicher Fanatiker, sondern die Spiegelung des Zeitgeistes im christlichen Abendland. Es galt das Prinzip „ohne Beichte keine Behandlung", d.h. dem Arzt war es verboten Kranke zu behandeln, ohne vorher selbst gebeichtet zu haben.

Zur selben Zeit verlangte Ibn Ridwan, Sprecher der Ärzteschaft in Kairo, von den islamischen Ärzten, dass diese die Feinde mit derselben Ernsthaftigkeit und Empathie behandeln sollen, mit denen sie Ihresgleichen behandelten.

Alleine Cordoba besaß mehr als 40 Krankenhäuser. In diesen Krankenhäusern existierten verschiedene medizinische Abteilungen, die von Chefärzten geleitet wurden. Diesen untergeordnet waren die Oberärzte, welchen wiederum die Assistenzärzte untergeordnet waren. In diesen Krankenhäusern fand auch der Unterricht statt. Hier wurde nicht nur geforscht, sondern auch die nächste Generation ausgebildet. Fließendes Wasser war selbstverständlich. Al-Mansur ließ, als er Sultan wurde, wohl das größte und modernste Krankenhaus der Welt in Kairo erbauen. Die Patienten, ob arm oder reich, wurden kostenlos versorgt. Die Kosten wurden von dem Kalifen höchstpersönlich übernommen.

Die großen Krankenhäuser waren auch gleichzeitig medizinische Universitäten. Sie verfügten über eigene Hörsäle und Bibliotheken. Auch das Pflegepersonal wurde geschult. Zu den Aufgaben eines islamischen Chirurgen gehörte das Behandeln von Brüchen und Verrenkungen sowie die Beseitigung von Gallensteinen, aber auch Mandelbeseitigungen, das Öffnen von Geschwüren sowie Amputationen und Trepanationen.

Zu den berühmtesten islamischen Ärzten gehörte Abu bakr Mohammed ben Sakaria. Ben Sakaria hinterließ mehr als 200 Abhandlungen und Bücher u.a. über Magnetismus, über die Kritik der Religion und über die göttliche Wissenschaft. Das Ergebnis seiner jahrelangen fruchtbaren wissenschaftlichen Arbeit ist die Zusammenfassung seines Wirkens durch seine Schüler, die sie „Al-Hawi" nannten. Es handelt sich um eine Enzyklopädie bestehend aus 30 Bänden. Sie beinhaltete das gesamte Wissen der damaligen Medizin von Hippokrates bis Ben Sakaria. Berühmt ist

[2] Vgl. Walter von Brunn, Kurze Geschichte der Chirurgie, Julius Springer Verlag, Berlin, 1928, S. 126

auch sein Buch „Heilungen in einer Stunde". Er verfasste auch Bücher über gesunde Ernährung. Er gehörte zu den ersten Ärzten, die an Tieren Medikamente erprobte, also Tierexperimente durchführte. Sechs Jahre nach seinem Tode wurden staatliche Prüfungen und die Approbation eingeführt. Er war auch der erste, welcher einen Zusammenhang zwischen Ethik und Medizin nicht nur theoretisch herstellte, sondern auch praktizierte. Ben Sakaria machte die islamische Medizin, die durch al-Kindi, al-Kinani, Jachja ben Masbah und Thabit ben Qurra bekannt und berühmt wurde, nun auch mündig. Unter ihnen wuchs sie wie nie zuvor. Al-Biruni schrieb: „Alles, was man absichtlich oder unwissentlich zu sich nimmt, kann man zunächst einmal in Nahrungsmittel und Gifte einteilen. Zwischen beiden stehen die Medikamente. (...) Die Medikamente stehen dazwischen, denn im Vergleich mit den Nahrungsmitteln sind sie gefährlich und im Vergleich mit den Giften sind sie heilsam."[3]

Durch die Kreuzzüge lernten die Kreuzfahrer die islamische Medizin kennen und sie begannen nach den Vorbildern islamischer Krankenhäuser entsprechende Pflegeeinrichtungen einzurichten. Es darf nicht unerwähnt bleiben, dass auch Hippokrates vom Wissen der Ägypter profitiert hat. Aus der Sicht des Islam ist Hippokrates nicht der Vater der Medizin, sondern lediglich ein Glied einer langen Kette, die durch islamische Mediziner fortgesetzt wurde. Der Arzt Ibn an-Nafis war zweifelsohne der erste, der den Blutkreislauf entdeckte. Dieser war der Schüler des in Damaskus um das Jahr 1210 lebenden Mediziner Ibn ad-Dachwar, Chefarzt des Nur-Krankenhauses in Damaskus. Er war auch berühmt und bekannt für seine medizinischen Vorlesungen und seinen Unterricht am Krankenbett. Unter anderem studierte Ibn an-Nafis die medizinischen Werke des al-Rasi und des Ibn Sina. Ibn an-Nafis wurde später zum Chefarzt des vor Salahu din al-Ajubi gebauten Nassiri-Krankenhaus in Kairo berufen. Er beschäftigte sich aber auch sehr intensiv mit der Logik und der Philosophie. Er ist der Begründer der vergleichenden Anatomie. Er erkannte als erster den Koronarkreislauf. Er hat auch vor Servet den großen und kleinen Kreislauf des menschlichen Körpers identifiziert. Diese Entdeckungen und weitere andere fasste er in seinem „Kommentar zur Anatomie des Canon des Ibn Sina" zusammen. Leider ein wenig bis gar nicht beachtetes Buch.

Es besteht durchaus der Verdacht, dass Servet aus diesem Buch abgeschrieben hat und dieses als sein eigenes Werk ausgegeben haben könnte. Denn alle jungen Christen, die sich für Intellektuelle hielten, konnten die Sprache und kannten die Literatur der Araber. Drei Jahrhun-

[3] Al-Biruni, In den Gärten der Wissenschaft, Reclam-Verlag, Leipzig, 1991, S. 227 f.

derte nach der Rückeroberung Spaniens beherrschten die medizinischen Schriften und die philosophischen Abhandlungen der Muslime die Textbücher der neu entstandenen Hochschulen bzw. Universitäten im christlichen Abendland. Auch der berühmte Arzt Arnald aus Villanueva war des Arabischen mächtig und er übersetzte zahlreiche medizinische Bücher aus dem Arabischen ins Spanische. Er war so von der islamische Philosophie beeindruckt, dass er von sich aus die Trinitätslehre des Christentums für eine Irrlehre hielt. Diese Haltung zwang ihn zur Flucht nach Paris, wo er dem französischen Arzt Miguel Servede begegnete und dieser sah sich im Jahre 1551 veranlasst die Schrift „Von den Irrtümern über die Trinität" zu veröffentlichen. Diese Veröffentlichung brachte ihm nach einem Verrat durch Calvin den Tod auf dem Scheiterhaufen. Sein neuestes Buch „Die Wiederherstellung des Christentums" wurde mitverbrannt.

Die Werke des Ibn an-Nafis blieben bis heute unbeachtet. Die arabischen Ärzte zeichneten sich dadurch aus, dass sie ohne Rücksicht auf althergebrachte Lehren und damit vorurteilsfrei und undogmatisch ihre Forschung und Arbeit vorantrieben. Die opportunistischen Vorwürfe von der arabischen Unselbstständigkeit und Abhängigkeit von den griechischen Gelehrten gilt hiermit als widerlegt. Während in Europa immer noch vermutet wird, dass Leonardo da Vinci auf Friedhöfen Leichen exhumierte um ihre Anatomie zu studieren, wissen wir, dass der aus Bagdad stammende Arzt und Philosoph Abdel-Latif um das Jahr 1200 Skelette sammelte, um deren Anatomie zu erforschen. Ali bin al-Abbas war der erste Arzt, der die Geburtstätigkeit des Uterus beschrieb, auch schrieb er über Geschwüre im Gebärmutterhals. Im Übrigen war er derjenige, der vor Darwin über die Entstehung der Arten durch Anpassung an die Umwelt sprach. Die heutige Erkenntnis über Hautentzündungen und Meningismen wurden ebenfalls von ihm sehr ausführlich beschrieben. Ar-Rasi, der Beobachter, veröffentlichte als erster Abhandlungen über Masern und Pocken, auch unterschied er zwischen Gicht und Rheuma. Der große Ibn Sina beschrieb als erster die Peritonitis (Bauchfellentzündung), die Pneumonie (Lungenentzündung), die Interkostalneuralgie (Schmerzen der Zwischenrippenmuskulatur). Er konnte auch zwischen Darm- und Nierenkoliken differenzieren. Er entdeckte und beschrieb die zentrale und die periphere Facialisparese, eine der häufigsten Erkrankungen in der Neurologie.

Ibn Sina beschrieb auch als erster den infektiösen Milzbrand. Gleichzeitig fand at-Tabari den Erreger der Krätze. Gegen diesen findet Ibn Sochr ein Heilmittel. Dieser Ibn Sochr beschäftigte sich auch mit der künstlichen Ernährung und beschrieb als erster den Magenkrebs.

Dass gegen Infektionskrankheiten Immunität entstehen könnte, beschrieb der berühmte Arzt und Philosoph Ibn Rushd. Eine Schutzimpfung gegen die Pocken existierte sogar bei den Arabern bereits in der vorislamischen Zeit. Die Idee war, dass durch abgeschwächte Krankheitserreger der Körper gezwungen wird, sich zu wehren.

Al-Masawija gelang im 9. Jahrhundert eine umfassende Beschreibung der Lepra. Die Leprakranken wurden in separaten Krankenhäusern behandelt. Hier hat sich insbesondere der in Kairuan tätige Arzt Ibn al-Dschessar hervorgetan. Die Erkrankungen hatten für die Muslime weder eine metaphysische noch eine mystische noch eine sufistische Bedeutung und schon gar nicht wurden sie als Gottesstrafe angesehen. Die Pest, die Europa heimsuchte, führte der in Andalusien lebende Historiker und Mediziner Ibn al-Chatib, der auch Wesir des Sultans von Cordoba war, auf Berührungen von Kranken zurück. Diese Annahme wurde von dem in Almeria lebenden Arzt Ibn Chatima bestätigt. Diese fundamentalen medizinischen Erkenntnisse wurden 1382 von dem in Montpellier tätigen Arzt Chalin de Vinario übernommen.

Der andalusische Arzt Abu al-Qasim beschrieb um das Jahr 1000 die Bluterkrankheit. Er beschäftigte sich auch mit Arthrosen und Knochentuberkulose, dies also 700 Jahre vor Pott. Er war auch der erste, der die Steißgeburt empfahl. Er war auch ein Kenner in der Therapie von Mund und Kiefermissbildungen. Er führte auch Tracheotomien durch, wobei dieser Eingriff typischerweise später einem Arzt aus dem christlichen Abendland, nämlich Pare zugeschrieben wurde. Er lehrte ferner die Nahttechnik und empfahl als erster bei operativen Eingriffen unterhalb des 8. Brustwirbels eine Hochlagerung des Beckens, die später im christlichen Abendland übernommen wurde und als „Trendelenburgsche Lage“ verkauft wurde. Auch in der Augenheilkunde machten die Araber Quantensprünge. Die Grundlage der christlich-abendländischen Ophthalmologie basiert zweifelsohne auch auf den Kenntnissen der arabischen Augenärzte Hunain ibn Ischaq und Ali bin Issa und Ammar aus dem heutigen Mossul. Auch die Schultereinrenkung ist auf die arabischen Mediziner zurückzuführen. Die heute modernen Wechselbäder mit heißem und kaltem Wasser führte Ibn Sina ein. Er gilt auch als Erfinder des Eisbeutels und der Klistierspritze. Auch die Narkose zur Vorbereitung auf operative Eingriffe wurde durch arabische Ärzte erfunden und weiterentwickelt. Die Behandlung mit Antibiotika, insbesondere mit Penicillin, war den Arabern bekannt.

In der Psychiatrie wurden Manien und Schizophrenien mit Opium behandelt. Die damaligen Psychiater bemühten sich, sich in die Patientensituation zu versetzen, um so das Krankheitsbild zu verstehen. Dies entspricht der heutigen modernen tiefenpsychologisch fundierten Psychoanalyse. Auch die Wirkung der Musik auf die Psychopathologien wurde untersucht. Hier ragte insbesondere der Physiker und Arzt Ibn al-Cheitam hervor. Ibn Sina forderte von seinen Schülern, dass sie die Patienten unterstützen, sie mit Empathie behandeln. All dieses Wissen und vieles mehr ist made in Arabien. Viele von ihnen tragen heute deutsche, englische oder französische Namen.

Während im christlichen Abendland erheblich später versucht wurde das Wissen der Zeit zusammenzufassen, hier ist die Rede von den Enzyklopädisten, gab es in der arabischen Welt bereits drei großen Werke, die das Wesentliche zusammenfassten als da wären „Al Hawi" als dann „Al-Mansuri" und schließlich „Das königliche Buch" von Ali bin al-Abbas. Ibn Botlan beschäftigte sich mit gefährlichen bzw. gesunden Aspekten des Klimas, der Nahrung, der Bewegung, des Schlafes. Ibn al-Dschessar verfasste das „Reisehandbuch für Arme", das Krankheiten und ihre Symptome sowie ihre Behandlung beschrieb. Das Buch diente vor allem Schiffsreisenden. Von Ali bin al-Abbas angestachelt, sah sich der berühmte Chirurg Abu al-Qasim, der am Hofe al-Hakams in Cordoba tätig war, herausgefordert, ein umfassendes chirurgisches Werk, das „At-Tasrif" zu schreiben. Dieses mehrbändige Werk wurde zur Grundlage der abendländisch-christlichen Chirurgie. Übertroffen wurde dieses Werk nur von „Al-Kanon" des Ibn Sina. Wahrlich, Ibn Sina und Ar-Rasi gelang es als einzige, die christlich-abendländische Mauer auf „legalem" Wege zu durchbrechen. Sie sind die einzigen, die von der Wand der Pariser Medizinschule herab blicken. Die restlichen Spuren der arabischen bzw. islamischen Wissenschaftler, Naturwissenschaften und alles was dazu gehört, wurden nach der Rückeroberung Spaniens und durch die darauffolgende Kolonialisierung und Aufteilung des islamischen Reiches von den Landkarten getilgt. Grotesker Weise wurde sogar die Ärzteschule von Salerno von Arabern stark beeinflusst, sie waren an ihrer Entstehung beteiligt.

Während eines Kreuzzuges im Jahre 1218 gelangte der Arzt Hugo aus Bologna in das Heilige Land. Hier lernt er die islamische Medizin kennen. In diesen drei Jahren konnte er von den islamischen Chirurgen lernen. Nach seiner Rückkehr nach Bologna im Jahre 1221 hat er fast 25 Jahre als Arzt mit dem Wissen der islamischen Medizin in seiner Heimat weiterarbeiten können. Sein mitgebrachtes Wissen gab er an seine Söhne und Enkel weiter. Der Fluss der Übersetzungen war nicht mehr aufzuhalten. Das Wissen der islamischen Wissenschaftler floss in Strömen in das christliche Abendland.

Islamische Chemiker

Die islamischen Chemiker, insbesondere Ar-Rasis, der unter dem Pseudonym „Dschabir“ agierte, entwickelten anstelle der einfachen Schmelzverfahren bei Metallen Lösungsverfahren mit Hilfe der von ihm gewonnenen Salpetersäure, Schwefelsäure und Salzsäure. Es gelang seinen Schülern eine Unzahl an Verbindungen darzustellen, darunter Quecksilberoxyd, Zinnober, Arsenik, Salmiak, Silbernitrat, Alaun, Kupfervitriol, Kalilauge, Natronlauge und Schwefelmilch. Sie unterschieden zwischen Säuren und Laugen. Ihnen war der pH-Wert bekannt. Sie bemerkten die Gewichtszunahme der Metalle beim Oxidieren und beim Sulfurieren. Sie entwickelten als Erste die chemischen Verfahren wie das Evaporieren, das Sublimieren, das Kristallisieren, das Filtrieren und das Destillieren. Sie entwickelten mit Hilfe der syrischen und ägyptischen Glasmacher Reagenzgläser und Glasrohre für ihre Laboratorien. Albukaris verwendete bei der Destillation einen hierfür speziell gebauten Ofen, dessen Feuerzeugmaterial sich automatisch ersetzte. Durch die Destillation konnten die islamischen Chemiker Essig reinigen, Wein brennen, aus Dattelpalmenhein Arrak herstellen und für die Bevölkerung wurde das unreine Wasser veredelt. Damit gelangte chemisch reines Wasser in den Handel. Insbesondere die Patienten in den Krankenhäusern wurden mit diesem Wasser behandelt und versorgt. Es gelang ihnen durch Experimente Schwefelsäure herzustellen und Alkohol, das insbesondere die Augenärzte verwendeten. Alle Arten von Öl konnten sie destillieren. Daher stammen viele chemischen Ausdrücke aus dem Arabischen wie z.B. Chemie, Alchemie, Aldehyd, Alizarin, Alkali, Alkohol, Amalgam, Antimon, Benzin, Droge, Drogerie, Elixier, Kalium, Natrium, Natron, Soda. In Tierexperimenten wurde die Opium- und Haschischpharmakologie für die Anästhesie vervollständigt. Erfolgreich waren sie in der Herstellung von Pflaster, Kataplasmen, Verbänden, Salben und Puder. Sie stellten bereits Antibiotika auf dem Boden von Penicillin und Aspergillus her. Die Verwendung von Kohle bei Vergiftungen gehörte zur Routine in den Krankenhäusern. Die islamischen Chemiker trennten das Arbeitsfeld des Arzneibereiters von dem des Arzneiverordners. Sie schufen die Apotheke und den Apotheker. Die ersten öffentlichen Apotheken gab es bereits im 8. Jahrhundert unter der Herrschaft al-Mansurs. Daraus entwickelten sie Feldapotheken und Feldlazarette. Die Apotheken unterstanden staatlicher Aufsicht. Sie wurden regelmäßig von der Gesundheitspolizei kontrolliert. Bei der Herstellung der Medikamente mussten sich die Apotheker an Vorschriften halten. Während eine Ärztekammer die Ärzte überwachte, kontrollierte eine Apothekenkammer die Eignung und die Zulassung für diesen Beruf. Der arabische Einfluss und die Entdeckungen in diesen Bereichen überdauerte die Renaissance bis hinein in das 19. Jahrhundert.

Islamische Philosophen

Die arabisch-islamische Philosophie, welche nach Wissen strebt und die Beschaffenheit der Dinge erforschen will, ist sich darüber im Klaren, was das Wissen und was das Gewusste ist und sie ist sich auch darüber im Klaren, auf wie viele Arten der Mensch eine Frage stellen kann und wie unterschiedlich die Antworten sein können. Der Philosoph muss in erster Linie das Fragen beherrschen, nur dann könne er die Antworten verstehen. Aus Sicht der arabisch-islamischen Philosophie ist die Wissenschaft die Form des Gewussten in der Seele des Gläubigen. Die Seelen der Gläubigen sind Seelen der Wissenden.

Alle Dinge existieren demzufolge in zwei Formen, nämlich zusammengesetzt und einfach. So ist der menschliche Körper eine Zusammensetzung aus Materie und Form. Wie geschaffen der Mensch ist erkennt man also, wenn man die Dinge kennt, aus denen sich der Mensch zusammensetzt d.h. Körper, Seele und Geist. Demnach ist der Mensch ein lebendes, von der Vernunft geprägtes Geschöpf Gottes, welches auch sterblich ist. Die Seele ist lebendig und der Geist vernünftig, hingegen ist der Körper sterblich. Der Mensch ist also eine Zusammensetzung aus Körper und geistiger Seele, welche durch den Willen Gottes neu erschaffen wurde. Daher ist der Mensch mehr als nur eine Zusammensetzung aus Körper, Seele und Geist. Der Mensch ist gemäß der islamischen Philosophie kein Objekt, sondern Subjekt. Die von den Menschen praktizierte Philosophie strebt nicht danach Gott zu erklären, da er unerklärlich ist und sich dem menschlichen Verstande entziehe. Welche Wissenschaft erstrebt der gläubige Muslim?

Die vom Muslim erstrebten Wissenschaften lassen sich in drei Kategorien aufteilen, zum einen in Vorstudien und Religionsgesetze und zum anderen in die eigentliche Philosophie. Vorstudien sind gewöhnliche Bildungswissenschaften. Diese dienen der Bewältigung des Alltags, wobei hierunter das Lesen und Schreiben, die Grammatik, das Rechnen, das Handeln, der Ackerbau, die Viehzucht und die Naturwissenschaften gemeint sind.

Religionsgesetzliche Wissenschaften streben nach mehr. Zum Beispiel setzen sich diese mit der Frage auseinander, wie es im Jenseits aussehen könnte. Sie sind also eine Wissenschaft der Offenbarung, der Erklärung, der Rechtswissenschaften sowie eine Lehre vom Gedenken Gottes, der Ermahnung, der Enthaltsamkeit und von den Träumen. Zu den Gelehrten der Offenbarung gehören die Vorleser, deren Aufgabe darin besteht, die heiligen Schriften in ihren Gedächtnissen aufzubewahren. Erklärungsgelehrte sind Imame oder Moscheevorsteher. Diese gelten als Stellvertreter des Propheten und sind verpflichtet, die „Heilige Schrift" zu studieren und ihre Bedeutung im Ganzen zu erfassen und sie dem einfachen Menschen nahezubringen. Die Gelehrten der Entscheidungen sind die Rechtslehrer. Diese entscheiden, basierend auf die „Heilige Schrift", über Recht und Unrecht und über die Art und das Ausmaß der Strafen. Die Gelehrten der Gedenkung Gottes sind die Asketen, die Sufis und dergleichen.

Die philosophischen Wissenschaften, der dritte Weg, beschäftigt sich mit der Propaedeutik, der Logik, den Naturwissenschaften und selbstverständlich der Religion. Die Propaedeutik wiederum wird unterteilt in Arithmetik, Geometrie, Musik und Astronomie. Die Logik lässt sich unterteilen in die Analyse, d.h. die Kunst zu verstehen und in die Rhetorik, d.h. die Erkenntnis von der Kunst derer, die im Diskurs irreführen wollen.

Die Naturwissenschaften beschäftigen sich mit der Materie, der Form, der Zeit, und der Bewegung.

Die theologischen Wissenschaften beschäftigen sich mit der Lehre des Schöpfers, der Beschreibung seiner absoluten Einheit und seiner Potenz. Ferner mit der Lehre von den geistigen Wesen. Hierbei geht es um den Menschen an sich und die Engel Gottes. Die Engel sind frei von Materie und können menschliche Körper annehmen, um über diese ihre Wirkung zu entfalten. Die Wissenschaft von der Seele ist zunächst einmal die Erkenntnis von der Seele, welche die Natur durchdringt, die Sterne bewegt und die Tiere und Pflanzen nährt und wie sich diese nach dem Tode eben von diesen löst, denn einzig die Seele ist unsterblich.

Die Lehre von der Leitung beinhaltet die prophetische, die königliche, die kommunale und die Leitung des eigenen Selbst. Die prophetische Bedeutung, d.h. im Islam die Leitung durch Mohammed und andere Propheten, hat die Aufgabe, die kranken Seelen vom falschen Glauben und von falschen Ansichten zu befreien sowie von schlechten Gewohnheiten und Ungerechtigkeiten zu heilen. Diese Art der Heilung geschieht von Innen. Auch sollen die Seelen auf das Jenseits vorbereitet werden. Die Königsleitung hat das Gesetz zu bewahren, welches auf die Religion basiert, indem man das Gute willkommen heißt und das Schlechte abwehrt. Die Entscheidung, ob bestimmte Handlungen und Denkweisen schlecht oder gut bzw. falsch oder richtig sind, resultiert aus dem Festhalten am Gesetz. Das Gesetz hat das Unrecht zu bekämpfen und das Gute zu beschützen. Die Königsleitung unterliegt nicht der Leitung eines Königs, wie man irrtümlicherweise heraus interpretieren könnte, sondern diese Leitung ist den erwählten Propheten oder aber auch den Rechtsgelehrten zu übertragen. In diesem Falle bedeutete das, dass die Aufgabe entweder von Gott auf die Propheten, von den Propheten auf die Rechtsgelehrten oder aber auch direkt von Gott auf die Rechtsgelehrten übertragen wird. Die Volksleitung bedeutet nichts anderes als die Führung der Gemeinden. Dies ist die Aufgabe der Emire, die über Städte herrschen, Kalifen, die über Reiche herrschen, Heerführer, die Soldaten befehligen. Innerhalb der Volksleitung hat jede Person, gemäß ihrer Abstammung sowie ihrer Kenntnisse, bestimmte Aufgaben zu lösen. Die Selbstleitung besagt, wie ein Mensch mit seinen Mitmenschen und mit sich selbst umgehen solle. Hier geht es hauptsächlich um den Umgang mit Verwandten, Nachbarn, Brüdern und Verbündeten. Einen sehr großen Wert legt die islamische Philosophie auf die Selbstleitung. Dies setzt zunächst einmal Selbsterkenntnis voraus, d.h. sich selbst erkennen, den eigenen Charakter erforschen, die Situationen richtig erfassen, den eigenen Zorn und die eigene Begierde im Zaum zu halten.

Der Sinn einer Wissenschaft ist es den Weg, welchen die Propheten, die Gelehrten und Weisen eingeschlagen haben, zu erkennen. Das heißt, dass der Anfang aller wissenschaftlichen Tätigkeiten in der Erkenntnis des eigenen Selbst beruht, denn nur dann kennt man auch die anderen. Die Selbsterkenntnis wiederum setzt Wissen, Vernunft und Tapferkeit voraus. Zu den Grundkenntnissen gehört das Zusammenspiel zwischen Körper und Seele. Hierzu gehört insbesondere das Wissen über die Seele, bevor sie sich mit dem menschlichen Körper vereint. Es gehört auch zu den Grundkenntnissen zu wissen, wie der Zustand der Seelen nach der Trennung vom Körper ist.

Der Mensch ist nach der islamischen Philosophie das bedeutendste Geschöpf Gottes. Zu den Eigenschaften dieses Geschöpfes gehört die Kreativität, hierzu zählen die Wissenschaften und Künste sowie die Rhetorik. Durch die Rhetorik bzw. durch die Rede selbst hebt sich der Mensch von den übrigen Geschöpfen Gottes ab. Der Mensch ist ein lebendes, redendes und schlussendlich sterbendes Geschöpf. Die Rede ist unter allen Kunstwerken des Menschen das Allerhöchste. Die Wirkung der Rede auf die Seele ist wie die Wirkung des Körpers des einen auf den Körper das anderen. Die Rede kann die Seele heilen oder sie kränken. Das Loben regt die Seele an, das Ermahnen hält die Seele von schlechten Taten ab, das Beschimpfen und das Beleidigen regen die Seele zum Hass an.

Die vernünftige Rede ist eine heilige Tat der menschlichen Seele und man unterscheidet hier in das Gedachte und das Gesagte. Das Gesagte ist etwas gar körperliches, sinnlich wahrnehmbar. Das Gedachte hingegen ist etwas geistiges, dies ist nur mit der Vernunft erfassbar. Das Gesagte kann gehört werden, dass Gedachte hingegen nicht. Die Seele wird in die Lage versetzt, Dinge alleine schon durch das Denken zu unterscheiden. Die Erkenntnis von der Rede und die Bedeutung des Redens und des Denkens ist Inspiration und Offenbarung zugleich. Die philosophische Logik ist also nichts anderes als die Aussprache des Gedachten in Worten einer Sprache. Das Denken ist der Ursprung des Redens. Das Reden ist ein Hinweis auf das Gedachte im Hinblick auf den Status der Seele.

Die Wissenschaft ist also nichts anderes als die Form des Gewussten in der Seele des Wissenden. Die Kunst ist nichts anderes als die Hervorbringung dieser Form in der Seele des wissenden Künstlers. Das heißt, die Seelen der Gelehrten sind wissend. Der Mensch muss lernen die Wortrede zu verstehen, um ihre Bedingung erwägen zu können. „Wisset, das Leben dieser Welt ist nichts als Spiel und Scherz, ein Aufputz und ein Rühmen zwischen euch, ein Streben nach vielem Geld und großer Nachkommenschaft. Es gleicht dem Regen, der die Ungläubigen in Staunen versetzt, dann aber vertrocknen die Pflanzen und viele sehen sie vergilben (...). Diese Welt ist aber nichts als Versuchung.“ (Sure 59, Vers 19)

Das Denken und das Reden hat in der islamischen Philosophie eine fundamentale Aufgabe. Das Denken und das Reden setzen Wissen voraus. Der Gelehrte betrachtet die sichtbaren Dinge mit den Blicken ihrer Augen, sie bezeugen die offenbarten Dinge durch ihre Sinne und denken mit ihrer Vernunft über die innere Bedeutung derselben nach. Sie erforschen das Verborgene und können so das eigentliche Wesen durch ihre Unterscheidungsgabe erfassen. Dadurch wird ihnen klar, dass alle Dinge verschiedenartige Wesen sind, die allerdings in ihrer Existenz dennoch voneinander abhängig sind. Das Bestehen bzw. die Existenz der Gelehrten und Wissenden haben ihren Ursprung in Gott. Demnach ist Leben eine Art, welches eine Menge verschiedener Formen umfasst.

Die Belehrung der Seele kann über vier Wege erfolgen. Ein Objekt kann per Definitionem erfasst werden. Es kann über den Weg des Beweises definiert werden, es kann aber auch analysiert werden. Auch kann ein Objekt in seine Einzelteile zerlegt und so wiederum analysiert werden. Diese vier Wege der Erkenntnis können zum Widerspruch mit sich selbst führen. Aus diesem Grunde stellten die Logiker die logische Norm auf und schufen so den richtigen Beweis. Vor allen Dingen muss man wissen, wie man seine Aussagen vor Widersprüchen bewahrt. Die Logik ist das Rüstzeug der Philosophie, die das Erhabenste aller menschlichen Künste nach der Prophetie darstellt. Die Philosophie führt zur Annäherung an Gott, d.h. sie fordert den Menschen auf nach der Wahrheit zu streben, sich von der Lüge fernzuhalten. Die Philosophie versucht den Menschen gottähnlicher zu machen, soweit der Mensch es eben kann, denn Gott spricht nur das Wahre und tut nur Gutes. Die islamische Philosophie ist die Lehre von dem Streben nach göttlichen Tugenden.

Alles in der islamischen Philosophie dreht sich um die Versöhnung zwischen Rationalismus und der Schöpfungslehre. Die Al-Mutaziliten haben als erstes in der Geschichte der islamischen Philosophie gefordert, die Vernunft über die Schöpfungslehre zu stellen. Ibn Sina und seine Sekte waren bemüht, das wissenschaftliche Denken in das religiöse Denken zu integrieren, weil sie der Überzeugung waren, dass wissenschaftliches Denken rational und die Schöpfungslehre die absolute Wahrheit sei. Angesichts dieser Konstellation kommt man schnell zu der Überzeugung, dass die islamische Philosophie über keine Möglichkeiten der Erneuerung verfügte und verfüge. Die Philosophie im Islam habe sich die griechische Philosophie zum Gegenstand ihres Denkens gemacht, d.h. die islamischen Philosophen unterscheiden sich in ihren Diskursen lediglich in der Art der Darlegung. Diese kann, wenn nicht zwischen Ideologie und Kognition innerhalb dieser Philosophie unterschieden wird, zu der Schlussfolgerung führen, dass die islamische Philosophie eine adynamische Philosophie sei. Wird allerdings nur der kognitive Aspekt der islamischen Philosophie betrachtet, so wird man tatsächlich durch fehlende Dynamik abgestoßen und angewidert.

Betrachtet man die ideologischen Inhalte, so werden die gigantischen Fortschritte sowohl gesellschaftlich als auch in den Wissenschaften sichtbar. Die Fortschritte im Bereich der Medizin, der Mathematik, der Astronomie, der Logik und in anderen Bereichen werden einen entzücken. Die Wissenschaften haben sich in der islamischen Zivilisation stets entwickelt. Die kognitive Leseart hat sich in allen drei monotheistischen Religionen nicht wesentlich verändert. Vielmehr sind die Veränderungen im ideologischen Gebrauch der kognitiven Materie sichtbar. Der Beitrag der islamischen Philosophie liegt in der ideologischen Funktion, nur hier wird die Geschichte der islamischen Philosophie tatsächlich greifbar verständlich. Forscher aus dem islamischen Raum und Orientalisten betrachten die islamische Philosophie als eine Fortsetzung der griechischen Philosophie. Betrachtet man die islamische Philosophie als Teil der islamischen Kultur, so erkennt man in der islamischen Philosophie den Motor der Wissenschaft, des Fortschritts und der Kreativität.

Mit Emsigkeit und Vergnügen habe ich bei den islamischen Philosophen verweilt, die das Abendland wesentlich beeinflussten und mich emotional erquickten. Als eine große Ehre betrachtete ich es, Ihnen einige der wichtigsten Vertreter der islamischen Philosophie vorzustellen. Die Vorstellung fällt zuweilen nur dürftig aus. Dies liegt daran, dass im Rahmen der Eroberungszüge sehr viel an Literatur vernichtet wurde und zu einigen dieser großen Denker nur noch wenig Material zur Verfügung steht.

Islamische Romantiker

„Die Tinte des Schülers ist heiliger als das Blut des Märtyrers."
(Mohammed)

„Es ist notorisch, dass es in Rom niemanden gibt, der soviel Bildung besitzt, dass er sich zum Türsteher eignet. Mit welcher Stirn kann der sich anmaßen zu lehren, der selbst nichts gelernt hat!" gab Gerbert von Aurillac, der im Jahre 999 selber in Rom den Stuhl Petri bestieg, seiner Wut und Ohnmacht freien Lauf. Um die Literatur, ja sogar um das Kirchenrecht zu verstehen, war das Lernen der arabischen Sprache sogar für ihn notwendig. In dieser Zeit herrschte im islamischen Reich die Epoche des „Sturm und Drang". „Diesem Vorwand mögen Sie, gnädigste Frau, meine Sendung verzeihen und mir erlauben zu bleiben," schreibt Rainer Maria Rilke. Andere setzten den Begriff „Gnädige Frau" an den Schluss ihres Briefes. Wieder andere neigten sich zum „Kusse" über die Hand einer Dame. Sie waren in diesem Moment vom Gefühl überwältigt. Manche wurden von ihren Gefühlen dermaßen überrannt, dass verehrend, anbetend, sie vor der Geliebten sich nieder knieten. Diese Leute sind ohne es zu wissen in die Fußstapfen eines arabischen Liebenden getreten.

Aber wie? Sind die arabischen Frauen nicht unfrei und rechtlos? Nein. Die Frauen waren gesellschaftlich gleichberechtigt. Sie trugen weder Schleier noch waren sie dem Manne untergeordnet. Die islamische Literatur ist voller Liebespoesie und Liebeslyrik, von Arabi bis Rumi. „Der echte Araber", schreibt Ibn Chaldun, „hatte nur eine Geliebte, und von der ließ er nicht ab, bis zum Tode. Und das Selbe gilt von ihr." Denn der Prophet selbst hat nie expliziert jemanden aufgefordert mehr als eine Frau zu heiraten. Die Ursache der Vierfrauenehe ist darauf zurückzuführen, dass nach Kriegen die Witwen versorgt werden mussten. Wer allerdings vier Frauen heiraten möchte, der ist verpflichtet alle gleich zu behandeln. Dies ist nicht möglich. Daher ist die Vierfrauehe eine Ausnahme und nie die Regel.

Die Geliebte im Islam spielt sowohl religiös als auch literarisch eine überragende Rolle. So bezeichnete sich Rabia als die Geliebte Gottes.

Rumi suchte seinen Geliebten. Hallaj verschmolz in der Gottesliebe. Die arabische Literatur hatte ihren „Jungen Wärther“ Jahrhunderte bevor Goethe sein geniales Werk veröffentlichte. Ibn al-Chatib, Arzt und Erforscher der Pest, sprach aus dem Stegreif, während er weinte:

„Immer bist du nahe meinem Herzen,
Wenn auch meine Augen noch so fern!
Tränen sind mein Teil und Seufzen, Schmerzen
Aber dir sei hold des Glückes Stern!
Ach, gedenke mein, vergiss mich nimmer,
dauert lange auch der Trennung Qual.“

Und Goethe schrieb im „West-östlichen Diwan“ einige Jahrhunderte später:

„Wer sich selbst und andre kennt
Wird auch hier erkennen:
Orient und Okzident
Sind nicht mehr zu trennen.“

Rabia *714

„Sie sagte: Verbirgt eure guten Handlungen, wie ihr eure Sünde verbergen würdet. Der Scheich Schihabeddin Suhrwerdi führt von ihr in seinem Werke die Kunden der Erkenntnisse die folgenden Verse an:

Ich habe in mein Herz gesetzt dich ein,
Mein Leib ist der Gesellschaft überlassen;
Mit dieser kann sich wohl mein Leib befassen,
Doch in dem Herzen ist mein Freund allein.

Sie ward gefragt: wann ist die Ergebung des Menschen in den Willen Gottes vollkommen? Sie sagte: Wann ihn das Unglück eben so freut, wie das Glück. Gehe hinaus, sagte zu Rabiat ihre Sclavin an einem schönen Frühlingstage, um die Werke des Schöpfers zu schauen; sie antwortete: Gehe in's Haus, in dich selbst, dass du die Allmacht des Schöpfers erkennen mögest und deine Ohnmacht, das Schauen des Schöpfers herabziehest vom Schauen der Geschöpfe."[4]

Rabia al-Adawiya al-Qaisiya, genannt Rabia von Basra, wurde im Jahre 714 in Basra geboren. Sie kam als Kind armer Eltern auf die Welt. Nach dem frühen Ableben ihrer Eltern, wurde sie als junges Mädchen in die Sklaverei verkauft. Von ihrem Herren wurde sie mehrfach vergewaltigt. Als er sich eines Nachts in ihr Zimmer einschlich, sah er einen hellen Lichtschein über Rabias Kopf. Er erschrak daraufhin, beschuldigte sie der Hexerei und schickte sie in die Wüste. Sie blieb daraufhin in der Wüste, um über sich und das Leben an sich nachzudenken. Nach einer kurzen Zeit kehrte sie in ihre Heimatstadt zurück. Sie wurde Asketin und blieb der Askese treu.

In ihrer Stadt begann sie zu unterrichten. Zu den bedeutendsten Schülern der entrückten Mystikerin gehörten u.a. Sofjan at-Tauri. Rabia gehört zu den größten Mystikern des Islam. Sie gilt als Entdeckerin der

[4]Von Hammer-Purgstall, Literaturgeschichte der Araber von ihrem Beginne bis zum Ende des zwölften Jahrhunderts der Hidschret, S. 213 f.

Liebesmystik. Rabia lief, so berichten einige arabische Quellen, durch Basra, im heutigen Irak, mit einem Eimer Wasser in der einen und einer brennenden Fackel in der anderen Hand. Das Wasser goß sie symbolisch in die Hölle und das Feuer warf sie symbolisch ins Paradies, um die Schleier, den diese beide Orte verhüllen, zu entfernen. In der Hoffnung, dass sich der Mensch aus Liebe und nicht aus Furcht Gott zuwendet.

In Basra lebten zu dieser Zeit sehr viele Asketen. Zu diesen gehörte der berühmte Hassan al-Basri. Rabia und Hassan sollen sich sehr nahe gestanden haben. Rabia war diesen Gelehrten nicht nur ebenbürtig, sie war ihnen gar überlegen. Daher wird sie in der islamischen Welt „Krone der Männer“ genannt. Diese Frau wurde als der vollkommenste Mensch angesehen. Unzählige Wunder soll sie vollbracht haben. Nicht wenige berichteten, dass ihre Finger nachts leuchteten. Sie lehnte jegliche irdische Genüsse ab. Sie sah die Schönheit Gottes im Inneren allen Existierenden. Die äußere Schönheit sei lediglich eine Spiegelung der inneren Schönheit. Ihre große Liebe war Gott. Die Schönheit des Göttlichen griff Dschelaladin Rumi in seinem Methnawi auf. Attar schrieb über Rabia:

„Wenn es eine Weile auf ein altes Weib schiene,
würde es sie zu einer der Großen, wie Rabia machen.“

Rabia war bekannt dafür, dass sie tagelang nichts aß. Ihr Leben bestand aus Fasten, Beten und Lehren. Das Ziel war die Erfahrung der Gottesliebe. Die Schmerzen, die sie erlitt, weil sie tagelang hungerte, waren für sie ein Zeichen dafür, dass Gott an seine Geliebte gedacht hat. Sie ging in der Gottesliebe auf.

Rabia steht symbolisch für eine Reihe von berühmten islamischen Mystikerinnen wie Umm Haram, eine Verwandte des Propheten, die während eines Zypernfeldzuges als Soldatin fiel, ferner Maryam al-Basria, der Gefährtin der Rabia, sowie der türkischen Dichterin Lale Müldür. Bahria al-Mansuliya weinte so lange, bis sie blind wurde, weil die fehlende Wahrnehmung des Äußeren, eine verstärkte Wahrnehmung des Geliebten ermöglichte. Rihana al-Walika lebte in permanenter Extase, um nur einige Mystikerinnen vom Range einer Rabia zu nennen.

Von den Mystikerinnen waren auch Achmed ibn Hanbal, ein strenger Vertreter der Orthodoxie, angetan. Rabia gilt als Mutter aller Mystikerinnen und als Vorbild für die Menschheit. Rabia wird als hochrangige Mystikerin, die sich besonders durch Intuition auszeichnete, beschreiben. Sie verbarg jedoch ihre hohe geistige Stellung. Ihre vollkommene Selbstdisziplin machte sie in der islamischen Welt bekannt. Für die einen war sie eine Lehrerin, für die anderen eine Inspiration, für wiederum andere die Verkörperung der Gottesliebe. Sie war die weibliche Ausgabe von Hallaj. Sie liebte Gott so sehr, dass sie die Existenz des Teufels vergaß. Die Legende besagt, dass sie am Tage ihres Todes ihre Freunde und Bekannte weggeschickt habe. Danach habe sie das islamische Glaubensbekenntnis gesprochen. Beim Verlassen des Zimmers hörten die Angehörigen eine Stimme antworten: „Die du im Glauben Frieden gefunden hast, kehre zufrieden zu deinem Herren zurück und schließe dich dem Kreise meiner Diener im Paradiese an." (Sure 89, Vers 27-30)

Am Eden des März im Jahre 801 zu Basra kehrte Rabia, in sich ruhend, in den Garten des Herrn zurück.

Ziryab *789

Abu al-Hassan Ali ibn Nafi wurde 789 in Bagdad geboren. Wegen seiner bereits in jungen Jahren auffälligen Stimme wurde er Ziryab, singender Vogel, genannt. Er wurde von dem berühmten Musiker und Musikwissenschaftler Ishaq al-Mawsili unterrichtet, welcher Hofdirigent von Kalif Harun al-Raschid war. Rasch erkannte der Großmeister die unglaubliche Begabung des jungen Ibn Nafi. Aus dem Schüler wurde der Lehrer und aus dem Lehrer der Schüler. Aus Freundschaft entwickelte sich schnell Feindschaft, weil al-Mawsili um seiner Stellung am Hofe des berühmten Harun al-Raschid fürchtete. Ziryab musste nun Bagdad verlassen, weil ihm zu Ohren kam, dass man plane ihn zu ermorden. Sein Ruf eilte ihm voraus. Der Umaijjaden Kalif al-Hakim, welcher in Cordoba residierte, lud ihn ein. Dieser folgte seinem Ruf und verreiste nach Andalusien. Kurz vor seiner Ankunft jedoch verstarb al-Hakim. Sein Nachfolger Abd ar-Rahmann II., nahm ihn auf. Er testete ihn in einem ausführlichen Gespräch. Dieses Aufnahmegespräch zwischen diesen beiden Musikliebhabern ist in die islamische Geschichte eingegangen. Ziryab wurde nun sein Hofmusiker. Unter diesem Kalifen erlebte die Kunst und die Wissenschaft in Andalusien ihre Blütezeit. Ziryab war angekommen. Er gründete Musikschulen und empfahl dem Kalifen, den Musikunterricht an allen Schulen einzuführen. Der Kalif kam diesem Wunsch nach. Vom Kalifen erhielte er eine großzügige Unterstützung, so dass er sich nun ausschließlich den Musikwissenschaften und der Mode widmen konnte.

Er führte die Kunst des Al-Ud in Andalusien ein. Des Weiteren erfand er die fünfte Bass-Seite. Er gründete das erste Konservatorium der Welt. Er beschäftigte sich mit der Lehre von Harmonie und Komposition. Die Erfindung des Kontrapunktes und der Polyphonie gehen auf ihn zurück. Er schrieb neue Lieder, die er an den Schulen unterrichten ließ. Nebenbei beschäftigte er sich mit Architektur, Möbeln, Gastronomie und Mode. Er gilt als der Erfinder der Glasproduktion. Auch die Erfindung der Tischdecke war seine. Er brachte das Schachspielen und das Polospiel nach Andalusien mit. Für die Küche erfand er neues Geschirr.

Er kreierte neue Kochrezepte, die er am Hofe des Kalifen auch präsentierte. Er galt als Gourmet seiner Zeit. Für den Kalifen baute er einen

Wintergarten, der erste seiner Art auf europäischem Boden. In seiner Freizeit war er Friseur. Er modernisierte den Haarschnitt. Für die Zahnpflege erfand er aus verschiedenen Kräutern, die er verarbeitete, die Zahnpasta. Für den Kalifen entwickelte er Ledermöbel. Unter seinem Einfluss entwickelte sich in Andalusien eine völlig neue Mode. Seine neuen Kreationen wurden von männlichen „Models" am Hofe dem wohlhabenden Publikum vorgeführt. Seine Kleidung war bunter, kreativer und den Jahreszeiten angepasst. Im Sommer kreierte er kurzärmlige Kleider. Damit war die Idee vom T-Shirt geboren. Er revolutionierte nicht nur die Musik, sondern auch die Mode und insbesondere die Esskultur. Er gilt als Erfinder der Tapas. Seine Mode und seine Ideen schwappten nach Mitteleuropa über, allerdings deutlich zeitversetzt. Die Kleidung des Orients galt als modern, daher wurden sie an europäischen Höfen getragen.

Der Musiker, Musikwissenschaftler, Modedesigner, Gastronom und Friseur, verstarb im Jahre 857 in Cordoba. Den Flug des Abbas ibn Firnas bekam er nicht mit. Aber dafür hinterließ er seine Spuren in der Kleidung des Abbas ibn Firnas, der auf sein äußeres Aussehen sehr achtete und die Mode des verstorbenen Ziryab schätzte. Ziryab hatte acht Söhne und zwei Töchter. Fünf seiner Söhne setzten die Tradition des Vaters fort und wurden bekannte Musiker. Die Musikschule ihres Vaters wurde von diesen nach seinem Tode geleitet und weiter ausgebaut.

Er gilt als Vorbild des großen Musikgelehrten Safi al-Din Abd al-Mumin al-Urmawi, einem berühmten Musiktheoretiker in der islamischen Geschichte.

Al-Kindi *796

Abu Jusuf Yakub ibn Ishaq al-Kindi wurde im Jahre 796 in Kufa geboren, wo sein Vater, ein Nachfahre der Kinda, eines großen jemenitischen Stammes, Gouverneur eben dieser Stadt war. Al-Kindi verließ im jungen Alter Kufa und ging nach Basra, um Religionswissenschaften und Medizin zu studieren. In Basra lernte er die Philosophie der Al-Mutaziliten kennen und er begann daraufhin die griechische Philosophie, insbesondere die Schriften des großen Aristoteles zu studieren.

Al-Kindi wurde ein überzeugter Anhänger der islamischen Rationalisten, der Al-Mutaziliten. Er ging nach Bagdad, wo die Bewegung der Al-Mutaziliten am stärksten vertreten war und wo er als Verfechter der Logik die These vertrat, dass sowohl die Logik als auch die Ethik schlussendlich in ihrer Konsequenzen identisch seien. Es besteht demnach eine enge Beziehung zwischen der Logik und der Ethik. Innerhalb der Ethik existiert die Vernunft, die sich entweder in der Seele bemerkbar macht oder durch Wortlaute wahrnehmbar wird. Diese, in der Ethik existierende Vernunft, vermag zwischen dem Guten und dem Bösen zu unterscheiden. Daher liegt es im Interesse der Ethik, dass sie stets der Wahrheit verbunden ist. Diese Wahrheit wiederum ist durch Logik erkennbar, erfassbar. Daraus schließt al-Kindi, dass sowohl die Ethik als auch die Logik der Wahrheitsfindung dienen. Die Philosophie ist die Vervollkommnung der menschlichen Seele, weil sie durch die Logik und die Vernunft die Beschaffenheit aller Dinge so spiegelt, wie sie in der Realität auch sind. Daher ist die Philosophie die Voraussetzung aller Wissenschaften, quasi die Mutter aller Wissenschaften. Durch die Logik wird die Seele in die Lage versetzt, die Welt zu erkennen, die Ordnung im Universum zu verstehen und sich Gott zu nähern. Daher ist die Aufgabe der Philosophie eindeutig, nämlich den Menschen durch Logik in die Lage zu versetzen, das Gute zu erkennen. Folglich ist die Philosophie nach al-Kindi nicht zu verdammen, sondern sie ist ein Geschenk Gottes. Das Sein ist eine logische Abstraktion. Gott ist das universelle Sein. Das logische Sein ist das Ergebnis der eigenen Erkenntniskräfte. Die Seele, der Wohnort der Vernunft und der Logik, bringt ihre geistigen Substanzen in Inhalten, der Intellekt schafft die Formen, d.h. die Seele ist in der Lage Materie zu erschaffen bzw. Materie in Ideen zu verwandeln. Die Seele mehre sich durch Erkenntnisse. Die Seele des Philosophen ist demnach eine hungrige Seele, hungrig nach Wissen. Der Intellekt wirkt in der Seele durch Logik und ist das Fundament, damit der Mensch zur Erkenntnis kommen kann. Die Entwicklung der Seele und damit auch des Intellekts sind demnach linear. Denken und Gedachtes münden in einem Topf. Die Seele vermag mit Hilfe des aktiven Intellekts viele Begriffe zugleich zu erfassen. Daher erkennt man mit Hilfe der Logik aus der Ursache die Wirkung und nicht aus der Wirkung die Ursache.

Sehr intensiv setzte sich al-Kindi mit dem Intellekt auseinander. Hier kommt er zu der Überzeugung, dass das Intellektuelle mit dem Sinnlichen vergleichbar sei. Demnach sei das Gedachte in der Seele nichts anderes als das Denkvermögen, das Denkende jedoch die Seele selbst. Das Empfundene sei das Empfindungsvermögen in der Seele, der Empfindende hingegen die Seele selbst.

Der Mensch kann also schlussfolgern, dass Gott, der Allmächtige, aus den Ursachen die einzelnen Individuen erkennt. Gott erkennt gemäß al-Kindi auch die Individuen, nicht nur das Universelle. Ein Ereignis ohne Ursache kann vom Menschen intuitiv erkannt werden oder es übersteigt seine Vorstellungskraft. Gott aber erkennt alle veränderlichen Dinge.

Im Hinblick auf den Intellekt unterscheidet al-Kindi den potentiellen, den aktuellen, den erworbenen und den aktiven Intellekt. Der potentielle Intellekt wird zum Aktuellen, soweit er erkannt wird. Der aktive Intellekt verhilft der Seele selbst aktiver Intellekt zu werden und Erkenntnisse erzeugen zu können. Diese Aussagen stimmen mit der Lehre Platons überein. Der aktive Intellekt ist die höchste Form des natürlichen Scharfsinns. Demnach ist Gott ein Denker, er denkt sich selbst. Gott erschafft sich über einen aktiven Intellekt selbst. Damit vertrat er die Ansichten der Al-Mutaziliten und wendete sich gegen die islamische Orthodoxie, ohne jedoch die göttliche Kraft des Korans in Frage zu stellen. Al-Kindi betonte stets, dass das Wissen des Propheten immer größer sein werde als das des Philosophen. Der Wahrheitsgehalt des Korans ist von höherer Art als die Philosophie. Seine Haltung gegenüber den Religionsgelehrten, den Ulama, blieb bis zu seinem Tode unverändert. Diese hielt er für Opportunisten und Heuchler, die sich der weltlichen Macht wegen von der Wahrheit entfernt haben und ihren Hass gegenüber der Philosophie zur Show stellten. Die Philosophie und die Religion stehen nicht in Widerspruch zueinander, sie ergänzen sich. Daher konnte er auch die These der Orthodoxie ex nihilo, ohne selbst in Gewissenskonflikte zu geraten, bejahen und er verteidigte sie sogar. Die Philosophie dient ebenso wie die

Religion der Wahrheitsfindung. Nur mittels der Vernunft kann die Größe des Propheten und die göttliche Botschaft verstanden werden. Wer die Vernunft ignoriere, der ignoriere auch die göttliche Botschaft.

Sowohl die Gnostiker als auch die sunnitischen Orthodoxen wurden von ihm aufgrund ihrer ablehnenden Haltung der Vernunft und der Philosophie gegenüber als Ignoranten bezeichnet. Al-Kindi versuchte der Philosophie ein arabisches Gesicht zu geben, sie der arabischen Mentalität anzupassen. Gleichzeitig versuchte er aber auch der arabischen Denkweise die Philosophie nahezubringen. Zu Recht wird er als der „arabische" Philosoph schlechthin bezeichnet. Seine Philosophie, insbesondere im Hinblick auf den Intellekt, wurde von al-Farabi übernommen und weiterentwickelt.

Al-Kindi veröffentlichte zahlreichen Abhandlungen über die Logik, Metaphysik und über die Vernunft. Sein größter Verdienst war die Übersetzung zahlreicher griechischer Werke ins Arabische. Damit wurde die griechische Philosophie, insbesondere die des Aristoteles, der arabischen Intelligenzia zugänglich gemacht. Eines seiner bedeutendsten Werke ist die Abhandlung über die erste Philosophie. Al-Kindi gilt als Lehrer des großen al-Farabi. Im christlichen Abendland wurde er als Mathematiker, Arzt und Astrologe bekannt und geschätzt. Recht früh werden allerdings seine theologischen Ansichten immer deutlicher. Er war der festen Überzeugung, dass die Philosophie nur mit mathematischen Methoden erklärbar und verständlich gemacht werden kann. Al-Kindi selbst war ein frommer Muslim, der in der Philosophie auch ein Instrument einer wertorientierten und vernunftorientierten Erziehung sah.

Unter dem Kalifen al-Mutawakil, dem Nachfolger des al-Mamun, wurde al-Kindi, nachdem al-Mutawakil die Bewegungen der Al-Mutazila verboten hatte, verfolgt. Dies dauerte bis zu seinem Tode 873 in Bagdad an. Al-Kindi ist ein Paradebeispiel dafür, dass Frömmigkeit und spekulatives Denken sehr wohl miteinander zu vereinbaren sind.

Dhu'n-Nun *796

Abu l-Faid Thauban ibn Ibrahim Dhu'n-Nun wurde im Jahre 796 in Achmin, in Ägypten an der Grenze zum Sudan geboren. Seine Eltern stammen aus Oberägypten und gehörten dem Volk der Nubier an. Sein Beinahme bedeutet der mit dem Fisch. Bereits in jungen Jahren studierte er bei vielen Mystikern und begann die islamische Welt zu bereisen. seine reise führte ihn nach Bagdad. Auf dem berühmten Bagdader Markt begann er seinen Geliebten zu rufen: „O Gott, ich rufe Dich an in der Menge, wie man einen Herrn anruft und ich rufe Dich an in der Einsamkeit, wie man einen Geliebten anruft. In der Menge sage ich: „O mein Gott!“ und in der Einsamkeit: „O mein Freund!“. Ich sehne mich nach Dir und bezeuge Dein Herrschertum, indem ich bekenne, dass Du mein Herr bist und der, zu dem ich zurückkehre. Deine Barmherzigkeit für mich begann, ehe ich noch erwähnt ward: Du schufest mich aus Staub, dann ließest Du mich in den Lenden weilen und brachtest mich in den Mutterschoß. Du formtest mich und ließest mich in der Finsternis zwischen Blut und Fleisch wohnen und bildetest mich in der Form eines Menschen. Dann brachtest Du mich in die Welt, wohlgeformt und heil und beschütztest mich .... Du gabst mir ein, die Wunder Deiner Werke und die Herrlichkeit Deiner Schöpfung zu erblicken. Du gabst mir einen starken Beweis für Deine Existenz und wiesest mich zu Dir; Du lehrtest mich, was Deine Propheten gebracht haben. Du nährtest mich mit mannigfachem Lebensunterhalt und mit verschiedenen Beigaben durch Deine große Güte und Deine urewige Gnade und formtest mich recht.“ Daraufhin wurde ihm im Jahre 829 in Bagdad Häresie vorgeworfen. Er wurde ins Gefängnis geworfen. Nach einer sechsmonatigem Gefängnisaufenthalt wurde er dem Kalifen al-Mutawakil vorgeführt. Nach seiner Tätigkeit befragt antwortete Dhun-Nun mit einem Gedicht: Mein Gott, So oft ich den Stimmen der Tiere, Dem Rauschen der Bäume, Dem Murmeln des Wasser und Dem Gesang der Vögel lausche, so oft ich die Kühle des Schattens genieße, das Sturmesbrausen und das Rollen des Donners höre, finde ich in alle dem ein Zeugnis Deiner Güte

Erzürnt von der Frechheit des Mystikers wiederholte der Kalif die Frage noch einmal. Daraufhin antwortete Dhun-Nun: „Heute habe ich den

Islam durch eine alte Frau kennengelernt und wahre Höflichkeit von einem Wasserträger." Al-Mutawakil wollte dies erklärt haben. Daraufhin antwortete Dhun-Nun:„Als sich an deinen Hof gebracht wurde, oh Kalif aller Gläubigen, und die Pracht deines Schlosses sah, wünschte ich eine Verwandlung meines Seins. Da trat eine ältere Frau an mich heran und sprach folgende Worte zu mir: 'Habe keine Angst vor dem Kalifen, vor den man dich nun gebracht hat, denn er und du seit beide in Wirklichkeit Diener des einen Allmächtigen. Und wenn der Eine es nicht will, so wird man dir nichts tun. Bedenke, dass du auf dem Weg zum Kerker einem Wasserträger begegnet bist, der dir einen Schluck Wasser reichte. Er weigerte sich irgendeine Bezahlung anzunehmen, weil du ein Gefangener in Ketten warst.' All dies erzählte er dem Kalifen. Al-Mutawakil entließ diesen aus der Haft und ließ ihn nach Kairo zurückbringen. Nicht nur durch seine Erzählungen und seine Gedichte, sondern auch durch seine ausgezeichneten Kenntnisse in der Alchemie wurde er berühmt. Es wird berichtet, dass er die ägyptischen Hieroglyphen entziffern konnte. Durch seine poetischen Gebete und seine Askese führte er einen neuen Stil innerhalb des Sufismus ein. Dabei blieb er stets dem Vorsatz treu, dass alles von Gott erschaffen wurde. Später scharrten sich unzählige Schüler um ihn. Seine Erzählungen und seine Weisheit sind in der islamischen Welt legendär. Als er auf dem Sterbebett lag wurde er gefragt, was er sich denn wünsche. Seine Antwort war: „Ihn zu sehen, kurz bevor ich sterbe!" Und dann begann er folgende Verse von sich zu geben: „Die Angst hat mich verbraucht, Das Sehnen hat mich aufgelöst, Die Liebe hat mich betört, Gott hat mich zu sich zurück geholt!"

Es wird berichtet, dass als er starb, folgende Worte auf seinen Augenbrauen erschienen: „Das ist der Freund Gottes. Er starb in Liebe zu Gott!" Als man seinen Sarg zu Grabe trug standen die Vögel Spalier. Als der Muezin auf dem Friedhof die Einheit Gottes betonte, hob Dhun-Nun den Zeigefinger seiner rechten Hand gen Himmel und bezeugte die Einheit mit. Als die Sargträger dies sahen erschraken sie und riefen: „Er lebt!" Doch der Finger blieb erhoben, denn der Körper war tot. Dies geschah 859. Niemand hat vor ihm und nach ihm die Einheit Gottes so vehement und so poetisch beschrieben wie er, der Nubier, der mit dem Fisch, kehrte in den unendlichen Ozean zu seinem Geliebten zurück. Unsterblich blieben seine Verse.

Hunain ibn Ishak *808

Hunain ibn Ishak wurde im Jahre 808 in Al-Hira, einer kleinen Stadt südlich von Bagdad und in der Nähe von Kufa, geboren. Die Stadt Al-Hira war im ersten Jahrhundert ein Zufluchtsort für Araber, die dem Islam den Rücken gekehrt hatten. Hunain entstammte einer solchen Familie, die vom Islam zum Christentum konvertierte. Hunain sprach arabisch, aber auch syrisch. Seine Familie galt als wohlhabend. Sein Vater war von Beruf Apotheker. Hunain selbst wollte Arzt werden. Daher verließ er diese Stadt und ging nach Bagdad. Dort begann er sein Medizinstudium.

Er besuchte, wie die meisten Medizinstudenten in der Stadt, die Vorlesungen des Johanna ibn Masawaih. Dieser hielt seine Vorlesungen bei sich zu Hause. Lehrinhalte entstammten den Werken des Galen. Seine Vorlesungen wurden in Arabisch, aber hauptsächlich in Syrisch gehalten. Masawaih hatte es sogar bis zum Leibarzt des Kalifen gebracht. Er trieb anatomische Studien an Affen. Es wird sogar berichtet, dass er an seinem eigenen behinderten Sohn anatomische Untersuchungen vornehmen wollte, die der Kalif zu verhindern wusste. Hunain begann Galens Buch „Über die medizinischen Schulrichtungen“ zu studieren. Hunain machte von seinem Recht zu Fragen häufiger Gebrauch als üblich, daher wurde er von Johanna ibn Masawaih des Hauses verwiesen, mit der Bewertung er sollte nach Al-Hiras zurückkehren und dort als Geldwechsler arbeiten.

Hunain verließ Bagdad und begab sich auf Reisen. Während seines Aufenthaltes in Bagdad erlernte er die griechische Sprache. Hunain setzte sein Studium in Konstantinopel fort. An der Universität zu Konstantinopel lehrte unter Kalif al-Mamun, Sohn und Nachfolger des berühmten Harun al-Raschid, der damals bekannte Philosoph Leo. Dieser hatte eine Stelle direkt am Hofe des Kalifen abgelehnt. Vermutlich hat Hunain bei ihm und bei Professor Michael Psellos Unterricht genommen. Genauere Angaben dazu existieren jedoch nicht. Als Hunain nach einigen Jahren nach Bagdad zurückkehrte, begann er systematisch Standardwerke der griechischen Medizin ins Arabische zu übersetzen. Seine erste Übersetzung schickte er unter einem Pseudonym seinem alten Professor Johanna ibn Masawaih. Ibn Masawaih war von der Arbeit des Unbekannten begeistert. Als er erfuhr, dass es sich um Hunain ibn Ishak handelte, versuchte er ihn mit allen Mitteln zu diskreditieren. Vergeblich, denn die anderen anerkannten Mediziner der Stadt hatten Hunain bereits willkommen geheißen. Johanna lenkte ein.

Hunain setzte nun seine Übersetzungen fort. Er übersetzte medizinische, philosophische, astronomische und mathematische Abhandlungen ins Arabische, der Sprache der Gelehrten. Er verpflanzte diese Wissenschaften auf arabischem Boden, dort konnten sie besser gedeihen als im damals dekadenten Byzanz. Seine Übersetzungen beschränkten sich auf Natur- und Geisteswissenschaften. Hingegen unterließ er es, griechische Literatur ins Arabische zu übersetzten, weil die Araber die griechische Literatur nicht schätzten. Hunain übersetzte lediglich die Geschichte von den Kranichen des Ibykus ins Arabische.

Hunain gründete in Bagdad eine Übersetzerschule. Unterstützt wurde er von seinem Sohn Ishak ibn Hunain, einem Neffen und seinem Schüler Isa ibn Jahja. Er selbst beschäftigte sich mit Übersetzungen von komplizierten und aus seiner Sicht bedeutenden griechischen Texten. Um an wertvolle griechische Texte zu kommen, unternahm er sehr weite Reisen. Er reiste nach Alexandria in Ägypten, um Galens wichtigste medizinische Abhandlung „Vom wissenschaftlichen Beweis“ zu bekommen. Verlorene griechische Originale wurden in Hunains Übersetzungsschule gefunden. Er übersetzte nicht nur, sondern er systematisierte seine übersetzten Werke, so dass Wissenschaftler damit arbeiten konnten. Seine Übersetzungen waren sehr zuverlässig. Unverständliche Aussagen wurden zusätzlich erläutert. Einzigartig waren seine Übersetzungen, wenn heidnische Götter auftauchten. Hier machte er aus ihnen entweder den islamischen oder den christlichen Gott. Wahrscheinlich wollte Hunain seine Stellung in der Stadt nicht gefährden. Denn die Götter der Heiden gehörten nicht zu den „Freunden des Buches“.

Die Leistungen des Hunain wurden erst deutlich, als Europäer nach der Rückeroberung Spaniens versuchten, die arabisch-islamische Abhandlungen ins Lateinische zu übersetzen. Ein Hunain hätte sicherlich gut getan. Hunain war mehr als nur Übersetzer. Er war ein bekannter Ophthalmologe. Er war am Hofe des Kalifen tätig und gelegentlich begleitete er den Kalifen auf seinen Feldzügen. Galens „Therapeutische Methode“ wurde während eines Feldzuges übersetzt. Die Übersetzung ging auf dem Weg nach Bagdad verloren.

In Bagdad hatte Hunain einen geregelten Tagesablauf. Seine Ernährung richtete sich nach den Empfehlungen der antiken Ärzte. Hunain war, obwohl christlich, ein Gegner der Bilderverehrung. Eines Tages spuckte er auf ein Jesusbild in Anwesenheit des Kalifen. Das Oberhaupt der Nestorianer, der Katholikos, forderte die Bestrafung des Hunain. Hunain wurde daraufhin ins Gefängnis geworfen. Seine Bücher wurden konfisziert. Er bekam sie nicht wieder. Nach seiner Freilassung wurde er vom Kalifen begnadigt. Er nahm seine Arbeit wieder auf und entwickelte eine arabische wissenschaftliche Terminologie. Damit waren die Araber nun in der Lage, selbst wissenschaftlich auf hohem Niveau zu arbeiten. Damit wurde das Arabische zur wissenschaftlichen Sprache. Hunain ibn Ishak leitete die Blütezeit der islamischen Wissenschaften ein.

Er kehrte im Jahre 873 für immer nach Hause zurück.

Ibn Firnas *810

„Geschwinder flog er, als der Phönix fliegt,
da er den Leib in Adlerfedern hüllte.“
(Mumin ben Said)

Abu al-Qasim Abbas ibn Firnas wurde im Jahre 810 in Ronda, Spanien, geboren. Er war Dichter, Gelehrter und Wissenschaftler berberischer Abstammung in Andalusien. Ibn Firnas gilt als Universalgenie. Unter den Emiren Hakim I., Abd ar-Rahmann II. und Emir Mohammed I. war Ibn Firnas Hofdichter im Emirat von Cordoba. Während dieser Zeit studierte er sehr intensiv Mathematik, Astronomie und Physik. Auf seiner Reise nach Bagdad lernte er die Dezimalzahlen kennen. Dieses Wissen brachte er nach Andalusien. Außerdem entwickelte er ein Verfahren zur Herstellung von Sehhilfen.

Seinen ersten Flugapparat testete er bereits 852. Er flog vom Minarett der Hauptmoschee von Cordoba, stürzte und blieb unverletzt. Vor Lilienthal und vor Leonardo da Vinci gelang ihm im Jahre 875 im Alter von 65 Jahren der erste erfolgreiche Flugversuch in der Geschichte der Menschheit. Seine selbstkonstruierte Flugvorrichtung bestand aus Federflügeln. Mit diesem Fluggerät flog er von einem Hügel im Arruzafa nahe Cordoba mehrere Meter hin und wieder zurück. Beim Landeversuch stürzte Ibn Firnas und brach sich beide Beine. Das Scheitern führte er auf das Fehlen eines Schwanzes bei seinem selbstkonstruiertem Fluggerät zurück. Trotz seiner durchaus schweren Verletzung, setzte er seine wissenschaftlichen Tätigkeiten fort. Seine Aufzeichnungen erhielt Roger Bacon in lateinischer Übersetzung. Dieser konstruierte daraus seinen Ornithopter. Ibn Firnas beeinflusste maßgeblich auch Leonardo da Vinci. Er stellte zudem astronomische Tafeln auf. Ibn Firnas schrieb zahlreiche Gedichte und Geschichten. Er baute mit Unterstützung des Kalifen Abd ar-Rahmann ein Planetarium auf. Auch die Erfindung der Wasseruhr geht auf ihn zurück.

Ibn Firnas ist der erste Mensch auf der Erde, der einen Flugversuch erfolgreich absolvierte. Er war davon überzeugt, dass der Mensch eines Tages fliegen werde können, ähnlich einem Vogel. Ibn Firnas setzte sich für die Errichtung einer Flugschule ein. Doch nur 12 Jahre später, im Jahre 888, verstarb er an den Folgen seiner schweren Verletzungen, die er sich beim Sturz nach seinem erfolgreichen Flug, zuzog.

Al-Buchari *810

Abu Abdullah Mohammed ibn Ismail al-Dschufi al-Buchari wurde, wie der Name bereits sagt, in Buchara im Jahre 810 geboren. Mit 11 Jahren begann er Islamwissenschaften zu studieren. Den arabischen Überlieferungen zufolge, begann er mit 13 Jahren bereits Islamwissenschaften zu lehren. Drei Jahre später, mit 16 Jahren, unternahm er die Pilgerfahrt nach Mekka und Medina. Dort nahm er Unterricht bei namenhaften Theologen. Nach einigen Jahren verließ er Mekka in Richtung Ägypten auf der Suche nach Informationen über den Propheten des Islam. In ca. 17 Jahren durchquerte er Asien. Von diesen 17 Jahren verbrachte er 5 Jahre in Basra, um in den dortigen Schulen, Madrasas, zu unterrichten. In diesen Jahren sammelte al-Buchari intensiv Aussprüche und Weisheiten des Propheten. Nach der Rückkehr in seine Heimatstadt Buchara, im heutigen Usbekistan, begann er die gesammelten Aussprüche und Interpretationen des Propheten, schriftlich zu fixieren. Nach nur drei Jahren gelang es ihm, eine der größten Hadithsammlungen, unter dem Titel „Jami-u-Sahih“, zu veröffentlichen. Diese Sammlung auserwählter Aussprüche und Erläuterungen des Propheten zum Koran und Islam erfolgte nach streng kritischen Maßstäben bzw. Kriterien. Er veröffentlichte nur diejenigen Überlieferungen, die einwandfrei auf den Propheten zurückgeführt werden konnten. Daher nannten die Gelehrten später diese Hadithsammlung „Sahih al-Buchari“, nach den „wahren“ Überlieferungen des al-Buchari. Dieses monumentale Werk mit tausenden von Sprüchen, Interpretationen, Empfehlungen und Weisheiten wurden zur ersten von der sunnitischen Orthodoxie anerkannten Interpretation der Heiligen Schrift. Es ist der verdienst des großen al-Burchardi, dass die Aussprüche bzw. Interpretationen des Korans seitens des Propheten der Menschheit erhalten geblieben sind.

Zu seinem großen Meister kehrte er im Jahre 870 zurück. Dort werde er seine Interpretationen vollenden.

Muslim *817

Muslim ibn al-Hadjaj Abul Hussein al-Koraischi an-Nisaburi wurde im Jahre 817 in Nischabur (Nisabur) geboren.

Muslim gilt als der zweitgrößte Hadithsammler nach al-Buchari. Ähnlich wie dieser bereiste er die gesamte islamische Welt. Bei großen Gelehrten wie Ibn Hanbal wurde sein Wissen geschliffen. Im Laufe seines Lebens sammelte er für sein Werk „Sahih“ mehr als 3.000 Aussprüche und Interpretationen des Propheten. Ähnlich wie al-Burchari ging er sehr sorgfältig dabei vor. Aus seinem entstandenen Werk „Sahih“ entstanden zahlreiche weitere Werke, die sich mit dem islamischen Recht, aber auch mit dem Leben einzelner bedeutender Islamgelehrter befasste.

Bedauerlicherweise sind seine Werke bei dem Mongolensturm verbrannt worden. Muslim gilt als zweite Säule neben al-Burchari in der Interpretation des Korans.

Im Jahre 875, also 5 Jahre nach dem Tode al-Burcharis, kehrte auch dieser zu seinem großen Vorbild, dem Propheten, zurück. Somit findet die al-Hadith ihre Vervollkommnung bei dem Menschen, der sie den Menschen zuvor bekannt machte.

Abu Dawud *817

Abu Dawud Sulaiman ibn al-Aschas al-Asdi as-Sidschisdani, war der dritte im Bunde in der Hadithsammlung. Dieser bedeutende Mensch in der islamischen Orthodoxie wurde im Jahre 817 in Sigistan geboren. Ähnlich wie al-Buchari und Muslim unternahm auch dieser in seiner Jugend sehr weite Reisen, um Überlieferungen um und vom Propheten zu sammeln. Auch er studierte einige Zeit bei Ibn Hanbal in Bagdad. In Basra ließ er sich zuletzt nieder und begann seine gesammelten Hadithe zu veröffentlichen. Daraus entstand das Buch „Kitab-u-Sunna". Auch dieses bildet bis heute eine wichtige Säule in der sunnitischen Orthodoxie.

Im Jahre 888 kehrte er in Basra zu Gott zurück.

Ibn Kurra *834

Thabit ibn Kurra ist einer der bedeutendsten Wissenschaftler des 9. Jahrhunderts. Er wurde im Jahre 834 in Harran geboren. Nach rezidivierenden Auseinandersetzungen mit der Obrigkeit, einhergehend mit der Erteilung eines Redeverbotes, verließ Ibn Kurra die Stadt und ließ sich in Kafartutha, östlich von Harran, nieder. Dort verdiente er seinen Lebensunterhalt als Geldwechsler.

In dieser Stadt lernte er Mohammed ibn Musa ibn Schakir kennen. Dieser war auf der Suche nach neuen Mitarbeitern für seine wissenschaftlichen Projekte. Thabit gefiel durch seine außergewöhnliche Sprachgewandtheit und seiner naturwissenschaftlichen und mathematischen Bildung. So überredete ihn Mohammed ibn Musa ibn Schakir, zu ihm und seinen Brüdern nach Bagdad, der Hauptstadt der Wissenschaften, zu kommen. In Bagdad hat Thabit nicht nur die Abhandlungen der Söhne Musas verbessert, sondern selbst zahlreiche Abhandlungen verfasst. Es gelang ihm eine Dynastie von Wissenschaftlern in Bagdad zu begründen. Aufgrund seiner astrologischen Publikationen wurde er feierlich in den auserwählten Kreis der Hofastrologen aufgenommen.

Im Laufe der Zeit konnte er sich sogar mit dem Kalifen al-Muatadid anfreunden, der als äußerst sadistisch galt. Al-Muatadid beschenkte Thabit großzügig. Diese Freundschaft hatte eine andere Ursache. Bevor al-Muatadid den Thron bestieg, hatte ihn sein Vater in den Kerker geworfen. Dort besuchte ihn Thabit regelmäßig. Thabit wusste, dass der greise Kalif, der Vater des al-Muatadid bald sterben würde. Als al-Muatadid den Thron bestieg, nutzte Thabit die Gunst der Stunde um seine Glaubensbrüder, Thabit war Sabier, zu Rang und Einfluss zu verhelfen. Thabit pflegte mit anderen Wissenschaftlern am Hofe des Kalifen ein freundschaftliches und kollegiales Verhältnis. Er pflegte den Briefwechsel mit Ishak ibn Hunain über astronomische Fragen. Er verteidigte die Lehren des Sabier-Glaubens und legte sich mit der sunnitischen Orthodoxie an. Seine Religiosität war eine Mischung aus altgriechischer Philosophie, insbesondere der des Pythagoras, und einigen Lehren des Sabiertums. Er leugnete die Existenz einer göttlichen Macht nicht, allerdings sei diese nicht allmächtig. Vielmehr schöpfe sie bzw. wähle sie aus bereits vorhandenen Möglichkeiten die Besten aus.

Er tätigte sich auch als Übersetzer, weil er das Griechische beherrschte. Daher konnte er an den Arbeiten der Hunainschule Korrekturen anbringen. Er gilt als Erfinder der Trepidation, die übrigens noch von Kopernikus in sein neues System eingebaut wurde. In seinen mathematischen Abhandlungen beschäftigte er sich hauptsächlich mit der Dreiteilung des Winkels und mit den Kegelschnitten. Ferner setzte er sich mit den Hebelgesetzen auseinander. Nebenher betätigte er sich medizinisch. Seine Abhandlung „Über die Fragen des Arztes an den Kranken" galt damals als revolutionär. Seine Untersuchungen über das „Pulsfühlen" ließ er Ishak ibn Hunain zu kommen. Ferner übersetzte er zahlreiche medizinische Abhandlungen aus dem Griechischen ins Arabische.

Thabit starb im Jahre 901 in Bagdad. Er hinterließ zahlreiche wissenschaftliche Abhandlungen und eine von ihm gegründete Akademie der Wissenschaften.

Tabari *839

Abu Dschafar Mohammed ibn Dscharir at-Tabari wurde im Jahre 839 in Amul in Tabaristan geboren. Im Alter von sieben Jahren beherrschte er die Heilige Schrift. Sein Vater, ein wohlhabender Mann, finanzierte die Studienreisen seines hochbegabten Sohnes. Zunächst studierte er in Raj, danach reiste er nach Bagdad, wo er von Ibn Hanbal in islamischer Theologie und Islamwissenschaften unterrichtet werden sollte, doch vor seiner Ankunft in Bagdad, verstarb Ibn Hanbal.

Über Basra, Kufa und Bagdad reiste er nun nach Syrien. Von Syrien aus setzte er seine Reise nach Ägypten fort. Nach seinem Studium der Islamwissenschaften in Syrien, galt er bei seiner Ankunft in Ägypten bereits als großer Gelehrter. In Ägypten begann er zu lehren. Nach einigen Jahren kehrte er nach Bagdad zurück, wo er aufgrund seiner umfassenden Kenntnisse der islamischen Überlieferung, ein begehrter und gerngesehener Lehrer war. Aufgrund seines Bekanntheitsgrades wurden ihm seitens des Kalifats Angebote gemacht als Minister zu arbeiten. Tabari jedoch widmete sich der Lehre und dem Bücherschreiben. Berühmt wurde sein großer Kommentar zum Koran „Tafsir-al-Quran“. Das Buch gilt heute als Standardwerk. Sein zweites wichtigstes Werk „Tarik ur-Rusul wa al Muluk“ behandelt die Weltgeschichte aus der Sicht der Propheten und Könige. Eine Ausgabe von immerhin 13 Bänden.

Tabari verstarb im Jahre 923 in Bagdad. Er verließ die Welt der Könige und ging über in eine andere Welt, die Welt der Propheten.

Al-Hallaj *857

„Ich bin Gott, und im Paradies ist Niemand als Gott.
Ich bin der, den ich lieb', und den ich lieb', ist Ich,
Wenn du mich siehst, siehst Ihn, und siehst du Ihn, siehst mich.
Ich wär' nicht, wenn ich wüsste, wie ich wäre,
Nicht wär' ich, wüsst' ich nicht, dass ich nicht wäre.
Ich suchte festen Ort in jedem Land,
In keinem Orte fand ich festen Stand,
Ich folgte meiner Lust in Sclaverei,
Genügsam wäre ich geworden frei.
Ich will dich nicht, damit du mich belohnest,
Ich will dich nur, damit du mich verschonest.
Ich habe Alles noch erlangt,
Was ich von meinem Herrn verlangt,
Nur nicht Geschmack der Süssigkeit,
Die dem Bestraften Straf' verleiht.
Er warf ihn mit gebund'nen Händen in das Meer,
Und rief dann: hüte dich, hüt' dich vor Nässe sehr
Ich sucht' in jedem Land des Bleibens sich'ren Ort,
Doch fand in keinem Land' ich festen Sitz und Hort,
Ich war der Sclav' der Gier, die strafte mich gar sehr,
Denn hätt' ich mich begnügt, ich frei gewesen wär'.“[5]

Al-Hallaj ist die Verkörperung des Sufismus, der Märtyrer der Gottesliebe. Sein Wunsch nach Vereinigung mit dem Liebenden ließ ihn alle um sich vergessen. Abul-Mugleith al-Husain bin Mansur bin Mahamma al-Baidawi al-Hallaj wurde im Jahre 857 in At-Tur, in der Provinz Fars im heutigen Iran geboren. Sein Vater siedelte mit seiner Familie nach Wasil um, einer arabischen Siedlung in der Nähe des Tigris. Al-Hallaj verlernte die persische Sprache. Doch bereits mit 12 Jahren beherrschte

[5] Von Hammer-Purgstall, Literaturgeschichte der Araber von ihrem Beginne bis zum Ende des zwölften Jahrhunderts der Hidschret, S. 253 ff.

er den Koran in seinem ganzen Umfang. Er wurde daraufhin Schüler des berühmten Mystikers Sahl at-Tustari. Nach einer kurzen Zeit entschied sich al-Hallaj nach Bagdad zu gehen, dem damaligen Zentrum der islamischen Gelehrsamkeit. Dort wurde er, gerade mal 18 Jahre alt, von Amr al-Makki und Dschunaid Bagdadi unterrichtet. Doch rasch kam es zu Meinungsverschiedenheiten und al-Hallaj trennte sich von ihnen.

Fortan begann er die Orthodoxie zu provozieren. Die Pilgerfahrt könne durch Meditation ersetzt werden, so al-Hallaj. Der Grundpfeiler seiner sufistischen Weltanschauung basiert auf den Satz „ana al haq“ (ich bin die Wahrheit).

Al-Hallaj strebte die Vereinigung mit Gott, mit der Wahrheit an. Somit werde er selbst zur Wahrheit, zu Gott. Daher auch die Aussage „ich bin die Wahrheit bzw. ich bin die Schöpfung“. Mit diesem Satz erhebt er sich zu Gott. In den Augen der Orthodoxie war das Gotteslästerung. Er wurde für mehrere Jahre ins Gefängnis geworfen. Schließlich wurde er im Jahre 922 öffentliche in Bagdad gehangen. Damit gehört al-Hallaj zu den wenigen islamischen Mystikern, die wegen ihrer philosophischen Haltung hingerichtet wurden. Eine schwarze Stunde in der islamischen Geschichte.

Dennoch lebt al-Hallaj in den Herzen seiner Anhänger fort. Der Märtyrer der Gottesliebe starb, um zu leben.

Ar-Razi *864

Der palästinensische Literaturwissenschaftler Edward Said bemerkte einmal ironisch, dass „Harun al-Raschid, Sindbad, Aladin, Scheherazade und Saladin mehr oder weniger die vollständige Liste arabischer Personen sei, die moderne gebildete Europäer kennen.“[6] Er hat nicht ganz Unrecht. Manche sind überrascht, dass es eine arabisch-islamische Philosophie gibt. Sie wären noch überraschter wie umfangreich sie ist.

Zu den bedeutendsten Philosophen gehört zweifelsohne Abu Bakr Mohammed ibn Zakariyya ar-Razi. In Europa ist er unter dem Namen Rhazes bekannt. Ar-Razi wurde ca. 864 geboren. Bereits in seiner Heimatstadt studierte er den al-Kanon der damals bekannten wissenschaftlichen Disziplinen. Zunächst beschäftigte er sich mit der „Alchemie“. Im Laufe der Zeit widmete er sich zunehmend der Medizin. Als gut ausgebildeter Arzt siedelte er nach Bagdad über. In Bagdad leitete er als Chefarzt ein staatliches Krankenhaus. Gegen Ende seines Lebens erblindete er. Er starb im Jahre 932 in Bagdad.

Ar-Razi war ein Skeptiker und ausgewiesener Religionskritiker. Ar-Razi war auch ein bedeutender Mediziner. Nicht nur, dass er zahlreiche medizinische Abhandlungen verfasste. Er scheute sich auch nicht davor, den mit großer Autorität ausgestatteten Arzt und Philosophen Galen zu kritisieren und zu korrigieren. Seine bekanntesten medizinischen Werke waren „al-Djami al-Kabir“, das umfassendste Werk und „al-Hawi fi-Tibb“, Behältnis der Medizin, welches als „Buch der Erhaltung“ im Jahre 1279 in Sizilien ins Lateinische übersetzt wurde. Ferner erschien ar-Razis Buch „Über Pocken und Masern“ noch im 18. Jahrhundert in England, als darüber diskutiert wurde, ob eine Impfung Sinn habe oder nicht.

Die Medizin des europäischen Mittelalters wurde von seinen medizinischen Werken und dem „Kanon der Medizin“ des Ibn Sina bestimmt. Ar-Razi gilt als Empirist. Er orientierte sich nicht an Autoritäten, sondern an seinen eigenen, durch Experimente gewonnenen Erkenntnissen. Seine radikale Haltung diesbezüglich brachte ihn den Vorwurf ein „Freidenker“ zu sein. Dies war insofern gefährlich, als dass ihm auch vorgeworfen wurde,

[6]Edward W. Said, Lovering Islam, London, 1981

dass er die religiöse Autorität in Frage stelle.[7]

Ar-Razi selbst stammt aus Rag, einem kleinen unbedeutenden Ort südlich von Teheran. Obwohl persischer Abstammung, blieb seine Wissenschaftssprache das Arabische. Ar-Razi hat sich sein Leben lang in Bagdad aufgehalten. Bagdad war seiner Zeit das Zentrum des islamischen Imperiums. In Bagdad konnte er seiner Leidenschaft, der Bekämpfung von Krankheiten, nachgehen. Al-Biruni schrieb über ihn: „In der Heilkunst erlangte er einen hohen Rang, die großen Könige verlangten nach ihm, ließen ihn rufen und ehrten ihn. Er war ständig beim Studieren und überaus eifrig darin.“[8]

Zu seinen Lektüren gehörten sicherlich auch die philosophischen Klassiker. Die meisten seiner Werke sind verschollen. Ar-Razi fasste seine Philosophie in fünf Prinzipien zusammen: Materie, Raum, Zeit, die universelle Seele und Gott, der Schöpfer. Auch dazu äußerte sich al-Biruni wie folgt: „Die fünf (ewigen Prinzipien) sind die notwendige Voraussetzung für alles, was existiert. Was in dem Existierenden durch die Sinne wahrgenommen wird, ist Hyle, die auf dem Wege der Zusammensetzung Form angenommen haben, und weil sie Raum einnimmt, muß es daher einen Raum geben. Die verschiedenen Zustände, die (die Materie) erlebt, hängen notwendig mit der Zeit zusammen, denn einige der Zustände sind früher, die anderen später. Und durch die Zeit weiß man vom Ewigsein und vom Entstandensein, und das Früher und Später und die Gleichzeitigkeit. Daher muß es Zeit geben. Im Existierenden gibt es Lebendes, also kann es die Seele geben, und unter ihnen (den Lebenden) solche, die Vernunft haben. Und die Schöpfung ist von höchster Vollendung, also gibt es notwendig einen weisen, wissenden und vervollkommenden Schöpfer, der die Emanation der Vernunft aus ihm selbst zur Läuterung (der Menschen) verursacht.“[9]

Ar-Razi sah die Aufgabe der göttlichen Schöpfung darin, die unteilbare Materie zu ordnen und somit die Erschaffung eines materiellen Universums zu ermöglichen. Folglich sei die göttliche Schöpfung in der Zeit erschaffen. Die Lehre von der erschaffenen Welt prägte das Bild Gottes des ar-Razi. Gott ist der Weltenschöpfer, die ordnende Hand. Er, der Schöpfer, verleiht der nun entstandenen Materie die Seele. Dies ist die absolute

[7] Vgl. Ar-Razi, Zahariyya, Opera Philosophica/ Rasa'il Falsanfiyya (arab.), Hrsg. von Dar al-Aflag al-Djadidah, Beirut, 1982, S. 195

[8] Al-Biruni, In den Gärten der Wissenschaft, Ausgewählte Texte, übersetzt und erläutert von G. Strohmaier, Reclam Verlag, Leipzig, 1991, S. 148

[9] Ar-Razi, Zahariyya, Opera Philosophica/ Rasa'il Falsanfiyya (arab.), Hrsg. von Dar al-Aflag al-Djadidah, Beirut, 1982, S. 195 f.

reine Vernunft. Gott tut dies von sich aus. Gott ist somit der erste Verursacher. Wäre er nicht der erste Verursacher, dann wäre er ebenfalls in der Zeit erschaffen. Seine Schöpfung ist Ausdruck der göttlichen Liebe. Die Vernunftfähigkeit der Nachfahren Adams ist Ausdruck der göttlichen Liebe.

Spätestens hier sind Parallelitäten zu Platons Timaios zu erkennen. Die Welt ist endlich. Das Ende der Welt bedeutet die Rückkehr der Weltenseele zur allumfassenden Seele, zu Gott. Spätestens hier muss sich jeder die Frage stellen, worin der Sinn einer solchen Handlung besteht. Warum hat Gott eine materielle Existenz ermöglicht, wohlwissend, dass die geistige die beste aller möglichen Existenzen ist? In der Erschaffung der materiellen Welt gab Gott der vernünftigen Seele einen freien Willen, um über das Schicksal selbst entscheiden zu können. Eine selbstbestimmende Seele ist besser als eine von Gott geleitete.

Der Logik des ar-Razi folgend kommt man unweigerlich zu der Schlussfolgerung, dass der Mensch ein Vernunftwesen sei, daher verfüge er zu Recht über einen freien Willen.

Die Schöpfung ist gleich eine Würde. Der Mensch wird aufgefordert, seine Existenz zu gestalten. Darin sah ar-Razi die Aufgabe des Menschen. Der Mensch ist bestrebt die materielle Sphäre zu verlassen. Durch erkennen des eigenen Ichs und durch Ischtihad kann der Mensch in eine höhere Existenzform gelangen, um am Ende seiner spirituellen Reise seine materielle Existenz mit der universellen Seele zu verbinden. Damit überwindet der Mensch den sogenannten „Sündenfall“. Dieser Sündenfall meint nicht das Fehlverhalten Adams, sondern den von Gott erschaffenen Sündenfall, die Trennung der Materie vom Geist und die Überwindung dieser Trennung. Es ist eine Überwindung des Irdischen hin zum Göttlichen.

Seine Philosophie ist nicht von der Verachtung für die materielle Existenz gekennzeichnet. In seiner Abhandlung „As-sira al-falsafiya“ (Die philosophische Lebensart) orientierte er sich am Ideal des Weisen. In Sokrates sah er die Verkörperung dieses „seines“ Weisen. Ar-Razi war demnach ein Anhänger der Askese. Aber auch ein Anhänger der Freude am Leben. Denn in beiden sah er nicht den Schlüssel zu höherer geistiger Existenz. Vielmehr geschieht der Aufstieg durch philosophische Anstrengung. Sie löst sich vom Materiellen, sie steht jedoch nicht feindlich dem Materiellen gegenüber. Die Philosophie ist der Mittelweg, Tarik al wassat.

Ar-Razi sah bzw. erkannte die Abhängigkeit des Materiellen vom Übernatürlichen. In der Medizin sah ar-Razi einen direkten Zusammenhang zwischen der Psyche und der Physis. Die Psyche führe zu Erkrankungen der Physis. Damit begründete ar-Razi die psychosomatische Medizin. Ja, er ging noch weiter. Als Arzt in Bagdad praktizierte er Psychosomatik. Seine Ärzte wurden aufgefordert eine genaue psychiatrische Anamnese zu erheben.

Seine ganze Philosophie ist geprägt von einer radikalen Hinwendung zum Geistigen. Die Philosophie des ar-Razi ist das Instrument zur Vervollkommnung. Das Medium ist die Vernunft. „Das Leben, so wie es die großen Philosophen der Vergangenheit geführt haben, kann mit wenigen Worten gezeichnet werden: es besteht darin, allen Menschen gegenüber gerecht zu sein."[10]

Ferner heißt es bei ar-Razi: „Der Schöpfer verlieh uns den Verstand, damit wir durch ihn jeden Fortschritt erreichen, den wir unserer Art nach und der nächsten Welt erlangen sollten, (...) in dem wir unsere Angelegenheit nach seinem Geheiß handhaben und sie zu Ende bringen, wie er es befiehlt."[11] Die Vernunft ist der Maßstab aller Dinge. Der Mensch folgt dem Urteil der eigenen Vernunft, nicht der Schöpfung. Das ist wahrlich die Lehre der reinen Vernunft. Damit streitet ar-Razi die Notwendigkeit einer Offenbarung und Prophetentums wie sie die drei monotheistischen Religionen predigen ab. Damit stellt er die Religion in Frage. Ferner wies er darauf hin, dass ein gerechter Gott niemals ein Volk bevorzugen würde. Der Glaube an ein auserwähltes Volk sei lediglich eine Erfindung des verwirrten menschlichen Geistes. Die Beanspruchung Gottes für sich führt lediglich zur Gewalt unter den Menschen. Indirekt beschuldigte er die Propheten des Betruges. Sie hätten die Menschen verführt. Seine Religionskritik brachte ihn große Anfeindungen entgegen. Hierzu schreibt al-Biruni: „Hinsichtlich der Religion begnügte er sich in seiner Halsstarrigkeit nicht nur damit, sie zu vernachlässigen oder mit Stillschweigen zu übergehen, sondern er machte sich daran, sie als Werk der bösen Geister und der Teufel zu verunglimpfen (...), und eine solche Unverschämtheit ist unanständig."[12]

Ar-Razi vertrat diese radikalen Thesen auch in Anwesenheit von Vertretern der Orthodoxie. Dennoch mußte er sich zu keinem Zeitpunkt seines Lebens fürchten. Der Geist des Islam ist ein Liberaler. Ar-Razi war kein Atheist, sondern ein Mensch, der nicht durch Gebete oder Ekstase zu Gott gelangen wollte, sondern durch das Philosophieren.

---

[10]Rudolf Jockel, Islamische Geisteswelt. Ausgewählte Texte von Muhammad bis zur Gegenwart, Lilienverlag, Wiesbaden, 1981, S. 131

[11]Al-Razi, Zahariyya, Opera Philosophica/ Rasa'il Falsanfiyya (arab.), Hrsg. von Dar al-Aflag al-Djadidah, Beirut, 1982, S. 129

[12]Al-Biruni, In den Gärten der Wissenschaft, Ausgewählte Texte, übersetzt und erläutert von G. Strohmaier, Reclam Verlag, Leipzig, 1991, S. 146

Sein Appell an die Vernunft und seine Forderung nach Gerechtigkeit und Güte, machte ihn zum radikalsten Vertreter des Rationalismus und zu einem Humanisten ersten Ranges. Demnach ein islamischer Kant und Erasmus von Rotterdam. Ar-Razi lebte im 8. Jahrhundert. Kant und Erasmus wesentlich später. Ar-Razi stand dem Gedankengut des al-Mutazila sehr nahe.

Im Jahre 932 kehrte ar-Razi in den Schoß des ersten Verursachers zurück. Seine Ansichten zum Rationalismus und Humanismus sind zeitlich entstanden und bleiben der Menschheit bis ans Ende der Zeit erhalten.

Al-Farabi *870

Abu Nasr Muhammad ibn Muhammad ibn Tarhan ibn Uzlug at-Turki al-Farabi kam im Jahre 870 in Wasidsch in der Provinz Farab an der Nordgrenze Transoxaniens, im heutigen Afghanistan zur Welt. Al-Farabi war türkischer Abstammung. Er verbrachte seine Jugend in Damaskus. Dort arbeitete er zunächst als Gärtner und lernte die arabische Sprache. Al-Farabi war auch der türkischen Sprache und des Farsi mächtig. Sein Interesse für die islamische Philosophie trieb ihn an, die arabische Sprache perfekt zu erlernen. Während er tagsüber als Gärtner arbeitet, studierte er bis tief in der Nacht die islamische Philosophie.

Zur Vertiefung seiner Kenntnisse reiste er nach Bagdad, wo er von Matta ben Yunus und Yuhanna ben Haylan unterrichtet wurde, insbesondere im Bereich der Logik und der Religionswissenschaften. Nach Komplettierung seiner Ausbildung in Bagdad ging er nach Aleppo. Dort wurde er aufgrund seiner Kenntnisse Hofgelehrter des Hamaniden-Herrschers Saif u-daula. Während dieser Zeit setzte er sich insbesondere mit der Logik des Aristoteles auseinander und kommentierte diese in zahlreichen Abhandlungen. Daher wurde al-Farabi später auch als Mualim tani, Magister secundus, bezeichnet. Sein Lehrer war demnach Aristoteles, der Magister primus. In seiner Abhandlung „Die Einteilung der Wissenschaften“ (Ihsa al-ulum) gelang es ihm aus dem Schatten seines Lehrers herauszutreten. Hier konnte al-Farabi das Verhältnis zwischen der Philosophie und den Wissenschaften sowie zwischen der Philosophie und der Religion klar definieren. Insbesondere in seiner Abhandlung „Die Ansichten der Bewohner des tugendhaften Reiches“ setzte sich al-Farabi für ein gemeinsames islamisches Reich unter der Führung seines Propheten ein. Ein Reich basierend auf der islamischen Vernunft.

Al-Farabi versuchte die Religion mit der Vernunft zu versöhnen bzw. die Vernunft innerhalb der Religion hervorzuheben. Al-Farabis Glanszeit fiel in die Phase der sunnitischen Wiedergeburt gegen die von Kalif al-Mamun, Herrscher und ältester Sohn des Harun al-Raschid, unterstützten Al-Mutaziliten. Zu diesem Zeitpunkt begann sich das arabische Reich aufzulösen, getriggert durch schiitische, buyidische und auch hamdanische Aufstände. Es entstanden unzählige Sekten. In dieser Zeit der inneren politischen Unruhen versuchte al-Farabi durch seine Schriften zunächst die Einheit des Denkens, um dann die Einheit des islamischen Reiches wieder herzustellen.

Al-Farabi setzte sich stets für die Hervorhebung der Vernunft ein. Dabei machte er keine Kompromisse. Er kann durchaus als militanter Rationalist bezeichnet werden, der allerdings zu keinem Zeitpunkt die Einheit Gottes in Frage stellte. Nach al-Farabi ist die Schöpfung das Ergebnis der Vollkommenheit Gottes. Die Vollkommenheit gießt sich in einer bereits existierenden ursprünglichen Intelligenz. Von dieser Intelligenz geht eine weitere Intelligenz und die äußere himmlische Sphäre hervor. Dieser Vorgang setzt sich fort bis zur Entstehung der sogenannten zehnten Intelligenz, wobei die angesprochenen Intelligenzen die Bewegungen der Sphären steuern. Es geht um die Schöpfung des Vielfachen aus Einem, aus Gott bzw. durch Gott. Die Einheit Gottes ist aus seiner Sicht ein Dogma. Die Trinitätslehre des Christentums mit den drei Namen Vater, Sohn und Heiliger Geist weisen eindeutig auf drei Substanzen hin, die nach al-Farabi die Einheit des Göttlichen gefährden und schlussendlich ein Tritheismus begründen. Die Trinitätslehre lehnte al-Farabi kategorisch ab. Allerdings kann nicht abgestritten werden, dass selbst der Realist al-Farabi mystische Elemente übernahm. Dies lässt sich durchaus damit erklären, dass er sich selbst als Jünger des Aristoteles gesehen hatte und im Rahmen der Nachahmung auch den partiellen Mystizismus des Aristoteles übernahm. Auch war al-Farbi sehr daran interessiert die Lehren der beiden griechischen Philosophen Aristoteles und Platon miteinander zu vereinen.

Sehr intensiv beschäftigte sich al-Farabi mit dem Begriff des Intellekts. Er unterschied den Intellekt in einen potentiellen, einen aktuellen, einen erworbenen und einen schaffenden Intellekt. Dabei mache der schaffende Intellekt den potentiellen Intellekt zum aktuellen Intellekt. Der aktuelle Intellekt sei zugleich auch der erworbene Intellekt.

Ferner beschäftigte er sich mit der Logik, der Metaphysik, der Physik, der Mathematik, der Anthropologie sowie der Ethik und der Theologie. Insbesondere die Philosophie diente al-Farbi dazu, bestimmte Sachverhalte aus dem Koran zu erläutern und das Vorhandene zu erkennen. Al-Farabi war nicht nur ein exzellenter Denker seiner Zeit, sondern auch ein fleißiger Schüler. Bekannt ist, dass er sich nahezu das gesamte Wissen der damaligen Zeit aneignete. Die Maxime seines Denkens war stets die Vernunft, die ausschließlich an göttliche Gesetze gebunden ist.

Die Wissenschaften teilte al-Farabi in partikuläre und universelle ein. Die Partikuläre behandele bestimmte Sachverhalte, während die Universelle alles Vorhandene analysiere. Die universelle Wissenschaft sei die

Metaphysik, sie habe Gott zum Gegenstand. In Gott existierten alle Formen des Vorhandenen und nicht Vorhandenen, daher sei die Wissenschaft von Gott eine Universelle. Weil Gott unsterblich sei, seien die Einzeldinge ebenfalls unsterblich. Das Vorhandene wurde von al-Farabi in eine mögliche und eine notwendige Existenz unterteilt. Die notwendige Existenz sei der Ursprung aller Bewegungen. Die mögliche Existenz sei Gott. Er sei weder teilbar, noch könne er gebären, noch würde er geboren. Er sei allwissend, allmächtig und absolut vollkommen und der Ursprung alles Existierenden. Als Schüler des Aristoteles war al-Farabi davon überzeugt, dass die Welt sich wieder im Nichts auflösen werden würde und nicht wieder ins Chaos zurückkehren würde wie die jüdische-christliche Lehre dies lehrt. In seinem Musterstaat hat al-Farabi die Entstehung des Menschen beschrieben. Bei der Zeugung des Menschen sei der männliche Part formgebend, der weibliche Teil stoffbietend.

Auch als Mediziner machte sich al-Farabi einen Namen. So erklärte er, dass bei der Entstehung des Embryos sich zuerst die inneren Organe entwickeln würden. Das Herz zuerst, gefolgt von der Milz, dann von der Leber etc. Bei den Tieren sei die Doppelgeschlechtlichkeit sowohl auf das männliche als auch auf das weibliche Tier verteilt, bei den Pflanzen käme es häufig vor, dass beide Geschlechter in einem seien.

Tiefenpsychologisch schrieb er die Attribute wie Zorn und Härte dem männlichen Geschlecht zu. Das Mitgefühl und Mitleid mehr dem weiblichen Geschlecht. Die Seele setze ihre Kräfte durch Organe frei, die Vernunft aber bedürfe solch einer Hilfe nicht. Die Vernunft sei ein Teil der Seele. Sie sei dem Intellekt gleichzustellen. Der Intellekt als Teil der Seele stünde Gott nun am nächsten. Folglich erkenne die Seele Gott durch ihren intellektuellen Teil. Der Verstand hingegen beschäftige sich mit allgemein gültigen Regeln. Das Gedächtnis beschränke sich nur auf Einzeldinge. Der Geist sei göttlicher Natur, denn er sei in der Lage, die Vergangenheit und die Zukunft zu überblicken. Die Seele sei unsterblich und die Vergeltung bzw. Belohnung der schlechten und oder guten Taten im Jenseits sowie die Auferstehung nach dem Tode und nach dem jüngsten Gerichts ist für al-Farabi ein Dogma.

Schließlich ging er der Frage nach, ob der Mensch über eine hereditäre ethische Instanz verfüge oder lediglich über eine Prädisposition. Die Ethik und die Moral würden durch Adaptation und Erziehung von der Seele erworben. Kann der Mensch dies alleine schaffen? Der Mensch bedürfe der Unterstützung seiner Mitmenschen. Aus der gegenseitigen Unterstützung entstehe die Gemeinschaft. Diese Gemeinschaft entstehe auf verschiedenen Wegen. Zum einen durch erzwungene oder freiwillige Unterwerfung zum anderen durch Kriege, aber auch durch gemeinsame Abstammung sowie einer gemeinsamen Sprache bzw. durch Sitten. Die so entstandene menschliche Gemeinschaft könne vollkommen oder unvollkommen sein. Je größer eine Gemeinschaft sei, desto vollkommener sei sie, je kleiner desto unvollkommener sei sie. Das Mustervolk sei das Volk, das sich bemühe, das höchste Gut zu realisieren. Eine Gemeinschaft funktioniere wie ein menschlicher Körper, deren Gesundheit sich nach der Gesundheit der einzelnen Organe richtet. Das Zentrum eines Körpers sei stets das Herz und die Herrscher eines Musterstaates sei der primus inter pares, der allerdings über bestimmte Eigenschaften verfügen müsse. Al-Farabi nennt insgesamt zwölf Eigenschaften über die der König verfügen müsse. Der Herrscher müsse in erster Linie gesund sein. Er solle über einen gesunden und scharfen Verstand verfügen, er solle ein guter Rhetoriker sein, er müsse ein Freund und Förderer der Wissenschaften sein. Ein Herrscher sei zur Wahrheit verpflichtet. Er solle genügsam sein, demütig, gerecht, entschlossen und furchtlos. Zwar sei der Krieg ungerecht, doch sei die Selbstverteidigung eine Notwendigkeit. Auch hier müsse der Herrscher entschlossen sein.

Wenig hält al-Farabi von der Askese und der Meditation als alleinigen Weg zur Erlösung. Er lehnt damit den Sufismus ab, gleichzeitig gesteht er der Seele zu, Gott zu erkennen. Diese Widersprüchlichkeit überzieht das gesamte System al-Farabis. Al-Farabi lehnte sich gegen die sunnitische Orthodoxie auf und stellte die Behauptung auf, dass Gott, der Allmächtige, körper- und raumlos sei. Gott kenne sich, so al-Farabi. Gott erkenne sich nicht durch Beweisführung, sondern durch sich selbst. Gott sei zur Selbstreflexion in der Lage. Auch die von ihm erschaffenen Dinge, so unbedeutend sie auch sein mögen, erkenne Gott von sich aus. Gott bedürfe keiner menschlichen Hilfe. Stirbt der Mensch, dann erlange er Fähigkeiten mit denen er in die Lage versetzt wird, Gott zu erkennen- vis a vis. Das Böse und das Gute auf der Erde seien ein Werk Gottes, weil sie sich gegenseitig bedingen. Hier zeigt sich eine klare Distanzierung von der Al-Mutaziliten-Doktrin. Gleichzeitig kommt er zu der Schlussfolgerung, dass das Schicksal des Menschen nicht mit Hilfe von Sternkonstellation vorhergesagt werden könne. Dies war eine klare Distanzierung von der Astronomie.

Zweifelsohne kann al-Farabi als einer der wichtigsten islamischen Philosophen bezeichnet werden. Er ist aber keineswegs der Begründer der islamischen Philosophie, vielmehr ist er ein Neuplatoniker, der während seiner Schaffensperiode versuchte die Lehren der beiden griechischen Philosophen Platon und Aristoteles miteinander zu versöhnen. Ähnlich wie bei Aristoteles, zeichnete sich bei al-Farabi eine Hierarchie der Existenz ab. Dabei steht Gott an der Spitze der Pyramide, unter ihm die Philosophen und Propheten. Auf der gleichen Ebene finden sich die Engel, die der menschlichen Seele bei ihrem Aufstieg behilflich sind. Diese Vorstellung steht im Gegensatz zur sunnitischen Orthodoxie. Es war auch al-Farabi und nicht Charles Darwin, der im Affen eine Mittelstufe zwischen Tier und Mensch sah.

Al-Farabi bezeichnete sich selbst als einen Philosophen, ohne seine Religion zu verleugnen. Trotz seiner widersprüchlichen Philosophie und seiner kritischen Haltung der Religion gegenüber, blieb er ein religiöser Eiferer.

Al-Farabis Tod ist genau so spektakulär wie sein Leben. Einige Historiker berichten, dass al-Farabi, in Begleitung des Herrschers Saif u-daula nach Damaskus, im Jahre 950 erschlagen bzw. ermordet wurde. Wahrscheinlicher ist es, dass er im selben Jahr in Damaskus eines natürlichen Todes starb.

Al-Farabi hinterließ zahlreiche Werke und ist einer der bedeutendsten islamischen Philosophen, der mehr war als nur der Schüler des Aristoteles. Er, al-Farabi war der Magister primus, der al-mualim al-awal. Seine Werke, seine Taten zeugen von einem außergewöhnlichen Menschen, der die Philosophie bis heute nachhaltig beeinflusste.

Al-Aschari *874

Das Wort „Al-Aschari“ leitet sich vom Begründer und Chefideologen der Aschariten, Abu al-Hasan al-Aschari ab. Er wurde im Jahre 874 in Basra, im heutigen Irak, geboren und starb im Jahre 935 in Bagdad. Abu al-Hasan al-Aschari studierte Islamwissenschaften und islamisches Recht u.a. in Basra und Bagdad. Zunächst schloss er sich den Al-Mutaziliten an. Nach zahlreichen Auseinandersetzungen innerhalb der Al-Mutazila, verließ er diese und gründete seine eigene theologische Schule, die nach ihm benannte Madrasat Al-Ascharit. Hier versuchte er die Lehren der Al-Mutaziliten zu widerlegen.

In seinem wohl bedeutendsten Werk „Die dogmatischen Lehren der Anhänger des Islam und die Kontroversen Lehren der Gläubigen“ (Maqalat al-islamiyin wa-ihtilaf al-musallin) vertrat er eine extrem konservative Auslegung des Koran, die jegliche Art von Spekulationen und Diskursen hinsichtlich des heiligen Buches für unislamisch erklärte. Alles sei Gott und Gott sei alles. Alles geschehe nach seinem Willen. Gott verfüge über die Macht, etwas absolut Neues hervorzurufen. Das ist das Fundament der ascharitischen Lehre. Er kristallisierte sich als orthodoxer Hardliner heraus, der eine Interpretation des Korans und der Sunna kategorisch ablehnte. Der Koran sei Gotteswort, nicht von Menschen erschaffen. Gott sei der Schöpfer alles Existierenden. Er zeuge nicht und er wurde nicht gezeugt. Gott sei allmächtig. Er sei es, der Gutes und Schlechtes schaffe, nicht der Mensch. Der Mensch sei Diener Gottes. Sein Weg sei vorgezeichnet. Daran könne der Mensch nichts ändern. Gott besitze die im Koran genannten Eigenschaften. Diese Eigenschaften seien von den Eigenschaften seiner Geschöpfe zu trennen.

Seine Anhänger waren in ihrer Anfangsphase kompromisslos. Im Laufe der Zeit versuchte Abu al-Hasan al-Aschari einen Kompromiss zwischen der sunnitischen Orthodoxie und der rationalistischen Philosophie der Al-Mutaziliten zu finden, jedoch lehnte er die Philosophie zum großen Teil ab, weil der Mensch aufgrund sinnlicher Wahrnehmung und Logik unmöglich in der Lage sein könne, Erkenntnisse in Fragen der Metaphysik zu gewinnen, geschweige denn sie zu verstehen. Insbesondere im Hinblick auf die Logik entstanden große Ängste, weil Gott hier lediglich als eine

Idee des Menschen angesehen wurde. Damit wurde die Offenbarung außer Kraft gesetzt. Daher schlossen sich Logik und die ascharitische Lehre zwangsläufig gegenseitig aus. Nicht zufällig kritisierte Ibn Taymiyya die Logik des Aristoteles. Für Al-Aschari war Gott die einzig wahre Realität.

935 starb er in Bagdad. Die ascharitische Lehre bildet bis heute die Grundlage aller traditionalistischen und islamistischen Bewegungen, die einer Neuinterpretation der Sunna weiterhin ablehnend gegenüberstehen und auf die textgebundene Auslegung bestehen.

Al-Mutanabbi *915

„Mein Wort der anderen Worte überragt,
ich sage, was kein andrer noch gesagt!“[13]

Al-Mutanabbi wurde ca. um das Jahr 915 in Kufa, wo sein Vater als Wasserverkäufer arbeitete, geboren und eben da erzogen. Nach dem Tode seines Vaters, war nun niemand da, der seinen Ehrgeiz und Hochmut zähmen konnte. Er verlangte vom Volke, als Prophet anerkannt zu werden. Diese Äußerungen brachten ihm mehrere Gefängnisaufenthalte. Nach seiner Entlassung zog er als wandernder Sänger umher. Durch Schmeicheleien und Lobgesänge versuchte er an verschiedenen Höfen reich zu werden. Er lobte Alles und Jeden, der ihn dafür bezahlte, den Nahen wie den Fernen. Er machte Jagd auf alles, von dem Kranich bis zur Nachtigall.

Nachdem er das Herz des edlen Dichterfreundes Saif u-daula gerührt hatte, wurde der herumziehende Lobsänger bald ein reicher Herr. Al-Mutanabbi beherrschte die Kunst einen Vers aus vierzehn Imperativen zusammen zu weben. Diese Verse erfreuten Saif u-daula. Al-Mutanabbi begleitete Saif u-daula sogar auf dessen Feldzüge. Doch seine Unbescheidenheit und Überheblichkeit brachten ihn immer wieder in Schwierigkeiten. Die Zuneigung des Saif u-daula zog Feinde nach sich. So beschwerte sich der Hofpoet Maakili über die einseitige Bevorzugung des al-Mutanabbi. Nach einem Streit mit Abu-Firas, dem persönlichen Dichter des Saif u-daula, musste sich al-Mutanabbi nach neun Jahren von seinem Gönner trennen. Er zog nun nach Ägypten. In Ägypten versuchte er am Hof des Sultans durch Lobgedichte Fuß zu fassen. Als diese Schmeicheleien nicht erwidert wurden, wandelten sich seine Loblieder in böse Satire. Danach ging er nach Bagdad, um hier die Gunst des Wesirs el-Muhallabi durch Lobgedichte zu erwerben. Doch dieser ließ sich nicht beirren. Er nahm es al-Mutanabbi übel, dass er ihn erst jetzt in Lobgedichten zu verherrlichen anfing, da er früher nicht an ihn gedacht

[13] J. von Hammer-Purgstall, Motennebi, Der größte arabische Dichter, Wien, 1824, S. 264 f.

habe. Die Dichter von Bagdad wurden von el-Muhallabi angestiftet gegen al-Mutanabbi vorzugehen. Insbesondere Ibn Haggag, Ibn Sukra Hashimi und Hatimi wetterten gegen ihn. Er wurde als Sohn eines Wasserträgers verspottet. Insbesondere der Dichter Hasan ben Denkek verspottete ihn als Parasiten. Al-Mutanabbi schlug zurück, indem er schrieb:

„Ich sehe wie die Dichterlinge sich hetzen, mich zu tadeln;
Wer aber vermöchte das unheilbare Leiden (des Neides) zu beschwichtigen?
Hat einem die Krankheit den Mund verbittert,
schmeckt bitter ihm das süßeste Wasser."

Al-Mutanabbi verließ Bagdad und ging zu Abu Fadl ben el-Amid und dem Wesir el-Muhallabi, einem Vorgänger des Sahib in dem Wesirat am Hofe der Bujiden. Sahib Abul-Kasim hoffte, dass al-Mutanabbi ihn in Isfahan besuchen möge. So ging al-Mutanabbi zum Adhodeddaula nach Schiraz. Hier fiel er ca. um das Jahr 965 durch die Hand arabischer Räuber vom Stamme Asad, als er seine Familie nach Schiraz übersiedeln wollte. Diese verspottete er zuvor in seinen Gedichten. Der Name al-Mutanabbi bedeutet „der, der Prophet werden wollte".

Al-Zahrawi *936

Abu al-Qasim Khalaf ibn al-Abbas al-Zahrawi, bekannt unter seinem lateinischen Namen „Albucasis“, war einer der größten Chirurgen der Welt. Seine „Enzyklopädie der Chirurgie“ war noch über 500 Jahre nach seinem Tode Standardlehrbuch an allen europäischen Universitäten.

Er wurde im Jahre 936 in Madinat al-Zahra, in der Nähe von Cordoba, geboren. Seine Familie entstammt direkt den Nachfahren der ersten Eroberer Spaniens. Man sagte ihm eine direkte Verwandtschaft zu Tarik ibn Zijad, dem Eroberer Spaniens im Jahre 711, zu. In seinem Buch „Al-Tasrif li-man ajaza an al-talif“ beschreibt er unzählige Operationstechniken. Zu nennen ist neben der Appendektomie, der Cholezystektomie auch die Osteosynthese bei Knochenbrüchen. Er arbeitete mehr als 50 Jahre als Chirurg. In seinem Buch „Al-Tasrif“, mit mehr als 1.500 Seiten, werden 1.000 operative Techniken beschrieben. Sein Motto lautete: „Was immer ich weiß ich erhielte es durch das Lesen von alten Büchern, um meine Sehnsucht und meine Wünsche zu befriedigen und um die Wissenschaft der Alten zu verstehen; dazu habe ich meine Beobachtungen und die Erfahrungen, die ich im Leben gemacht habe, hinzugefügt.“

Al-Zahrawi war nicht nur Theoretiker, sondern insbesondere ein ausgezeichneter Kliniker und Operateur. Seine Bücher wurden im 12. Jahrhundert von Gerard von Cremona ins Lateinische übersetzt. Bis in das 19. Jahrhundert hinein bildeten sie die Grundlage chirurgischen Arbeitens an europäischen Universitäten. Seine Bücher dienten als Lehrbücher für Studenten und als Anleitung zur Durchführung von Operationen.

Im Laufe seines Lebens entwickelte er über 200 chirurgische Instrumente. Sie wurden von ihm aufgelistet und deren Funktionen von ihm genauestens aufgeschrieben. In seinem Buch „Al-Tasrif“, welches im Jahre 1519 in Augsburg unter dem Titel „Liber theoricae“ erschien, beschrieb er 325 Erkrankungen samt ihrer Symptomatik und ihrer Behandlungsformen. Er entdeckte und beschrieb als erster Arzt die Haemophilie. Sein pharmakologisches Buch wurde 1288 unter dem Titel „Liber servitoris“ übersetzt.

Seine Bücher wurden kopiert und als eigene Werke ausgegeben z.B. von Salicefle, Lanfranchi, Henry de Mondeville, Mondinus von Bologna, Bruno von Calabria und Leonardo von Padua. Die Bücher des al-Zahrawi enthielten Kapitel zur Hautchirurgie, Zahn-, Mund-Kieferchirurgie und Augenchirurgie. Er führte des weiteren Amputationen, insbesondere bei schwerverletzten Soldaten durch zudem führte er urologische Eingriffe wie die Prostatektomie durch. Mehr als 50 orthopädische Eingriffe wurden von ihm beschrieben. Sein Buch „Al-Tasrif" war in drei Abschnitte gegliedert: 1. Allgemeinchirurgie, 2. Spezielle/ Visceralchirurgie, 3. Orthopädie. Al-Zahrawi gilt als Vater der modernen Chirurgie. Er war auch ein berühmter Professor und ein ausgezeichneter Psychiater. In seinem Buch „Al-Tasrif" schreibt er ein Kapitel „Zur Erziehung von Kindern" aber auch zu gesellschaftlichen Umgangsformen. Er reformierte das Schulsystem und initiierte eine Optimierung der universitären Ausbildung in Andalusien. Zu seinen Ehren wurde eine Straße in Cordoba nach ihm benannt. Seine 200 chirurgischen Instrumente werden im Calla Hurra-Museum in Cordoba ausgestellt. Seine Manuskripte sind seit 1992 im archäologischen Museum in Madrid zu bewundern.

Das Universalgenie starb im Jahre 1013 in seiner Heimatstadt Cordoba. Die Hierarchie in den heutigen Krankenhäusern mit ihren Chefärzten, leitenden Oberärzten, Oberärzten, Fachärzten und Assistenzärzten ist eine Erfindung des großen Al-Zahrawi. In seinem Krankenhaus fanden die Visiten stets zur selben Zeit statt. Im Keller des Krankenhauses befand sich das operative Zentrum. Die Hygienevorschriften waren sehr streng. Die Krankenschwestern und die Krankenpfleger, weil Frauen von Frauen und Männer von Männern gepflegt wurden, erhielten eine separate Ausbildung. Al-Zahrawi setzte Standards, die heute noch als modern gelten.

Al-Tsaalebi *961

Abu Mansur Abdul Malik ben Mohammed ben Ismail al-Tsaalebi gehört neben Al-Mutanabbi zu den großen Dichtern des Islam. Er wurde im Jahre 961 vermutlich in Shiraz geboren. Zu seinen wichtigsten Werken gehört „Die kostbare Perle über die verbreiteten Gleichnisreden“ und das „Buch der Gleichnisse“, genannt „Edelperlen und die Halsgeschneide“. Aus aller Welt strömten Wissbegierige zu ihm, um von ihm zu lernen. Diese Begeisterung für seine Werke spornte ihn an. Er schrieb ein Werk nach dem anderen. Der berühmte Ibn Kalllikan sagte über ihn: „Er habe von der Wissenschaft bewahrt, was sonst verloren gegangen wäre. Das Haupt der Schriftsteller sei er gewesen, wie ein Sprichwort hätten sich seine Werke verbreitet, den gleich wie Sterne in der Finsternis seine Diwane erglänzt.“[14]

Seine Werke vereinten sein Talent, seine großen Kenntnisse und die Urteile seines scharfen Verstandes. Seine Werke zeichneten sich durch Sachlichkeit, als auch durch gerechte Kritik sowohl der Gesellschaft als auch der Religion gegenüber aus. In seinem Werk „Jetima“ erklärt er die Vorzüge der islamischen Dichtung. Die Dichtungen des Islam seien zarter als vorislamische Dichtungen. Sie seien feiner und eleganter. Sie beherbergten einen gewissen Zauber in sich. Ibn Kelakes schreibt dazu: „Die Verse der Gedichte in der Jetima sind jungfräuliche alte Gedanken; die Dichter schwanden dahin, doch die Verse leben nach ihnen, und deshalb heißt das Buch „Die Verweiste“ (Al-Jetima).“[15]

Al-Tsaalebi schrieb, um seine Bedürfnisse zu erfüllen. Er strebte nicht an, ein großer Dichter zu werden. Dennoch gibt er zu, dass die Schwäche der Adamskinder stets die Suche nach der Anerkennung, nach Bewunderung sei.

Seine Werke enthalten wertvolle Informationen zu anderen Dichtern, insbesondere der Familie Hamdan aus Syrien aber auch über Dichter aus dem Maghreb (Nordafrika). Auch über al-Mutanabbi schrieb er wie zu erwarten, sachlich aber kritisch. Über al-Mutanabbi schreibt er: „Er

[14] Al-Ayyib Amad ibn al-Usayn, Shaar, Mundhir. Tayf al-Mutanab S. 12
[15] Al-Ayyib Amad ibn al-Usayn, Shaar, Mundhir. Tayf al-Mutanab S. 33

trat hervor und bildete sich zum Glanzstern an dem Himmel und zur Mittelperle in dem Halsgeschneide der Dichtkunst seiner Zeit.“[16]

Die Kritik an al-Mutanabbi, so Tsaalebi, beweist sein Verdienst und sein Übergewicht. Dazu schreibt er: „Der Reim ist in seiner Gewalt und die Gedanken sind ihm stets dienstbar.“[17]

Al-Tsaalebi war nicht nur Dichter sondern auch Literaturkritiker. Der Erste seiner Art. Er analysierte u.a. die Werke des Abul Hasan Salami, des Abul Kasim Zaaferani, des Abul Farag Babbagha und des Abu Ishag Sabi. Er lehre die Gedichte im Zusammenhang mit den Dichtern zu interpretieren. Er sah einen Zusammenhang zwischen Dichtung und den Lebensumständen der Dichter. Obwohl al-Mutanabbi opportunistisch, egoistisch und arrogant war, so würdigt al-Tsaalebi sein Talent und seine Dichtungen in den höchsten Tönen. Al-Tsaalebi gilt als der bedeutendste Literaturkritiker der Welt. In seinen Werken hebt er die Nachteile und die Vorzüge des großen al-Mutanabbi. Er analysierte die islamische Dichtung und gab seinen Nachfahren Instrumente in die Hand, welche befähigten, die Literatur sachlich kritisch und analytisch zu durchforsten.

Der Reich-Ranicki des Islam verstarb im Jahre 1038.

[16]Al-Ayyib Amad ibn al-Usayn, Shaar, Mundhir. Tayf al-Mutanab S. 42
[17]Al-Ayyib Amad ibn al-Usayn, Shaar, Mundhir. Tayf al-Mutanab S. 53

Alhazen *965

Abu Ali al-Hassan ibn al-Heitham, genannt Alhazen, wurde 965 in Basra geboren. Er stellte als Erster die Theorie von den Planetenbewegungen auf undurchsichtigen Schalen auf. Er entdeckte als Erster, dass alle Himmelskörper, einschließlich der Fixsterne, eigenes Licht aussenden. Nur der Mond erhält seine Helligkeit von der Sonne. Alhazen machte sich ferner Gedanken darüber, wie die jährlichen Überschwemmungen des Nils sinnvoll genutzt werden könnten. Als Arzt und Hofbeamter in Basra blieben seine Überlegungen über den Nil dem Fatimiden-Herrscher Kalif al-Hakim in Kairo nicht verborgen. Er lud den Gelehrten daraufhin ein. Er stattete ihn mit allen Mitteln aus und Alhazen zog mit seinen Mitarbeitern den Nil aufwärts. Doch eine wirkliche Lösung fand dieser nicht. Voller Demut und Endtäuschung kehrte er nach Kairo zurück. Der Kalif gab ihm zur Strafe eine Stelle in der Verwaltung. Um dem Herrscher zu entkommen, stellte sich Alhazen wahnsinnig. Daraufhin enthob ihn der Kalif seines Amtes. Er bekam Hausarrest für den Rest seines Lebens.

Während dieser Zeit setzte sich Alhazen mit den Werken des Euklid und des Ptolemäus auseinander. Alhazen korrigierte diese Werke und stellte klar, dass „viel mehr die Gestalt des wahrgenommenen Gegenstandes in das Auge strahlt und dabei von seinem durchscheinenden Körper (der Linse) umgewandelt wird.“ Damit gilt er als Begründer der experimentellen Forschung. Alhazen verband die theoretische Betrachtung mit dem planmäßig veranstalteten Versuch. In seinen Experimenten schritt er sämtliche Gebiete der geometrischen Optik ab. Er beschäftigte sich ausgiebig mit der Entstehung der Mondfinsternis. Daraus entwickelte er seine Lehre von der Schattenbildung. Als Erster experimentierte er mit der „Lochkamera“, dem Urmodell der Fotografie. Er fand auch die Erklärung für die durch verschiedene Medien, wie Luft und Wasser, hervorgerufenen Strahlenbrechung. Er beschäftigte sich mit dem Entstehen der Dämmerung, ferner mit der Entstehung des Regenbogens. Er fand die Gesetzte der Wirkung des Scheinwerfers, entwickelte die Lupe und erfand die erste Lesebrille. Auf der "Opticae thesaurus“ des Alhazen gründet alle Optik! Noch heute wird eine mathematische Lösung, die die hohe algebraische Kunst dieses Genies verrät, „Alhazensches Problem“ genannt. Alhazen war Roger Bacon, Polen Vitellio und Leonardo da Vinci um Jahrhunderte voraus.

Mögen andere seine Werke gestohlen haben, doch im Herzen eines jeden aufrichtigen Wissenschaftlers lebt er ewig, der Vater der modernen Physik. Er verstarb 1040 in Kairo.

Marri *973

„Niemals habe ich die Ohren der Fürsten
Mit Lobgesängen gekitzelt, noch einen von
Denen gepriesen in der Hoffnung, dafür belohnt zu werden!“[18]

Abul-ala Achmed ibn Abdullah ibn Suleiman al-Marri wurde 973 im nördlichen Teil Syriens geboren. Seine Familie war wohlhabend und sehr angesehen. Der junge Abul-ala erblindete mit vier Jahren nach einer Pockenerkrankung. Früh begann er zunächst in Aleppo, dann in Tripolis und zuletzt in Antiochia zu studieren. Der blinde Student fiel durch sein ausgezeichnetes Gedächtnis, seiner Gelehrsamkeit und seiner Vielseitigkeit auf. Sein Vorbild war der große Dichter und enfant terrible der arabischen Dichtung, al-Mutanabbi. Doch für den Beruf eines Lobredners wie al-Mutanabbi einer war, war er nicht geschaffen. Er lebte in Marra von einer kleinen staatlichen Rente und von Studiengebühren seiner Schüler.

Im Jahre 1010 verließ er Marra und ging nach Bagdad. Das Leben in Bagdad veränderte ihn. Er wurde depressiv und zog sich zurück. Marri kehrte nach Marra zurück und lebte fortan als Asket. Als Gelehrter genoss er einen ausgezeichneten Ruf. Schüler aus der gesamten islamischen Welt suchten ihn auf, um sich von ihm unterrichten zu lassen. Er war ein Meister der arabischer Dichtung und der Islamwissenschaften. Durch Unterrichtung wurde er ein wohlhabender Mann, dennoch blieb er den Rest seines Lebens bescheiden. Sein Einkommen gab er den Bedürftigen in der Stadt. Er blieb der Askese treu. Während dieser Zeit schrieb er zahlreiche Jugendgedichte, die er allerdings bereits vor seiner Bagdad-Reise skizzierte. Eine Gedichtssammlung „Insumijat“ wurde zum Ende seines Lebens hin veröffentlicht. In seinen Werken kann man den Einfluss und die Bewunderung des großen al-Mutanabbi förmlich spüren. Auch er kämpfte gegen die starren Dogmen. Er machte sich sogar über die starren religiösen Dogmen lustig, ja sogar über den Propheten.

[18] Enzyklopädie des Islam, Hrsg. v. M. Th. Houtsma, Art. Abu'l Ala (von R. A. Nicholson), Bd. I (Leiden und Leipzig), S. 80

Stilistisch versuchte er den Koran zu kopieren, dies jedoch misslang. Kurz vor seinem Tode wurde er zu einem großen Zweifler und Skeptiker. Er empfand keine Freude mehr.

Maari, nach al-Mutanabbi, der zweitwichtigste arabische Dichter, wurde im Jahre 1058 von seinen Qualen erlöst.

Ibn Sina *980

„Vom tiefsten Grund des schwarzen Staubes bis hin zum Saturnius höchsten Stand
Entwirrt ich die Probleme alle, die rings im Weltraume ich fand
Entsprungen bin ich jeder Fessel, mit der mich Last umwand,
Gelöst ward jegliches Band, nur eines blieb ungehört, des Todes Band.“[19]

Abu Ali Husain ibn Abdullah ibn Sina kam im Jahre 980 zur Welt. Sein Vater stammte aus Balch. Seine Mutter aus dem kleinen Dorf Afschana. Sein Vater siedelte zu den Zeiten des Samaniden-Emir Nuh ben Mansour, der von 976-997 regierte, nach Buchara über. Als Verwaltungsangestellter in der kleineren Stadt Chameitan heiratete er und lebte fortan in dem kleinen Dorf Afschana in der Umgebung von Buchara. Nach der Geburt seines zweiten Sohnes und des jüngeren Bruders von Ibn Sina siedelte die Familie nach Buchara um. Dort wurde Ibn Sina in Religion- und Literaturwissenschaften unterrichtet. Bereits in jungen Jahren fiel sein außergewöhnliches Talent auf. Mit Erstaunen nahmen die Gelehrten zur Kenntnis, wie der zehnjährige Ibn Sina bereits innerhalb kürzester Zeit den gesamten Koran auswendig rezitieren konnte.

In Buchara, der Stadt der Gelehrten, wurde Ibn Sina als Wunderkind angesehen. Sein Vater, ein fanatischer Anhänger der Fatimitiden, einer schiitischen Sekte, die sich insbesondere in Ägypten für einige Jahrhunderte etablieren konnte, war bekennender Ismailit. Nach der Vorstellung der Ismaeliten ist der Sektenführer auch gleichzeitig Gott. Die Fatimitiden führten ihre Abstammung auf Fatima, der Tochter des Propheten und die Ehefrau des Kalifen Ali, zurück. Ibn Sina war die Lehre der Ismaeliten bekannt, denn er hörte täglich seinen Vater darüber reden. Im Gegensatz zu seinem Bruder schloss er sich dieser Sekte nicht an. Ibn Sina blieb trotz Bekehrungsversuchen seitens seines Vaters standhaft und lehnte die Philosophie der Ismailiten, die sich hauptsächlich mit den Schriften

[19] Ethe, H., Avicenna als persischer Lyriker. Nachrichten von der Königlichen Gesellschaft und G.A. Universität zu Göttingen 21, 1875, S. 558

der „Lauteren Brüder von Basra“ auseinandersetzten, kategorisch ab. Sein Vater, ein hervorragender Kenner der islamischen Philosophie, der Geometrie und der Mathematik, schickte seinen Sohn zu dem Mathematiker und Philosophen al-Mahmoud in die Lehre. Ungewöhnlich schnell eignete sich Ibn Sina das gesamte Wissen des al-Mahmoud an und stellte von nun an Fragen, die der Gelehrte al-Mahmoud nicht beantworten konnte. Das Verhältnis zwischen Lehrer Schüler veränderte sich. Aus dem Schüler wurde der Lehrer und aus dem Lehrer der Schüler.

Um sein Wissen weiter zu vertiefen, ließ sich Ibn Sina danach von Ismael, dem Asketen von Buchara, in der Rhetorik unterrichten. Rasch wurde er zu einem der besten Rhetoriker in Buchara und erneut übertraf er seinen Lehrmeister. Ibn Sina interessierte sich für alle Wissenschaften. Das Wissen, dass er sich bis dahin aneignete, sah er als einen Tropfen auf den heißen Stein an. Daher suchte er Abu Abdallah An-Natili auf, ein Kenner und Bewunderer der griechischen Philosophie. Bei ihm lernte Ibn Sina die Eisagoge des Neoplatonikers Porphyrios, die dem Organon des Aristoteles vorangestellt ist. Mit dieser Lehre beschäftigte sich Ibn Sina sehr intensiv und brachte seinen Lehrmeister An-Natili durch seine scharfsinnigen Fragen sehr häufig in Erklärungsnöte. Er begriff die Lehre der Logik besser als sein Meister. Nachdem er sich nun in der Mathematik, der Ethik und der Logik hat ausbilden lassen, setzte er auf eigene Faust das Studium der Logik fort. Er studierte das Buch des Euklid, um sich danach mit Almagest, dem Werk des Astronomen Claudius Ptolomäus, auseinanderzusetzen. Gleichzeitig vertiefte er sich in die Schriften der Physik und der Metaphysik. Insbesondere der Metaphysik des Aristoteles widmete sich Ibn Sina sehr intensiv.

Sein Interesse galt nun der Medizin. In diesem Fach ließ er sich von dem Arzt und Gelehrten Isa ben Jahja unterrichten. Und wie nicht anders zu erwarten war, wurde aus dem Schüler sehr rasch der Meister. Von nun an begannen viele Medizinstudenten bei ihm zu studieren. Gezielt suchte Ibn Sina Erkrankte auf, um seine praktischen Erfahrung in der Heilkunde zu vertiefen und um neue Erkenntnisse zu gewinnen. Nebenbei beschäftigte er sich mit der Juristerei, dass er hier ein Meister seines Faches wurde, bedarf eigentlich keiner Erwähnung.

Mit 16 Jahren studierte er die gesamte damals bekannte Philosophie. Dieses Studium dauerte insgesamt vier Jahre und in dieser Zeit begann er die gewonnenen Erkenntnisse und seine eigene Schlussfolgerungen schriftlich zu fixieren. Als gläubiger Muslim ging er regelmäßig in die Moschee, um sich von Gott inspirieren zulassen. Gleichzeitig war er ein bekennender Weintrinker, der insbesondere nachts Wein trank, um länger wach bleiben zu können, um so mehr Zeit zu haben, sich der Philosophie noch intensiver zu widmen.

Mit 20 Jahren war Ibn Sina ein Meister in der Beherrschung und Anwendung der Logik, der Physik, der Mathematik, der Medizin und der Theologie. Insbesondere mit der Metaphysik des Aristoteles beschäftigte er sich sehr ausgiebig, da er zunächst den Sinn dieser Schriften und die Intention des Verfassers nicht verstand. Um Aristoteles Metaphysik zu verstehen, las Ibn Sina die Schriften des Abu Nasr al-Farabi. Er selbst berichtet, dass die Schriften des al-Farabi der Schlüssel waren zum Verständnis der aristotelischen Abhandlungen über die Metaphysik.

Als der Herrscher von Buchara, Nuh ben Mansour, erkrankte, lies er den weit über die Grenzen Bucharas bekannten Philosophen, Theologen, Mathematiker und Mediziner zu sich kommen und tatsächlich konnte er den Kalifen mit seinen medizinischen Kenntnissen zur Genesung verhelfen. Der Kalif bedankte sich bei Ibn Sina, indem er dem wissensbegierigen Universalgenie das Tor zu seiner Bibliothek öffnete. Damit hatte Ibn Sina zu einer der größten Bibliotheken der damaligen Zeit Zugang. Nahezu alle bekannten Veröffentlichungen befanden sich in dieser Bibliothek. Mit großem Eifer begann der nun Zwanzigjährige alles zu lesen, was ihn interessierte, schwerpunktmäßig die Schriften der griechischen Philosophen. Bereits mit 20 Jahren zählte er zu den größten Gelehrten seiner Zeit.

Abul Husain al-Rudi bat daraufhin Ibn Sina, ein Kompendium über die griechische Philosophie zu verfassen. Ibn Sina nahm diese Aufforderung zum Anlass über alle Wissenschaften, außer der Mathematik, zu schreiben. Beeinflusst wurde er dabei von dem Gelehrten Abu Bakr al-Baraqi, der aus der berühmten Stadt Chorasan stammte. Dieser war ein sehr bekannter Gelehrter der Rechtswissenschaften und der Religionswissenschaften und darüber hinaus ein bekannter Asket. Abu Bakr al-Baraqi erkannte die unglaublichen Fähigkeiten das jungen Ibn Sina, daher bat er ihn die griechische Philosophie zu kommentieren. Ibn Sina verfasste daraufhin im Alter von 21 Jahren insgesamt 20 Bücher über die Resultate und Ergebnisse seines erworbenen Wissens und er verfasste auch das Buch der Frömmigkeit und der Sünde. Als sein Vater starb, Ibn Sina war noch 21 Jahre alt, übernahm er einen Verwaltungsposten bei der Regierung, um die Familie zu ernähren. Er wurde so zum Nachfolger seines Vaters.

Der innere Drang und das Streben nach Wissen bestimmte aber sein Leben und so blieb er stets ein Suchender. Er verließ daraufhin Buchara und ging nach Gurgandsch zu Abul Husain as-Sahli, der Wesir am Hofe des Fürsten Ali ben Mamoun. Dieser empfing Ibn Sina mit allen Ehren und gab ihm ein monatliches Gehalt, damit sich dieser ausschließlich seiner wissenschaftlichen Arbeiten widmen konnte. Trotz eines angenehmen Lebens verließ er, auf der Suche nach neuem Wissen und neuer Herausforderung, Gurgandsch und ging nach Nisa. Damit begann die Wanderreise des Ibn Sina. Er besuchte in dieser Zeit die Städte Baward, Tus, danach ging er nach Schaqqam, Samangam, nach Dschardschem in der Nähe von Chorasan und schlussendlich nach Dschurdschan, einer mittelgroßen Stadt in Zentralpersien.

Dort lernte er Abu Ubaid al-Dschurdschani kennen. Dieser war wohlhabend und einflussreich und er machte ihn mit Abu Mohammed asch-Schirazi bekannt, ein Mann, der nicht nur wohlhabend war, sondern auch großes Interesse an der Wissenschaft zeigte. Er kaufte Ibn Sina ein Haus in Dschurdschan und bat ihn seine Kenntnisse niederzuschreiben. Daraufhin begann Ibn Sina Abu Ubaid al-Dschudschani das mittlere Kompendium der Logik zu diktieren. Für seinen Förderer und Gönner Abu Mohammed asch-Schirazi verfasste er das Buch der Kosmogenie und der Eschatologie, sowie das Buch der astronomischen Beobachtungen. In dieser Zeit verfasste er die meisten seiner Bücher u.a. „Das Gute und das Böse“, den ersten Teil des „Al-Qanon“, „Die Schifaa“, „Das Urteil“, „Die Leitung“, „Die Kolik“ und „Die arabische Sprache“, welche er in zehn Bänden zusammenfasste. In dieser Zeit verfasste er mehr als 50 Werke, einige davon in mehreren Bänden.

Ibn Sina begab sich nach dieser Schaffensperiode nach Rajy und stellte sein Wissen in den Dienst der Fürstin Sajida und ihres Sohnes Madsch u-daula. Dieser erkrankte an einer schweren Depression. Ibn Sina blieb solange in Rajy bis er Madsch u-daula von seiner Depression befreien konnte. Nach schweren Auseinandersetzungen am Hofe verließ Ibn Sina Rajy heimlich in Richtung Hamadan. In Hamadan arbeitete er von nun an als Verwaltungsangestellter im Dienst der Khadranoje. Als Schams u-daula, der Sohn des Madsch u-daula und inzwischen Fürst von Rajy, an einer schweren Kolik erkrankte, ließ er Ibn Sina aus Hamadan zu sich kommen und bat ihn von seinen Qualen zu befreien. Tatsächlich gelang es Ibn Sina Schams u-daula von seinen Schmerzen zu befreien und beide freundeten sich an. Ibn Sina ward am Hofe des Fürsten gern gesehen. Nach einer verlorenen Schlacht zog sich Schams u-daula nach Hamadan zurück und mit ihm ging auch Ibn Sina nach Hamadan zurück. Ibn Sina sollte auf Bitten des Fürsten oberster Minister am Hofe werden, doch eine Soldatenrevolte verhinderte dies. Ibn Sina wurde verhaftet und in den Kerker geworfen. Lediglich die Freundschaft zum Fürsten rettete ihm das Leben und schenkte ihm nach einigen Monaten Gefängnis die

Freiheit. Ibn Sina musste sich in Hamadan vor seinen Feinden im Hause des Abu Saad ben Dachduq verstecken. Nach einer erneuten Erkrankung des Schams u-daula wurde Ibn Sina verraten und an den Hof des Fürsten gebracht.

Nachdem er den Fürsten erneut von seinen Schmerzen hatte befreien können, wurde ihm nun das Ministeramt übertragen. Während dieser Zeit verfasste er „Das Buch der Heilung“ und beendete den ersten Teil des „Al-Qanon“. Außerdem hielte er in seinem Hause Vorlesungen und zahlreich erschienen die Studenten. Unter ihnen zahlreiche namenhafte Gelehrte der damaligen Zeit. Nach dem Tode des Fürsten Schams u-daula gab er sein Ministeramt auf. Auch auf Bitten des neuen Fürsten Sama u-daula lehnte er die Annahme des Ministeramtes kategorisch ab. Gekränkt wollte der Fürst den Gelehrten Ibn Sina bestrafen, doch dieser konnte sich im Hause seines Freundes Abu Ghalib al-Attar, einem in der Stadt bekannten Gewürzhändler, verstecken. Gleichzeitig ließ er heimlich dem Herrscher von Isfahan, Ala u-daula, Briefe zukommen mit der Bitte, an seinem Hofe arbeiten zu dürfen. Währenddessen vollendete er in seinem Versteck „Das Buch der Heilung“. Doch durch Verrat wurde er erneut gefangen genommen und in der Festung Fardajan festgehalten. Während der Gefangenschaft beendete er „Das Buch der Leitung“, die Abhandlung des „Hay Ibn Jaqzan“ und „Das Buch der Kolik“. Nach ca. vier Monaten Gefangenschaft wurde Ibn Sina von Ala u-daula nach der Einnahme Hamadans befreit. Tadsch al-Mulk, der Sohn des Schams u-daula, wurde zunächst in die Flucht geschlagen, konnte allerdings nach einigen Wochen, nachdem sich Ala u-daula aus Hamadan zurückgezogen hatte, in seine Stadt zurückkehren. Tadsch al-Mulk sah davon ab den nun sehr berühmten Gelehrten Ibn Sina zu bestrafen. Stattdessen bat er ihm ein Ministeramt am Hofe an. Doch Ibn Sina lehnte ab und verließ heimlich Hamadan und ging in Begleitung seines Bruders nach Isfahan.

Ibn Sina wurde von Ala u-daula herzlich empfangen und ihm wurde ein Haus in Isfahan zur Verfügung gestellt. Ibn Sina wurde in Isfahan vom Fürsten zum Hofphilosophen ernannt. Jeden Freitag nach dem Freitagsgebet fanden philosophische Diskussionen am Hofe des Fürsten und in Gegenwart des Fürsten statt, der sich lebhaft an den Diskussionen beteiligte. Gelehrte aus allen Fachrichtungen waren an diesen Diskussionen beteiligt. In Isfahan schrieb er das Kompendium zu Euklid, zur Arithmetik und zur Musik. Dem Almagest fügte er weitere zehn Figuren hinzu. Er entwickelte in dieser Zeit auch völlig neue astronomische Lehren. Ala u-daula beauftragte Ibn Sina mit der Aktualisierung der astronomischen Tabellen, gleichzeitig konnte er das Alaische Buch beenden. Nach einer

Begegnung mit Abu Mansour al-Dschubbai am Hofe des Fürsten, wurde sein Interesse für die arabische Grammatik geweckt. Er ließ sich aus Chorasan das Buch der grammatischen Erziehung von Abu Mansour al-Azhari zukommen lassen. Nach einem intensiven Studium dieses Buches verfasste er das Buch „Die Sprache der Araber". In der Zwischenzeit hatte er seine Erfahrung in der Heilkunde in Form von Notizen festgehalten. In Isfahan fasste er dann alle seine Erfahrungen und Kenntnisse in der Heilkunde in dem berühmten Buch „Al-Qanon der Medizin" zusammen. Das „Buch der Billigkeit" ist während eines Feldzuges gegen Masud verlorengegangen.

Durch sein ausschweifendes Leben und durch die harte Arbeit, die er sich selbst auferlegte, bekam er zunehmend gesundheitliche Probleme, die nicht zuletzt mit seinem übermäßigen Alkoholkonsum zusammen hingen. In den letzten Jahren seines kurzen Lebens plagten ihn rezidivierende Koliken und Ohnmachtsanfälle. Zur Linderung der Schmerzen nahm er regelmäßig Opium. Vergeblich versuchte er sich selbst zu heilen. Zwar konnte er sich temporär erholen und wieder an den Freitagsdiskussionen teilnehmen, aber sein ausschweifendes Leben setzte er fort. Mit dem Fürsten Ala u-daula zog er nach Hamadan zurück. In Hamadan angekommen erkrankte er erneut sehr schwer. Vergeblich versuchte er sich selbst erneut zu heilen.

Nach einigen Tagen des Leidens kehrte Ibn Sina mit nur 53 Jahre im Jahre 1036 in den Schoss seines Herrn zurück. Stets galt Ibn Sina als Sufist. Sein Vorbild blieb stets der Prophet Mohammed. Wie er entließ er seine Sklaven in die Freiheit und nach seinem Tode wurden drei Tage lang Suren aus dem Koran rezitiert. Ibn Sina lebte in Persien und Zentralasien, vom Islam geprägt, einer Religion, die im Menschen ein denkendes Wesen sieht, das als Individuum für sein Handeln steht und uns als Individuum selbst in seinem Denken Gott gegenübertritt. Eine Religion, die die Aneignung des Wissens als eine Pflicht sieht.

Ibn Sinas Philosophie basiert auf drei Prinzipien, zunächst der Einführung in die Wissenschaften, dann die Kenntnisse der Naturwissenschaften sowie dem Studium der Philosophie. Ibn Sina versuchte al-Farabis Aristotelismus mit den Lehren des Neoplatonischen zu einer neuen Philosophie zu entwickeln. Wie der Prophet Mohammed selbst sah er im Denken das Wesentliche. Im Vergleich zu Descartes definierte er den Menschen nicht ausschließlich durch das Denken. Im Vergleich zu al-Ghazali vertrat er die Meinung, dass die Welt ewig existiere. Eine Auferstehung des Menschen nach dem Tode wurde von ihm als eine große Lüge bezeichnet. Das

Leben nach dem Tode sei lediglich eine Art geistige Fortdauer, damit widersprach er den Lehren des Koran von Hölle und Paradies. In den Augen der Traditionalisten machten ihn diese Aussagen zu einem Ungläubigen. Er wurde angefeindet, aber nicht verfolgt. Zu seinen großen Gegnern gehörte der große Meister al-Ghazali und der einflussreiche Rechtsgelehrte Ibn al-Salch al-Schahrazuri, der über Ibn Sina folgendes sagte: „Er gehörte nicht zu den Wissenschaftlern des Islam, sondern war ein Teufel unter den menschlichen Teufeln."[20]

Insbesondere Ibn Rushd warf Ibn Sina vor, die Lehre des Aristoteles zu verfälschen. Für Ibn Rushd, Materialist und Kommentator der Philosophie des Aristoteles, waren die Schriften des Ibn Sina über Aristoteles ein Beweis dafür, dass Ibn Sina diese Philosophie nicht verstanden habe. Ibn Sina polarisierte die gesamte islamische Welt. Auf der Suche nach der Wahrheit überschritt er jegliche Schranke auch oder insbesondere die Religiöse. So erklärte er sich das Weinverbot im Koran dadurch, dass Mohammed damit die unzuverlässigen Araber disziplinieren wolle. Obwohl ihm bewusst war, dass der Wein „dem trunkenen ein Feind, dem klugen ein Freund (...), in kleinem Arznei; doch viel wird er Schlangengift sein. Im Übermaß ist sein Schaden gewiss nicht gering, doch im kleineren allein kann er großen Nutzen von verleihen."[21] Die Geschichte der Auferstehung sei lediglich ein Trick, um die Massen zu motivieren.

Den Asketen warf er Opportunismus und Heuchelei vor, denn Diese enthalten sich im Diesseits irdischen Vergnügen, um im Jenseits Genuss zu erzwingen. Die Ablehnung der Dekadenz im Diesseits diene lediglich einem Leben der Dekadenz im Jenseits. Er sah in den Philosophen die höchste Klasse innerhalb einer islamischen Gesellschaft. Sie stünden sogar über den frommen Menschen. Sie seien realistisch, sie suchten Gott, der, der absoluten Wahrheit gleiche und sie erwarteten nach dem Tode weder eine körperliche Auferstehung noch eine Strafe. Das Kapital der Philosophen sei die Freiheit des Geistes, wovon die Massen nichts erfahren dürfen. Im Vergleich zu al-Ghazali wollte er Gott nicht durch Meditation, sondern durch die Logik näherkommen. Auch für Ibn Sina war die Seele unsterblich, jedoch nicht zur Auferstehung in der Lage. Der Tod sei das Ende des menschlichen Lebens. Die Seele der Philosophen vereinige sich nach dem Tode mit dem Geiste Gottes, hier verliere der

---

[20] Ghaussy, Abdul Aziz, Aufbau und System der Philosophie und der Wissenschaften Islam nach al-Kindi, al-Farabi und Ibn Sina in ihren systematischen Werken, Hamburg, 1961, S. 188

[21] Leszczyński, Georg, Avicenna und seine Dichtungen aus dem Persischen, Berlin, D. Neue Orient, 1918, S. 19

Geist seine Individualität. Die Vereinigung mit dem Geiste Gottes sei nur jenen vergönnt, die über eine vernünftige Seele und über eine wissende Seele verfügten. Die unwissenden Seelen blieben stets unglücklich und ihnen würde die Vereinigung mit dem Geiste Gottes nach dem Tode vorenthalten. Hier zeigt sich bei ihm eine Vermischung der Philosophie des Aristoteles und Platon.

Ibn Sina entfernte sich vom islamischen Gottesbegriff, ohne sich allerdings von der Religion selbst zu entfernen. Stets blieb er ein gottesfürchtiger und gläubiger Muslim. Die Ewigkeit der Welt und Gott als ewig wirkende Ursache führte bei Ibn Sina zu der Schlussfolgerung, dass die Existenz lediglich eine Verleihung der realen Existenz und das die Materie das mögliche Seins sei. Die Welt leite sich aus der Materie ab, Gott jedoch nicht. Gott sei jedoch nicht wie bei Nietzsche tot, sondern er sei lediglich in der realen Welt nicht existent. Die von ihm durchgeführte Trennung zwischen Geist und Materie erfordere eine aktive Rolle der Seele als Vermittlerin. Daher sah er einen direkten Zusammenhang zwischen dem Seelenzustand und dem Leben nach dem Tode. Die Existenz Gottes leite sich in seiner Metaphysik aus dem Notwendigen ab. Der mögliche Charakter des Seienden erfordere die Existenz eines ersten Seienden, in dem sich Wesen und Sein vereinen. Aus diesem ersten Weltseienden gehe der Weltgeist hervor, zudem die Seele des Menschen nach dem Tode zurückkehre. Trotz der Einschränkung, dass nur vernünftige und wissende Seelen sich nach dem Tode dem Gesamtgeist anschließen, sei er vielfältig. Die Existenz des Weltgeistes verursache, bedingt durch das Nachdenken über die Gründe seiner Existenz, die Entstehung eines dritten Geistes. Dieser dritte Geist sei der Lenker des Universums und aus ihm gingen Geister hervor, die die Seele, den Geist und den Körper hervorbrächten. Alles geschehe durch den Willen Gottes. Gott sei der Schöpfer des ersten Geistes, denn Gott könne nur das Allgemeine.

Ibn Sinas Gott ist ein passiver Gott, der sich in die Angelegenheiten der Menschen nicht einmische. Hierfür zuständig seien der zweite und dritte Geist. Für Ibn Sina ist Gott nicht erfassbar, daher spielt Gott in Ibn Sinas Logik gar keine Rolle. Die Logik sei die höchste Stufe der philosophischen Seele. Dieser untergeordnet sei die Physik und die Metaphysik. Zusammen bildeten sie mit den Wissenschaften die Philosophie, die Mutter alles Seienden. Gott bliebe eine allumfassende Macht. Er stehe über allen und über alles, er sei mehr als die Summe alles Existierenden. Die Unterordnung des Irdischen unter der himmlischen Substanz erfolge durch eine geistige Substanz in Form der Offenbarung und der Engel. Diese geistige Substanz sei in sich selbst existent und sie sei eins. Nun begibt sich Ibn Sina zu den Menschen und untersucht die Praxis dieser. Das Handeln des Menschen bestehe aus drei Teilen, der Ethik, der Ökonomie und der Politik. Unter Ethik versteht er die Wege das Handelns, die den Menschen zur Glückseligkeit führen sollen. In der Wirtschaftslehre sieht er die Art und Weise der Haushaltsführung, der Familienstrukturen und der gesellschaftlichen Strukturen, die einer Führung bzw. Lenkung bedürfen, das Letzte sei nun die Aufgabe der Politik. Für ihn war die Wahrheit das Erkennen der Realität, daher sah er im Experiment und in logischer Schlussfolgerungen akzeptable Kriterien auf dem Weg zur Wahrheit. Er lehnte die Idee der Unsterblichkeit kategorisch ab.

Ibn Sina konnte sich auch im Bereich der Naturwissenschaften auszeichnen. So vertrat er die Meinung, dass beim Wurf eines Körpers dem Körper ein Impuls verliehen würde und die Bewegung, wenn ihr kein Widerstand entgegengesetzt wird, andauern würde. Diese Aussagen ähneln denen von Newton später formulierten Trägheitsgesetzen. Er war auch der Meinung, dass durch Reibung Elektrizität erzeugt werden könne. Auch im Bereich Zoologie, Mineralogie, Botanik und Geologie machte sich Ibn Sina einen Namen. Für die Entstehung von Bergen und Tälern machte er Erdbeben sowie Wind und Wasser verantwortlich. In der Chemie teilte er die Mineralien in vier Gruppen. In der Gruppe der Steine, der schmelzbaren Stoffe, der schwefligen Stoffe und der wasserlöslichen Salze. Diese Klassifizierung hatte in Europa bis 1780 bestand. Er beschäftigte sich auch mit der Entstehung von Wolken und Regenbogen und mit der Entstehung von Pflanzen und ihrer Einteilung. Sein Buch über die Tierkunde wurde im 13. Jahrhundert am Hofe Kaiser Friedrich II. ins Lateinische übersetzt. Sie waren eine wichtige Quelle für die Arbeiten des Albertus Magnus. Er beschäftigte sich auch mit dem Bau von Maschinen und fertigte zahlreiche Zeichnungen an. Ibn Sina gilt auch als Vorläufer der nichteuklidischen Geometrie. Er schrieb mehr als sieben astronomischen Schriften und verbesserte einige astronomische Instrumente.

Ibn Sina war ein anerkannter Musiktheoretiker. Er schrieb über Töne und ihre Eigenschaften, Intervalle und Dissonanzen und über Rhythmen. Er ließ verschiedene neuartige Musikinstrumente bauen und versuchte Töne in Zahlen ausdrücken. Er sah in der Musik aber auch ein Heilmittel, daher empfahl er, Menschen, die psychisch erkrankten, auch mit Musik zu behandeln.

Die medizinischen Abhandlungen des Ibn Sina, insbesondere der „Kanon der Medizin“, bildete damals den Höhepunkt medizinischen Wissens und zeugte von seinem Genius. Bis in das 17. Jahrhundert war der „Kanon der Medizin“ ein Standardlehrbuch in der medizinischen Lehre in Europa und in der islamischen Welt bis in das 19. Jahrhundert hinein. Vor Sigmund Freud beschäftigte er sich mit der Neurose und der Entstehung der Neurosen. Er teilte psychische Störungen in formale und inhaltliche Denkstörungen. Er beschäftigte sich mit der Manie und der Schizophrenie. Auch wahnhafte Depressionen wurden von ihm beschrieben. In der Neurologie gelang ihm die Beschreibung der Meningitis. In der Inneren Medizin gelang ihm die Differenzierung der Pest von den Pocken. Er beschrieb die Lepra sehr ausführlich.

Insbesondere in der Kinderheilkunde konnte sich Ibn Sina auszeichnen. In der islamischen Welt gilt er als Begründer der Pädiatrie. Zur Erziehung der Kinder empfahl er einen Ausgleich zwischen physischer und intellektueller Betätigung. Auch machte er auf den Zusammenhang zwischen Familienstruktur und psychische Erkrankungen der Kinder aufmerksam.

Vor Karl Marx forderte er von den Herrschenden, dass alle Kinder unabhängig von Herkunft und dem Einkommen und den Status innerhalb der Gesellschaft, die Schule aufsuchen müssen und dürfen und er forderte das Recht auf Arbeit für jeden Menschen. Die Medizin und die Verbreitung der medizinischen Kenntnisse unterhalb der Bevölkerung waren ihm so wichtig, dass er dieses Wissen in Form von Gedichten der Bevölkerung nahe bringen wollte. Ibn Sina gilt in der islamischen Welt bis heute als einer der größten Gelehrten aller Zeiten. Für das christliche Abendland galt der „Kanon der Medizin“ bis in das 19. Jahrhundert insbesondere in den neugegründeten Universitäten in Bologna, Montpellier und Paris als das medizinische Standardwerk für die Unterrichtung der Studenten. In den Augen Leonardo da Vincis zählte Abu Ali Husain ibn Abdallah ibn Sina zu den größten Gelehrten aller Zeiten. Ibn Sina, Vater, Minister, Reisender, Philosoph, Arzt, Musiktheoretiker, Botaniker, Zoologe, Physiker, Mathematiker, Astronom und Dichter, hat wie kein anderer nahezu alle Wissenschaftler in Ost und West über Jahrhunderte beeinflusst und die Menschen, die ihn verstehen, entzückt.

Die „lauteren Brüder von Basra“

Ichwan as-Safa ist eine schiitische „Sekte“, die im 10. Jahrhundert in der irakischen Stadt Basra ihre Lehren verbreitete. Die schiitischen Sekten waren gegenüber der spekulativen Philosophie viel offener als die sunnitische Orthodoxie. Die Ichwan as-Safa gehörten der isma'ilitischen Gemeinschaft an. In ihren berühmten „Briefen“ (rasai'l) diskutierten sie ihrer Logik, Ethik, Mathematik, Physik und Astronomie. Hierbei kam es zu Vermischungen mit der Alchemie und der schiitisch-isma'ilitischen Imamlehre und der Eschatatologie. Die Darstellungen dieser Themen in den „Briefen“ war oberflächlich und von esoterischen Gedanken erheblich beeinträchtigt. Dennoch erkennt man in ihren „Briefen“ die Absicht die Lehren des al-Farabi und des Neoplatonismus salonfähig zu machen. Hiernach erlangt der Mensch die Vollkommenheit durch die philosophische Einsicht. Ichwan as-Safa ging es um die Vermittlung von Weisheit als Weg zur Erlösung. Die Religion sei nur im Besitz einer relativen Wahrheit. Die Aufgabe der Religion sei die Loslösung von allen Zwängen des irdischen Daseins. Der Weg zur Erkenntnis, dass eine Loslösung von irdischen Zwängen erforderlich sei, um eine geistige Existenz zu erreichen, gehe ausschließlich über die Philosophie. Diese Lehre ist jedoch nicht spezifisch für die Ichwan as-Safa, sondern sie entspringt vielmehr einer Traditionslinie, die ihren Ursprung in Mesopotanien hat. Basierend auf den Lehren der Ichwan as-Safa entstanden weitere schiitische Sekten wie die Zaiditen, die Drusen und die Alawiten.

Die Lehre der Ichwan as-Safa ist in der islamischen Philosophie eher eine Randerscheinung. Eine entscheidende Rolle hat sie nie gespielt.

Dennoch verdient sie Erwähnung. Denn obwohl sie die koranischen Lehren fast verwirft, wurden ihre Anhänger damals nicht angetastet. Dies ist ein weiterer Beleg für die willkommene Spekulation innerhalb der islamischen Welt. Eine große Seele, in der jede kleine Seele ihren Platz hat.

Omar Khajam *1048

„Von allen, die auf Erden ich kannte,
ich nur zwei Arten Menschen glücklich fand,
den, der der Welt Geheimnis tief erforscht,
und den, der nicht ein Wort davon verstand.“

Omar Khajam wurde am 18.05.1048 in Nischapur geboren. Er gehört zu den bedeutendsten und vielfältigsten Poeten und Wissenschaftlern. Sein Kalender ist genauer als der gregorianische Kalender, der 500 Jahre später erfunden wurde. Er fand Lösungen für kubische Gleichungen und auch ihre Wurzeln. René Descartes Arbeiten, ca. 400 Jahre später, basieren allesamt auf Khajams Vorarbeiten. Er suchte nach einem Beweis für die irrationalen Zahlen. Er behandelte auch die Anordnung der Binomialkoeffizienten, die heute weltweit als Paskalsches Dreieck bekannt ist. Er war nicht nur ein mathematisches Genie, sondern auch ein exzellenter Philosoph. Er setzte sich mit der Frage des Menschen im Universum auseinander. In seinen Vierzeilern beschreibt er das menschliche Dilemma. Er ermahnte in seiner Philosophie die Menschen vor Habgier und Hochmut. Die Unantastbarkeit der menschlichen Seele machte er zu seinem obersten Prinzip. Auf seine mystisch, psychologische Art, machte er die Menschen darauf aufmerksam, dass das Grübeln und das Hadern mit dem eigenen Schicksal ein sinnloses Unterfangen sei, da das Leben an sich endlich ist und der Mensch sich vielmehr an der Natur erfreuen solle. Die Würde des anderen zu achten erhob er zu seinem zweitwichtigsten Prinzip. Im Sinne des Alten Testamentes forderte er die Menschen auf, andere so zu behandeln, wie sie selber behandelt werden möchten. Somit können wir Omar Khajam zweifelsohne als Vater des Humanismus bezeichnen, der vor Erasmus von Rotterdam das humanistische Prinzip zum Zentrum seiner philosophischen Theorie machte.

Seine Dichtung ist geprägt von Skeptizismus, Pessimismus und Fatalismus. Khajam war zunächst überzeugter Atheist. Über die Religion schreibt er:

„In Kirchen und Moscheen und Synagogen
Wird man von seiner Seele Ruh betrogen.
Doch dem, der der Natur Geheimnis ahnt,
wird keine Angst vom Jenseits vorgelogen.“[22]

Die Naturkräfte spielen in Khajams Werken eine wichtige Rolle. Der beste Weg Gott zu erkennen, sei der Sufistische, dennoch sollte man sich hüten, ihn als Sufisten zu bezeichnen. Omar Khajam war kein Nachahmer, sondern ein Vordenker, ein Pionier. Im Garten der Herzen, „Rouzat al qulub“, schreibt er: „Diejenigen, welche nach der Erkenntnis Gottes streben, zerfallen in vier Gruppen. Die Ersten sind die Theologen, die sich der Disputation (...) hingeben. Die Zweiten sind die Philosophen und Weisen, die die Erkenntnis durch Argumente des Verstandes nach den Gesetzen der Logik suchen. (...) Die Dritten sind die Ismaeliten. (...) Und die Vierten sind die Mystiker, welche die Erkenntnis nicht durch Nachdenken und Spekulation suchen, sondern dadurch, dass sie ihr Inneres reinigen und ihren Charakter läutern.“ Trotz der Ablehnung der Religion, verehrte er den Propheten, den er als den weisesten unter den Menschen bezeichnete.

Omar Khajam kann als Vorgänger, Vordenker, ja sogar als Lehrmeister Schopenhauers bezeichnet werden, auch wenn einige Jahrhunderte und zwei Kulturen dazwischen liegen. Omar Khajam lehnte alle damals bekannten Glaubensdogmen ab. Er blieb sein Leben lang ein Suchender. Er vertrat die Meinung, dass der Mensch ein Teil der Natur sei. In dieser „Natur“ löst sich der Mensch, wenn er stirbt, auf. Er wird dadurch ein Teil der Natur und damit unsterblich. Diese Haltung erinnert an Spinoza. Omar Khajam gilt in der arabischen Geschichte als Entdecker der Brille, die er selbst trug.

Er scheute sich nicht, sich mit der Orthodoxie anzulegen. So schrieb er unverhohlen:

„Zu den Propheten sollt ihr gehen und sagen:
Es lässt Khajam dich grüßen und fragen:
Wie kommt es, dass saure Milch du mir erlaubst
Und dass ich süßem Weine soll entsagen.“

Er warnte immer wieder vor der Doppelmoral. Im Laufe seines Lebens überwindet er seinen Fatalismus und Pessimismus, damit überwindet er

[22] Omar Chajjam, Wie Wasser im Strom, wie Wüstensand von Khosro Naghed, Edition Orient, Mainz, 1992

gleichzeitig Schopenhauer und näherte sich Nietzsche an. Zur Überraschung aller, kehrte er in seinen letzten Jahren zu seiner Religion zurück. Er pilgerte nach Mekka und begann zu beten. Er hörte auf, den Wein zu genießen.

Am 04.12.1031 löste sich der große Vordenker auf, er wurde ein Teil der göttlichen Natur.

Al-Ghazali *1058

„Alsdann schien es mir, dass die sichere Erkenntnis diejenige ist, in der sich das Erkannte in der Weise enthüllt, dass es keinen Zweifel mehr zuläßt, noch darf diese Erkenntnis von der Möglichkeit des Irrtums oder der des Argwohns geleitet werden.“[23]

Abu Hamid Mohammed al-Ghazali wurde im Jahr 1058 in Tus in der Provinz Chorazan, in der heutigen islamischen Republik Iran, geboren. Al-Ghazali entstammte einfachen Verhältnissen. Er war der ältere von zwei Söhnen eines Wollspinners und kam unter der Herrschaft der Seldschuken zur Welt. Sein Vater war ein frommer Mann, der vom Verdienst seiner Arbeit als Wollspinner lebte. Er hielt Kontakt zu den Gelehrten, indem er sich in deren Umgebung begab um ihnen Dienste zu erweisen.

Sein Vater beauftragte kurz vor seinem Tode den Mystiker Yussuf an-Nassag und den sunnitischen orthodoxen Achmed ibn Mohammed ar-Radakani, sich um seine beiden Söhne zu kümmern. Diese beiden gegensätzlichen Erzieher werden den philosophischen Werdegang al-Ghazalis prägen. In den ersten Jahren nach dem Tode seines Vaters wurden die beiden Brüder durch den Mystiker Yussuf an-Nassag erzogen. Sowohl al-Ghazali als auch sein Bruder wurden zu Mystikern. Im Vordergrund der Erziehung stand die Gottesliebe. Sein Bruder Ahmed Mohammed al-Ghazali wurde Wanderprediger.[24] Seine Mutter war eine einfache Hausfrau, die wahrscheinlich einen Großteil seiner Jugend miterlebte.[25]

Abu Hamid Mohammed al-Ghazali war ein ehrgeiziger junger Mann, der bei den damals bekanntesten Gelehrten in Gurgan und Nisapur islamisches Recht und Mystik studierte. Nach dem Studium der Mystik und des islamischen Rechtes verließ er Nisapur in Richtung Al-Muaskar, dem Hauptsitz des Seldschuken-Herrschers. Durch einen Zufall lernte er Nizam al-Mulk kennen. Dieser war Minister für religiöse Angelegenheiten

[23] Abu Hamid al-Ghazali, al-Mungid min ad-dalal, Hrsg. von Muhammad Muhammad Gabir, arab., Kairo, Maktabat al-Gindy, o.J. S. 5

[24] Vgl. Über sein Leben mit Übersetzungen einer seiner Schriften s. Richard Gramlich, Der reine Gottesglaube, Franz Steiner Verlag, Wiesbaden, 1983

[25] Vgl. S. Suleiman Dunya, al-Haqiqa fi nazar al-Ghazali, Kairo, arab. Vgl. Dar al-maarif, 1971, S. 18 f.

am Hofe des Seldschuken-Herrschers.[26]

Dieser war ein Verfechter der sunnitischen Orthodoxie. Um die Orthodoxie zu verteidigen, wurden spezielle Schulen gegründet, welche den Namen Madaris-an-Nizamiya trugen. An diesem Kampf war Abu Hamid Mohammed al-Ghazali auf Seiten der sunnitischen Orthodoxie beteiligt. Er unterrichtete an einer dieser Schulen in Bagdad. Diese Lehrtätigkeit dauerte 5 Jahre. In seiner Autobiographie „Al-Munqid“ berichtete er von einer Sinnkrise, die ihn veranlasste diese Tätigkeit aufzugeben. In seiner Biographie schreibt er: „Daraufhin betrachtete ich meine eigenen Lebensverhältnisse. Ich fand mich in Bindungen verstrickt, die mich von allen Seiten erfassten. Meine Arbeiten, unter ihnen als beste meine Lehrtätigkeit und der Unterricht, erschienen mir im Hinblick auf dem Weg zum Jenseits als Beschäftigungen mit unbedeutenden und nutzlosen Wissenschaften“.[27] Nach sechs Monaten seelischer Qualen verließ er schließlich Bagdad in Richtung Damaskus. Später ging er nach Jerusalem und Hebron. Danach pilgerte er in die heilige Stadt Mekka. Er hatte bereits während seines Aufenthaltes in Jerusalem und Damaskus begonnen, das umfassende Werk „Ihja-Ulum Ed-Din“ (Die Wiederbelebung der Religionswissenschaften) zu verfassen. Im 10. und 11. Jahrhundert blühten die islamische Philosophie und die islamisch geprägten Naturwissenschaften. Diese Entwicklung ging mit der Papierproduktion, noch lange bevor Europa seinen Gutenberg bekam, und mit der Einführung des Lehramtes und des Buchhandels als Berufe, einher. Diese Berufe wurden großzügig von den Herrschenden unterstützt. Schulen, Universitäten und Krankenhäuser wurden ausgebaut. In dieser Zeit des Aufbruchs, der Erneuerung, der Entdeckungen lebte al-Ghazali und er verfolgte die philosophischen Auseinandersetzungen zwischen al-Kindi, dem Philosoph der Araber, und den am Hofe Saif u-daula in Damaskus tätigen Philosophen al-Farabi.

Al-Ghazali verfolgte auch die Auseinandersetzungen zwischen den Sunniten und Schiiten um das rechtmäßige Kalifat. Er beteiligte sich an dieser Auseinandersetzung auf Seiten der Sunniten. Auch an der Auseinandersetzung zwischen der sunnitischen Orthodoxie und der Al-Mutaziliten war er beteiligt, insbesondere gegen die Batanijja-Sekte, eine Untergruppe der Mutaziliten, nahm al-Ghazali in seiner Streitschrift, Fada ih al-Batanijja, Stellung. Diese Epoche war auch durch den Zerfall des islamischen Kalifats in kleinere Fürstentümer gekennzeichnet, die eigene politi-

[26]Vgl. Harold Bowen, Nizam-al-Mulk, in: Enzyklopädie des Islam, a.a.O., Bd. III, S. 1006 ff.

[27]Vgl. Harold Bowen, Nizam-al-Mulk, in: Enzyklopädie des Islam, a.a.O., Bd. III, S. 1006 ff.; auch Ibn-Hallikan, Wafayat al-ayan, a.a.O., Bd. 4, S. 46 ff.

sche Ideologien vertraten, so die schiitischen Fatimiden in Ägypten oder die maliketische Rechtsschule im Maghreb. Es war eine Epoche, in der die Existenz des Islam bedroht war. In dieser Zeit wurde al-Ghazali geboren und er beeinflusste durch seine Schriften und durch seine Art zu leben diese Epoche erheblich. Abdel Rahman Badawi sah in ihm „den großen islamischen und humanistischen Denker“.[28]

Mohammed Iqbal, islamischer Denker pakistanischer Abstammung, sah im Prinzip des Zweifels des al-Ghazali, die Hauptursache für die Widerlegung des mutazilitischen Rationalismus. Für Iqbal steht fest, dass al-Ghazalis Philosophie der Philosophie von Immanuel Kant gleicht: „Sie ähnelt der gleichen Richtung in der Philosophie vor Immanuel Kant in Deutschland, allerdings mit einem Unterschied zwischen Kant und al-Ghazali, nämlich dass Kant gemäß seinen Prinzipien die Möglichkeit der Erfahrung im göttlichen Existenz nicht nachweisen konnte, während al-Ghazali sich der mystischen Praxis widmete, nachdem er die Hoffnung auf einen Erfolg durch das analytische Denken aufgegeben hatte. Dadurch konnte er der Religion eine selbständige Existenz unabhängig von der Metaphysik, der Philosophie und von der Naturwissenschaft sichern. Die Erfahrung des Unendlichen durch das mystische Bewusstsein führte al-Ghazali zu der Überzeugung, dass die Vernunft endlich und unfähig ist, unanfechtbare Urteile zu fällen.“[29]

Al-Ghazali ist nach Iqbal der Begründer der orthodoxen Philosophie, deren dogmatischen Inhalte sich nicht dem Rationalismus der Al-Mutaziliten beugten. Er gebrauchte die Vernunft, wenn diese zum Ergebnis führte, blieb sie jedoch ergebnislos, so wird die Suche durch mystische Erfahrungen vollendet. Er ist nicht nur Erneuerer des Glaubens, sondern der größte, bedeutendste Wiederhersteller der sunnitischen Orthodoxie.

Al-Ghazali gelingt die Verteidigung der Orthodoxie nicht durch logische Beweisführung, sondern er führte die religiöse Gewissheit auf das Erleben in der Ekstase zurück.[30] Al-Ghazalis Autobiographie „Al-Mungid min addalal“ verdeutlicht die Haltung und die Denkweise des großen Meisters. Für ihn war die Wahrheit ein „weites Meer“ und Religiosität eine Mischung aus Tradition und kritischer Selbsterfahrungen. In der Tradition hat ihn die Übermitteilung der Religion durch Erziehung gestört, weil

[28] Muallafat al-Ghazali, arab., Kuweit: Wakalat al-matbuat 1977, S. 19

[29] S. Muhammad Iqbal, Taqdid a tafkir ad dini fi l-islam, dt.Übersetzung: Die Erneuerung religiösen Denkens im Islam, übers. ins Arabische von Abbas Mahmud, Verlag Lagnat at-ta lif wa-t-targama wa-n-nasr, arab., Kairo, 2. Auflage, 1968, S. 10 ff.

[30] Vgl. McDonald, Artikel, in: Enzyklopädie des Islam, Bd. II, S. 155

es sich hier um Nachahmung handelt, er hingegen wollte die Religion durch Selbsterfahrungen kennenlernen. Der Weg der Erkenntnisgewinnung durch Erfahrungen, damit gehört er sicherlich zu den ersten Empirikern, ging er konsequent, auch wenn die Auseinandersetzungen mit den Traditionalisten damit unausweichlich wurden. Doch er bestand darauf, dass eine Erkenntnis an Wahrheit zunehme, wenn diese keinen Zweifel zulasse, auch durfte sie weder vom Irrtum noch von Argwohn geleitet werden, denn „eine Erkenntnis, durch die keine Gewissheit entsteht, ist keine sichere Erkenntnis.“[31]

Zur Überprüfung der Erkenntnisgewinnung erforschte er die Sinneswahrnehmung und kam zu der Überzeugung, dass die Erkenntnisgewinnung durch die Sinneswahrnehmung nicht frei vom Irrtum sei. Vom Standpunkt der Sinneswahrnehmungen aus erhebt sich die Frage: „Was macht dich so sicher, dass dein Vertrauen in die Gegebenheiten der Vernunft nicht von derselben Art und Weise ist wie das in die sinnlichen Gegebenheiten“?[32]

Die Vernunft (Al-Aql) könnte Gewissheit in der Erkenntnisgewinnung bringen. Al-Ghazali begann daraufhin die Vernunft, unter der Fragestellung, ob die Vernunft die absolute Gewissheit in der Erkenntnisgewinnung vermitteln könnte, kritisch zu analysieren. In der Annahme dies sei der Fall, kam er zunächst zu der Überzeugung, dass die Kombination aus Sinneswahrnehmungen und Vernunft die Gewissheit in der Erkenntnisgewinnung bringe, doch zunehmend erkannte er, dass die Vernunft nicht in der Lage ist, das unendliche Feld der Erkenntnis zu erfassen. Damit könne auch mit Hilfe der Vernunft keine Gewissheit in der Erkenntnisgewinnung erzielt werden. Man erkennt hier die unerschütterliche Suche nach der absoluten Wahrheit, die keine Zweifel zulässt. Der Zweifel an der sinnlichen Erkenntniswahrnehmung und die Erkenntniswahrnehmung durch den Verstand lässt ihn nach einer anderen Möglichkeit der Erkenntniswahrnehmung suchen, außerhalb der Vernunft und der Wahrnehmung durch die Sinne. Die Suche nach der Gewissheit in der Erkenntnis stürzte ihn in einer tiefen Sinnkrise, die er nur mit Hilfe des Glaubens überwinden konnte. „Diese Krankheit verschlimmerte sich und dauerte ungefähr zwei Monate. Während dieser Zeit befand ich mich in der Seelenlage eines Sophisten, was weder in meinem Denken noch in meinen Aussagen zum Ausdruck kam, bis der erhabene Gott mich von dieser Krankheit

[31] Abu Hamid al-Ghazali, al-Mungid min ad-dalal, Hrsg. von Muhammad Muhammad Gabir , arab., Kairo, Maktabat al-Gindy o.J., S. 7

[32] Abu Hamid al-Ghazali, al-Mungid min ad-dalal, Hrsg. von Muhammad Muhammad Gabir , arab., Kairo, Maktabat al-Gindy o.J., S. 9

heilte."[33] Sogleich empfand er diese Krise als einen Zustand der Erkenntnisgewinnung, als einen Zustand des Erlebnisses des Göttlichen. In diesem Moment sind Erlebnis und Erkenntnis identisch. Erlebnis führt zur Gewissheit in der Erkenntnis. Die Erkenntnis ist das Ergebnis der direkten Hinwendung zu Gott, als Quelle absoluter Wahrheit. Erkenntnis ist nach al-Ghazali nur durch das Erlebnis möglich. Man kann diesen Weg der Erkenntnis auch als mystisch oder metaphysisch bezeichnen, denn er überschreitet die Grenzen des sinnlich Wahrnehmbaren und auch die Grenzen des Verstandes bzw. der Vernunft. Wo Erkenntnisgewinnung durch den Rationalismus aufhört, beginnt diese durch die Erfahrung bzw. durch das Erlebnis. Das bedeutet aber auch die Befreiung von allen Dogmen. Diese Art der Kenntnisgewinnung erfordert eine Hingabe zu Gott, sie ist jedoch nicht beschreibbar. Die Hingabe und die Erkenntnisgewinnung durch Erfahrung überträgt er auch auf die Naturwissenschaften, d.h. die Naturwissenschaften bedienen sich nicht nur rationalen Beweisen, sondern auch Erfahrungen und Intuitionen des Forschers. Das Experiment alleine kann nicht alles nachweisen, er verweist hier auf die Erkenntnisgewinnung durch Erlebnis bzw. Erfahrung, welche die Grenzen der Vernunft und die Grenze der Sinnesorgane in der Wahrnehmung deutlich überschreitet. Die Seele sucht nach der Wahrheit, wenn Gott die Wahrheit ist, dann sucht die Seele folglich Gott bzw. die Vereinigung mit Gott.[34]

Nach al-Ghazali sucht die Seele nach dem Lichte Gottes, weil Gott nicht vom Himmel und von der Erde ist (vgl. Sure 24). Hier in der Mishat-al-Anwar, in der Nische der Lichter, liegt die Wahrheit, sie ist nicht identisch mit der Vernunft. Gott ist Licht, aber nicht Vernunft. Das Licht ist die Gnade Gottes. „Er ist es, der klare Zeichen auf seinen Diener herab sendet, um euch aus der Finsternis ins Licht zu bringen. Gott ist euch gegenüber mitleidig und barmherzig." (Sure 57, Vers 9) Gott leitet den Menschen aus der Dunkelheit ins Licht, er ist der Erretter aus dem Irrtum. Doch viele befinden sich weiterhin im Tal der Finsternis, daher sagt Gott in der Sure 5, Vers 44 ff. folgendes: „Wir haben die Thora herabgesandt, die Rechtsleitung und Licht enthält, damit die Propheten, die sich Gott gegeben haben, für diejenigen, die dem Judentum angehören, danach entscheiden". Weiter heißt es: „Und wir ließen hinter ihnen Jesus, den Sohn Marias folgen, dass er bestätigte, was vor ihm da war, nämlich die Thora, und wir gaben ihm das Evangelium, das in sich Rechtleitung und

[33] Abu Hamid al-Ghazali, al-Mungid min ad-dalal, Hrsg. von Muhammad Muhammad Gabir , arab., Kairo, Maktabat al-Gindy o.J., S. 10 f.

[34] Vgl. Harder Richard (Hrsg.), Plotius Schriften, Bd. I, Felix Meiner Verlag, Hamburg, 1956, S. 9, S. 65-69, S. 200

Licht enthält.“ Die Wahrheit kann nicht durch das Experiment erfasst werden, sie ist lediglich ein kleiner Schritt auf dem Weg der Erkenntnis, denn es ist nicht möglich die Allmacht Gottes einzugrenzen. Den Glauben wissenschaftlich erfassen zu wollen, ist Scheinheiligkeit, den Glauben rationalistisch erklären zu wollen, bedeutet Einschränkung auf einige wenige Aspekte des Glaubens. Dies zu erkennen, setzt die Beherrschung des islamischen Rechtes und der islamischen Ethik voraus. „Schon vor einer Reihe von Jahren habe ich gemerkt, wie viel Falsches ich in meiner Jugend habe gelten lassen und wie zweifelhaft alles ist, was ich hernach aufgebaut, das ich daher einmal im Leben alles von Grund aus umstoßen und von den ersten Grundlagen an neu beginnen müsse.“[35]

Descartes zweifelt genauso wie al-Ghazali an der Erkenntnisgewinnung durch die Sinneswahrnehmung. Im Vergleich zu Descartes bleibt al-Ghazali konsequent und warnt vor dem Irrtum, dass allein durch die Vernunft Erkenntnisse zu gewinnen seien.

Al-Ghazalis Zweifel ist deutlich tiefer als der Descartes, der voreilig, wahrscheinlich weil er wenig gezweifelt hat, zu der Überzeugung kam „Ich bin, ich existiere, das ist gewiss. Wie lange aber? Nun, solange ich denke.“[36]

Al-Ghazali hat von seinem Denken heraus eine solche Schlussfolgerung nie gezogen, weil hier niemals aus dem Denken allein das Dasein eines Gegenstandes außer uns gefolgert werden kann und es setzt auch voraus, dass das Denken Substanz ist. Auch Kant hat in seiner „Kritik der reinen Vernunft“ die Schlussfolgerungen des Franzosen für nicht stichhaltig genug gehalten. Al-Ghazali, der zweifelsohne der größere Zweifler von ihnen beiden gewesen ist, hätte niemals zu der Schlussfolgerung kommen können und wollen, die eigene Existenz allein durch das Denken zu definieren. Das „Ich“ müsste mit Inhalt gefüllt werden, sonst bleibt das „Ich“ leer und damit auch die eigene Existenz. Ist das „Ich“ mit Inhalt gefüllt, dann unterliegen alle anderen Kategorien dem „Ich“, auch Gott. Dies ist mit dem Gottesbegriff eines al-Ghazali nicht zu vereinbaren. Die Sinneswahrnehmung, das Denken und der Zweifel waren für Descartes die Schlüsselelemente zur Gewisshaftigkeit in der Erkenntnisgewinnung. Für al-Ghazali sind die Kombination aus Sinneswahrnehmungen, Denken und Zweifel die Ursachen der Suche nach einer höheren Macht zur absoluten Erkenntnisgewinnung. Wer zweifelt, der sucht. Al-Ghazali blieb stets ein

[35] Descartes, R., Meditationes de prima philosophia, hrsg. von Lüder Gäbe, Hamburg: Felix Meiner Verlag 1959, Philosophische Bibliothek Bd. 250 a, S. 31

[36] Descartes, R., Meditationes de prima philosophia, hrsg. von Lüder Gäbe, Hamburg: Felix Meiner Verlag 1959, Philosophische Bibliothek Bd. 250 a, S. 47

Suchender nach der Wahrheit, damit blieb er stets ein Zweifler. Ein Zweifler kann seine Existenz nicht durch das „Ich" definieren. Denn sobald er dies tut, zweifelt er nicht mehr. Al-Ghazalis Prinzip ist jedoch das Bezweifeln, konsequenterweise kann nur Gott selbst diese Zweifel beseitigen, niemals jedoch das unvollkommene „Ich". Die Philosophie des al-Ghazali ist letztendlich die Weiterentwicklung der Philosophie des Descartes. Al-Ghazali hat vor Descartes gelebt. Hier kommt der Verdacht auf, dass Descartes die Philosophie des al-Ghazali gekannt haben könnte. Einiges spricht dafür. Der Zweifel und die Intuition als Instrument auf dem Wege zur Wahrheit sowie die Betonung des göttlichen Lichtes, lassen vermuten, dass Descartes die Philosophie des berühmten islamischen Universalgelehrten sehr wohl kannte.

Zahlreiche Werke des al-Ghazali sind ins Lateinische übersetzt worden so z.B. Maqasid al-falasifa (Ziele der Philosophen) und Tahafut al-falasifa (Die Widerlegung der Philosophen). Al-Ghazali hat die europäische Philosophie entscheidend beeinflusst. Er machte sich mit den Lehren der verschiedenen Gruppen vertraut. Er beschäftigte sich mit der Lehre der Nachahmung der Bataniten, der Schule der Zahiriten und er analysierte die islamische Scholastik und deren Dialektik sowie das Geheimnis der Mystiker und schließlich die Philosophie der Häretiker. Er wollte die Beweggründe dieser Philosophien verstehen, um dann zwischen dem wahrhaften Sunniten und dem ketzerischen Erneuerer unterscheiden zu können. Die blinde Nachahmung der Bataniten führt nicht zur Erkenntnis über die Wahrheit der Dinge und auch die reine Mystik, durch die keine Gewissheit entsteht, ist keine Quelle einer sicheren Erkenntnis. Nach Überprüfung der Sinneswahrnehmung ist er zu der Überzeugung gekommen, dass auch die sinnliche Erkenntnis keine Gewissheit in der Erkenntnisgewinnung besitze. Auch die Vernunft könne ähnlich wie die sinnliche Wahrnehmung einer Täuschung unterliegen. Die Vernunft also ist ebenfalls kein Instrument zur absoluten Erkenntnisgewinnung. Im Schlaf glaubt der Mensch an Dinge und bildet sich Zustände ein, die von Dauer zu sein scheinen. Doch erwacht der Mensch aus dem Schlaf, dann erkennt er in diesen Zuständen keinen Nutzen. Dies ist wahrscheinlich der Zustand, von dem die Sufis annehmen, er sei der Weg zur Wahrheit und sie behaupten ferner, dass diese Erlebnisse die Vernunftsgrenzen sprengen.

Al-Ghazali kommt schlussendlich zu der Erkenntnis, dass nur der Glaube an Gott und damit die Abkehr von dem verführerischen Diesseits und die Hinwendung zum göttlichen Licht, die das Erkennen der Wahrheit ermöglicht. Die Wahrheit oder die primären Erkenntnisse wie sie al-Ghazali nannte, sind nicht Gegenstand der Forschung, sondern Bestandteil unseres Geistes, die durch das Licht Gottes zum Vorschein gebracht wird. Die islamischen Scholastiker, Al-Mutakalimun, sind Menschen der Einsicht und des spekulativen Denkens. Ihnen gelang es, die sunnitische Orthodoxie gegen die sogenannten Freidenker zu verteidigen. Allerdings waren sie meist damit beschäftigt die Widersprüche der Gegner nachzuweisen und diese zur Rechenschaft zu ziehen. Sie konzentrierten sich auf die Verteidigung der Sunna und vernachlässigten die Suche nach der Wahrheit. Diese Denk- und Vorgehensweise genügte al-Ghazali nicht. Die Philosophen, die sich für Menschen der Logik und der Beweise halten, vermischten Wahres mit Unwahrem. Al-Ghazali studierte zwei Jahre lang die Schriften der damaligen Philosophen. Aus seiner Sicht ist den Philosophen, auch wenn sie sich in die verschiedenen Gruppen der Materialisten, der Naturalisten und der Theisten aufteilen, eines gemeinsam, der Atheismus.

Die Materialisten leugneten den Schöpfer. Aus deren Sicht habe die Welt immer existiert und sie sei nicht durch Gott erschaffen worden. Die Naturalisten erkannten in der Erschaffung der Natur die Allmacht Gottes, sie vertraten die Ansicht, dass die Seele sterblich sei. Sie leugneten somit das Jenseits, die Auferstehung und das Jüngste Gericht. Für sie existierte weder Belohnung für gute Taten, noch Bestrafung für die Sünden. Sie verfielen damit der Dekadenz. Aus seiner Sicht sind sowohl die Materialisten als auch die Naturalisten Häretiker. Die Theisten, zu den Aristoteles und Platon gehören, widersprechen den Materialisten und den Naturalisten. Allerdings widersprach Aristoteles Platon und Sokrates. Aristoteles blieb aus Sicht al-Ghazalis in den Ungereimtheiten seines Unglaubens gefangen. Daher betrachtet al-Ghazali diese und deren Schüler, hier insbesondere die islamischen Philosophen Ibn Sina und al-Farabi, als Ungläubige. Diese Lehre sei verwirrend und sie verneble den Verstand der Menschen. Die Wissenschaften der Philosophen lassen sich in die mathematische, die logische, die naturwissenschaftliche, die metaphysische, die politische und die ethische Wissenschaften unterteilen. Die mathematische Wissenschaft umfasst die Arithmetik, Geometrie und Astronomie. Die Wissenschaften glänzen durch ihre Exaktheit und könnten den Eindruck vermitteln, dass die Existenz Gottes ebenfalls auf diesem Wege bewiesen werden kann, dies wäre aber eine blinde Nachahmung, da das Göttliche nicht wissenschaftlich erwiesen werden könne. Das andere Problem einer solchen Wissenschaft ist die Gefahr, dass Unwissende der Religion zum Siege verhelfen wollen, indem sie die Wissenschaft ablehnen. Dies könnte so weit gehen, dass astronomische Entdeckungen wie Sonnen- und Mondfinsternis als antiislamisch angesehen werden könnten. Die Konsequenz dieser Konsequenz wäre die Ablehnung des Islam seitens der Wissenschaft, da diese glaube, der Islam sei eine ignorante Religion. Der Islam verurteilt solche Wissenschaften nicht, weil diese Wissenschaften auch keine religiösen Themen behandeln. Auch die logischen Wissenschaften beziehen sich nicht auf die Religion. Sie beschäftigen sich mit der Bedienung der richtigen Definition. Logische Schlussfolgerungen lassen sich nicht auf die Religion übertragen. Die Gefahr, dass die Logik eine klare Wissenschaft vortäuschen könnte, ist gegeben. Was die Naturwissenschaften angeht, wie z.B. der Medizin, so reichte es zu wissen, dass sie im Dienste des Allmächtigen stehen. Die Metaphysik beherberge die meisten Irrtümer, die hauptsächlich durch al-Farabi und Ibn Sina, vermittelt wurden. Die Metaphysik leugnet die körperliche Wiederauferstehung und vertritt die Meinung, dass die Welt ewig sei, ohne Anfang und ohne Ende. Die Politik hingegen ist von der Religion nicht zu trennen, das Reden entstammt der Thora, der Bibel und dem Koran. Die Anhänger der Ethik, die Sufisten, beschäftigen sich mit den Eigenschaften der Seele. Sie enthalten sich den irdischen Genüssen, um im Jenseits die Vereinigung mit Gott zu erreichen. Die Enthaltsamkeit offenbart ihnen zugleich auch ihre Schwächen, worüber sie sich äußern. Diese bescheidenen, frommen Asketen sind die Säulen des Islam.

Al-Ghazali war stets bemüht erst das Wahre zu erkennen und über diese zweifelsfreie Wahrheit die Anhänger der Wahrheit zu erkennen. Eine Wahrheit bleibt eine Wahrheit, auch wenn sie aus dem Munde eines Frevlers stammt, solange es sich um die Wahrheit handelt. Ja, gerade über diese Wahrheit erkennt man den Frevel. Auch in Irrtümern stecken Wahrheiten. Diese gilt es zu erkennen. Durch die Menschen kann man das Wahre nicht erkennen. Doch durch den wahren Weg wird der Mensch erkannt. Das Falsche kann das Wahre nicht unwahr machen und das Wahre kann das Falsche nicht wahr machen.

Al-Ghazali zog daraus die Schlussfolgerung, dass weder die Vernunft noch die Philosophie zweifelsfrei seien. Damit kamen sie nicht als Quelle der zweifelsfreien Erkenntnis in Betracht. Er wandte sich nun den Ideen der Batanitiden zu. Die Gelehrten der Batanitiden vertraten die Ansicht, dass die zweifelsfreie Erkenntnis nur über einen unfehlbaren Imam zu gewinnen sei. Die Antwort des al-Ghazali lautete schlicht und einfach, unser unfehlbarer Lehrer ist Mohammed. Dem Vorwurf der Batanitiden, wonach die orthodoxen Sunniten blind einem Abu Hanifa folgen, begegnete al-Ghazali damit, dass selbst Propheten irren können. Wie könne ein gewöhnlicher Imam darauf hoffen, die Wahrheit erkennen zu können. Dem zweiten Vorwurf, wonach auch die heilige Schrift irren könnte, begegnete al-Ghazali mit dem Argument, dass die Glaubenssätze in den heiligen Schriften stehen, alles, was darüber hinausgehe, müsse auf seinen Wahrheitsgehalt überprüft werden. Die Unfähigkeit der Batanitiden einen unfehlbaren Imam zu finden, verleitete sie dazu, den Imam im Verborgenen zu suchen. Wenn die Frage nach dem verborgenen Imam gestellt wird, dann schlägt der Batanit vor, dass man den verborgenen Imam doch selber suchen möge, wohlwissend, dass kein verborgener Imam existiere. Al-Ghazali erkannte schnell die Schwächen der Batanitiden und wendete sich dem Sufismus zu, um auch hier wie gewohnt die Lehre zu prüfen. Er las das Buch „Qut-al-qulub“ (Nahrung der Herzen) von Abu Talib al-Mahki und Abhandlungen des Abu Yazid al-Bistami. In allem erkannte al-Ghazali die Bestrebung der Sufisten Hindernisse zu beseitigen, die der Entfaltung der Seele im Wege stehen. Al-Ghazali studierte nicht nur die Theorie, sondern auch die Praxis der Sufisten und erkannte den Unterschied zwischen der Theorie über das Wesen der Askese und dem Praktizieren der Askese. Die Sufisten sind bemüht über das Erleben, sei es in Form einer Askese oder in Form des Gebetes, sich der Wahrheit und damit Gott, zu nähern.

Die Auseinandersetzungen mit dem Sufismus prägte al-Ghazalis Leben. In ihm reifte die Überzeugung, dass Glückseligkeit und Hoffnung im Jenseits nur durch Frömmigkeit und Askese möglich seien. Diese Erfahrung führte zu einer temporären depressiven Erkrankung. „Dies ist eine Sache, die das Herz befallen hat und von da aus auf das Gemüt übergegangen ist. Dafür gibt es keine ärztliche Behandlung, es sei denn man erholt sich selbst von dem Kummer, der die Seele befallen hat.“[37] In dieser Not suchte er Zuflucht bei dem Erhabenen und dieser erhörte ihn. Al-Ghazali trennte sich von seinem Reichtum und Ruhm. Er verließ Bagdad und lebte ca. zwei Jahre in Damaskus. Während dieser Zeit zog er sich in der Umaijaden Moschee zurück. Dort betete er und meditierte, er konzentriert sich auf Gott und kämpfte gegen die Unzulänglichkeiten des Ichs. Nach dieser geistigen Reinigung setzte er seine Reise fort. Er ging nach Jerusalem, um in der Felsenmoschee die geistige Reinigung fortzusetzen. Die Sehnsucht nach der Nähe Mohammeds führte ihn nach Mekka, wo er seine Pflicht, die Pilgerfahrt absolvierte, um dann das Grab Ibrahims aufzusuchen.

Al-Ghazali ging nach Higaz, um aus Liebe zu seiner Familie wieder nach Bagdad zurückzukehren. Stets lebte er zurückgezogen und stets war er mit der Reinigung des Herzens beschäftigt. Er war sich gewiss, dass

[37] Abu Hamid al-Ghazali, al-Mungid min ad-dalal, hrsg. von Muhammad Muhammad Gabir , arab., Kairo, Maktabat al-Gindy o.J., S. 48

die Sufis diejenigen sind, die auf dem Wege des Erhabenen fortschreiten. Er kam zu der Schlussfolgerung, dass die Vergewisserung durch Beweise Erkenntnis sei, das Erleben der Nähe Gottes sei Schmecken, das Vertrauen in andere sei Glaube, das Vertrauen in Mohammed sei Glaube. Über die Reinigung des Herzens soll Mohammed gesagt haben: „Wer gemäß seines Wissens handelt, dem schenkt Gott das Wissen, wovon er nichts weiß“ (überliefert von Muslim und Buchari). Die Unwissenheit von Gott und der Ungehorsam gegen Gott sind ein krankmachendes Medikament. Die Gottesdienste sind Heilmittel gegen Erkrankungen des Herzens. Die Propheten sind die wahren Ärzte gegen Herzkrankheiten. Warum aber erlahmt der Glaube?

Hierfür gibt es viele Gründe, so al-Ghazali. So sei die Beschäftigung mit der Philosophie sinnvoll, aber eine zu starke Vertiefung in diese schwäche den Glauben. Auch die Mystiker würden sich von Gott entfernen und die Batanaditen, die auf dem verborgenen Imam warten, seien vom Göttlichen entrückt. Eine weitere Gruppe, die schwach im Glauben sei, ist die der Wissenschaften, die alles durch Logik und Experiment erklären wolle. Al-Ghazali betrachtet das Diesseits als Vorbereitung auf das Jenseits. Die Vorbereitungen sollen in Form eines tiefen Glaubens geschehen. Gleichzeitig griff er die Korangelehrten an. Sie würden entweder nicht beten, Wein trinken, das Geld der Waisen verprassen oder den Herrscher umgarnen. Andere wiederum glaubten einen so hohen Grad in der Erleuchtung erreicht zu haben, dass sie über die Errichtung der Gottesdienste erhaben seien. Er griff erneut und auf das Schärfste Ibn Sina und al-Farabi an, die den Koran lesen würden, aber das Wein trinken und andere Laster nicht aufgeben wollten. Aus diesen Gründen sah er sich gezwungen wieder zu unterrichten, um den Glauben, die sunnitische Orthodoxie, zu verteidigen bzw. zu reinigen. Er wurde nun zum wahren Mediziner des Propheten. Er nahm den Kampf gegen die Mystiker, die Philosophen, die Bataniten und gegen die Wissenschaftler auf. Der Sultan schickte al-Ghazali nach Nisapur, um dort die Orthodoxie zu verteidigen. In seinen Augen war diese Aufgabe eine Art Prüfung, so wie es in der Sure 29, Vers 1-3 heißt: „Wir sind gläubig in Ruhe gelassen worden, ohne irgendwelche Prüfungen ausgesetzt zu werden. Wir haben doch die, die vor euch lebten, Prüfungen ausgesetzt. Gott wird gewiss die wahrhaftigen und die Lügner erkennen.“ Gleichzeitig erkannte al-Ghazali das Dilemma, welches von der Sure 36, Vers 1-9, exakt beschrieben wird, dort heißt es: „Jasin und beim weisen Koran! Du bist eine der Gesandten und findest dich auf einem geraden Wege. Der Koran ist vom Allmächtigen und Barmherzigen herabgesandt, damit du Leute warnst, deren Väter noch nicht gewarnt worden sind, sodass sie nichts Böses ahnen. Aber nun ist ja das Wort an den meisten von ihnen in Erfüllung gegangen, so dass sie nicht glauben. Wir haben ihnen die Hände in Fesseln an den Hals getan, und sie gehen Ihnen bis zum Kinn, so dass ihr Kopf hochgezwängt ist. Und wir haben gleichsam vor ihnen ein Wall errichtet, und ebenso hinter ihnen, sie zugedeckt, so dass sie nichts sehen. Es ist gleich, ob du sie warnst oder nicht. Sie glauben nicht." Daraufhin verließ al-Ghazali die Einsamkeit und ging nach Nisapur, um den Glauben wieder in den Mittelpunkt zu rücken und er fand Gefallen an dieser Aufgabe, die ihm Gott habe zuteil werden lassen. Al-Ghazali erkannte, dass der Prophet Mohammed eine Entwicklungsstufe erreicht hatte, die hinter der Vernunft liegt, die nicht durch die Vernunft erfahren werden kann. Wissensaneignung geschieht nach al-Ghazali durch den Glauben an Mohammed, der Sunna und an den Koran. Dieses wahrhafte Wissen hält die Gläubigen davor ab, in der Sünde zu verharren. Der Gläubige wird ständig geprüft, er sündigt, aber er verharrt nicht in der Sünde und er tut Buße. Während er die Bataniten, die Philosophen, die Mystiker und die Wissenschaftler argumentativ niederrang, nahm die Auseinandersetzung zwischen der Orthodoxie und dem Sufismus deutlich an Schärfe zu. Al-Ghazali gelang es, die sunnitische Orthodoxie mit dem Sufismus zu versöhnen, indem er den Sufismus vom Aberglauben befreite und ein Teil des Sufismus in die sunnitische Orthodoxie integrierte.

Al-Ghazali verbrachte den größten Teil seiner Zeit ausschließlich mit Meditation und Gebeten und lebte als frommer Muslim an verschiedenen Orten, um dann nach Tus „über der der Schatten der Huld Gottes lag", die Stadt, die so viele fromme Mystiker hervorbrachte, zurückzukehren. Al-Ghazali sieht die Gotteserkenntnis in der frommen Hingabe und in der Wissenschaft eine Notwendigkeit. Die Rückkehr des Versöhners vom al-Kalam zum Sufismus ist nur oberflächlich zutreffend, denn er, der Philosoph der Muslime, der alle Häresien ablehnte, blieb stets der Orthodoxie treu. Die Frömmigkeit besteht bei al-Ghazali in der Abwendung von äußeren Gegebenheiten, die den wahren Blick auf die göttliche Allmacht hindern könnten. Damit war die über Jahrhunderte bestehende Auseinandersetzung zwischen der sunnitischen Orthodoxie und dem Sufismus endgültig beendet.

Mit den Worten: „Ana asma-a-wa arja Rujuri ela al-Malik", was übersetzt heißt, ich höre und gehorche, um eine Rückkehr zum König zu ermöglichen, starb der wohl bedeutendste Philosoph und Theologe der islamischen Welt. Der Versöhner kehrte in die Arme des Allmächtigen zurück. Es war Montag, der 18. Dezember 1111 nach Christi Geburt, als der große Meister, der die islamische Philosophie und Theologie mit zahlreichen Werken und Vorträgen bereicherte, die Augen für immer schloss. Al-Ghazali wurde neben den Gräben des berühmten Kalifen Harun ar-Raschid, des Imam Rida und des Dichters al-Ferdausi beigelegt.[38]

[38] Vgl. Badawi, Abdel Rahman, Muallafat al-Ghazali; arab., Kuweit: Wakalat al-mathbu at 1977, S. 21

Schahrastani *1076

Mohammed ibn Abdullah al-Karim as-Schahrastani ist ein bekannter islamischer Religionswissenschaftler, der sich zur Aufgabe gemacht hatte, alle damals bekannten Religionsgemeinschaften und philosophischen Schulen zu analysieren. In seinem Werk „Kitab ul-Milal wa-Nihal“, dem Buch der Religionsgemeinschaften und Philosophieschulen, fanden sich diese Analysen wieder. Ferner verfasste er ein Buch über die Metaphysik und über den Philosophenstreit, Musara at ul-Falasifa. Über die Geschichte der Gelehrten äußerte er sich in seinem Buch „Tarich ul-Hukuma“.

Schahrastani wurde im Jahre 1076 in Chorasan geboren. Als junger Mann studierte er neben islamische Theologie auch Rechtswissenschaften. Mehrmals reiste er nach Mekka und Medina. Schahrastani galt als scharfer Analytiker und als islamischer Hardliner. Nach einem Aufenthalt in Bagdad, kehrte er in seine Heimatstadt Schahrastan zurück.

Hier verstarb er im Jahre 1153. Schahrastani setzte seinen Philosophenstreit nun in einer anderen Sphäre fort.

Sanaii *1080

Abdul Maschd ibn Majdud Adam Sanaii Chasnavi ist der älteste der drei großen Sufis Sanaii, Attar und Rumi. Geboren wurde er im Jahre 1080 in Chasna. Er lebte am Hofe des Sultans von Chasna. Es wird berichtet, dass seine Verse, die er in jungen Jahren schrieb, in der Stadt verspottet wurden. Daraufhin sei er nach Merw ausgewandert. Dort lebte er als Asket. Während dieser Zeit schrieb er u.a. „Hadikat ul-Hakika“, Garten der Wahrheit. Dieses Buch erregte großen Ärger bei den Gelehrten in Chasna. Sein Werk wurde vom Kalifen in Bagdad höchstpersönlich überprüft und für die Öffentlichkeit freigegeben. Er verfasste ferner das „Buch der Werke“, das Karname, das „Buch der Liebe“, das Ischkname, und das „Buch des Verstandes“, Akename, ferner ein Diwan von ca. 30.000 Versen. Sanaii galt als sonderbar. Er pflegte keine große Freundschaften, dennoch wurden seine Werke in der islamischen Welt geschätzt und geehrt.

Der große muslimische Dichter und Mystiker kehrte am 3. Dezember 1150 der Stadt Chasna endgültig den Rücken. Er ging dorthin, wo eines Tages alle hinkommen werden, ins Paradies.

Ibn Badjdja *1095

Abu Bakr ibn Yahya al-Sa'igh, Ibn Badjdja wie er genannt wurde, wurde 1095 in der maurischen Stadt Saragossa geboren. In dieser Stadt verbrachte er sein Leben. Ibn Badjdja war politisch sehr engagiert. Er war in der Stadt Minister. Wegen seiner öffentlichen Kritik an den politischen Verhältnissen wurde er mehrfach ins Gefängnis geworfen. Kurz vor der Rückeroberung der Stadt durch christliche Heere verließ er die Stadt und wanderte mit seiner Familie nach Fes aus.

Seine Philosophie basierte auf den Neoplatonismus des berühmten al-Farabi. Seine Emanationslehre unterschied sich minimal von der des al-Farabi. Für Ibn Badjaja wandelte sich die Vielfalt der Einzelintellekte nach dem Tode zu einem einzigen Intellekt. Die Vielfalt der Einzelseelen kehre nach dem Tode und dem Verlassen der Körper in die große allumfassende Seele zurück. Die Seele und der Intellekt des Menschen seien unsterblich. Die menschliche Erfahrung fließe in die Urseele mit hinein. Die Vereinigung des menschlichen Geistes mit dem Intellekt sei ein intellektueller Vorgang. Die Vereinigung komme durch philosophische Erkenntnisse zustande. Die Vereinigung mit Gott sei mit einer philosophischen rationalen Erkenntnis verbunden. Die Aufgabe der Philosophen sieht er darin, den erkrankten Staat bzw. die erkrankte Gesellschaft zu therapieren. In einer tugendhaften Gesellschaft seien somit Philosophen überflüssig. Eine tugendhafte Gesellschaft sei gesund. Sie benötige weder Richter noch Ärzte. Doch dies sei eine Utopie. Denn es existiere keine tugendhafte Gesellschaft. Diese benötigte stets Therapeuten in Form von Philosophen, Richter, Ärzte usw. Die Entstehung eines Idealstaates sei nicht möglich, wohl aber eine Annäherung an einen solchen. Eine Gesellschaft sei in der Lage, sich selbst zu therapieren. Daraus resultiere die Frage in wie weit die Moral erlernbar sei.[39]

Ibn Badjdja vereinigte seinen Intellekt mit seiner Seele im Jahre 1138 in Fes im heutigen Marokko. Seine Staatstheorie fand keine Beachtung. Doch sein Name ist unsterblich, dank seines Intellektes.

[39]Vgl. Tibb al-nu'askarat, Ibn Badjdja, 1991, S. 43 ff.

Idrisi *1100

Abu Abd Allah Mohammed ibn Mohammed ibn Abd Allah ibn Idris al-Idrisi wurde im Jahre 1100 in Ceute geboren. Seine Familie gehörte ursprünglich zu den ersten Bewohnern der Stadt Malaga. Idrisi war königlichen Blutes. Er war direkter Nachfahre der Hammudiden. Diese sind direkte Nachfahren der Idrisiden. Die Idrisiden wiederum sind direkte Nachfahren des Propheten.

Idrisi beschäftigte sich in seinen jungen Jahren, bevor er anfing zu studieren, mit dem Leben des Propheten. Im Alter von 14 Jahren begann er in Cordoba, dem damaligen wissenschaftlichen Zentrum der Welt, Kartographie, Geographie und Botanik zu studieren. Nach seinem Studium in Cordoba begann er die islamischen Länder zu bereisen u.a. Nordafrika, Spanien und Anatolien. In Constantine, im heutigen Algerien, lehre er zwischenzeitlich Geographie und Kartographie an der Universität Constantine. Seine Forschungen im Bereich Geographie und Kartographie führten ihn in das maurische Portugal, dann zu den Pyrenäen. Von den Pyrenäen setzte er seine Reise entlang der französischen Atlantikküste fort. Über Mitteleuropa kam er nach Ungarn. Vom Land der Magiaren kehrte er zurück nach Andalusien. Die politische Instabilität in Andalusien zwang ihn nach Sizilien auszuweichen.

In Sizilien wurden islamische Familien toleriert, solange sie in der Lage waren, Wissen zu vermitteln. Idrisi schöpfte aus dem Wissen arabischer Reisender und Seefahrer. Er beschrieb Länder und Erdteile, die dem christlichen Abendland zu dem damaligen Zeitpunkt völlig unbekannt waren. Seine geographischen Arbeiten beeinflussten Ibn Battuta, Ibn Chaldun aber auch Christoph Columbus und Vasco da Gama.

In Sizilien lernte er König Roger II. kennen. Dieser erkannte die unglaublichen Fähigkeiten des Idrisi im Bereich der Geographie. Idrisi durfte am Hofe des Königs Geographie unterrichten. Er erhielte alle nötigen Unterstützungen von Seiten des Königs. 15 Jahre lang arbeitete er als Geograph an dessen Hof. Er komplettierte und überarbeitete die geographischen Arbeiten des Claudius Ptolomäus. Seine exakten Angaben hinsichtlich Distanz und Klimabedingungen waren überragend. Seine Beschreibungen von Erdteilen, Klimazonen und sozialen Strukturen waren über mehr als 300 Jahre nach seinem Tode Standard der Lehre im Bereich Kartographie und Geographie. Die Beschreibungen des Verlaufs des Nils differierte nur minimal von den Beschreibungen Bakers und Stanlys 700 Jahre später. Die Weltkarte, die er für König Roger anfertigte, war nicht nur von der Größe her imposant, sie war in ihren Angaben auch erstaunlich exakt. Beeindruckt von seinen Leistungen, belohnte ihn der König fürstlich. Während dieser Zeit veröffentlichte er zahlreiche Werke über Kartographie, Geographie und Botanik. Sein Hauptwerk „Nuzhatu al-mustaq fi chtiraqi al-faq“ (Reise des Sehnsüchtigen um die Horizontale zu durchqueren) vollendete er im Jahre 1154 für König Roger II. Dieses Werk enthielt eine Welt, die aus sieben Klimazonen bestand. Ferner enthielt sie Beschreibungen zu kulturellen, politischen und ökonomischen Bedingungen bzw. Situation der jeweiligen Region. Zusätzlich erschuf er eine Weltkarte aus Silber, die ca. 100 Jahre später, während eines Aufstandes, zerstört wurde. In seinem anderen Werk „Kitab al-Jami li ashtat al-Nabat“, Das Sammelwerk für die Pflanzenarten, erschuf er das erste Herbarium.

Idrisi starb 1165 auf Sizilien. Er gilt als Vater der modernen Geographie.

Ibn Tufail *1110

Abu Bakr Muhammad ibn Abd al-Malik ibn Muhammad ibn Tufail al-Qaisi al-Andalusi wurde im Jahre 1110 in Wadi-Asch (Guadix) in der Nähe der maurischen Stadt Granada geboren.

Er studierte in Granada unter der Almohadenherrschaft Medizin, Astronomie und Philosophie. Unter den Almohaden bekleidete er hohe Verwaltungsposten. Ibn Tufail schrieb zahlreiche philosophische und medizinische Abhandlungen. Doch von Bedeutung war sein Roman „Hay ibn Yaqzan“, Der Lebende, Sohn des Wachenden.

Dieser Roman war sehr erfolgreich. Der Roman diente als Vorlage für Daniel Defoes Robinson Crusoe. Der Beginn des Romans „Hay ibn Yaqzan“ erweckte den Eindruck, als ob der Autor die Geheimnisse der Philosophie des großen Ibn Sina lüften könnte. Die Einleitung diente gleichzeitig als Kritik an der herrschenden Philosophie. Die Kritik galt sowohl der klassisch griechischen als auch der arabisch-islamischen Philosophie. Gezielt macht er auf die Widersprüche innerhalb der Philosophie des al-Farabi und des Ibn Badjdjas aufmerksam. Al-Ghazali wurde wegen seiner fatalistischen Haltung kritisiert. Einzig Ibn Sina habe den Weg des Lichtes eingeschlagen. Von ihm übernahm er den Titel „Hay ibn Yaqzan“. Nicht der Rationalismus führe zur Vollkommenheit, sondern die mystische Einsicht, die Ekstase.

Die Geschichte unter dem Titel „Hay ibn Yaqzan“ erzählt, wie ein Säugling auf einer tropischen Insel ausgesetzt wird und dort von einer Gazelle aufgezogen wird. Als die Gazelle starb versuchte der nun erwachsene Mann vergeblich an der Leiche seiner Mutter einen mechanischen Grund für deren Tod zu finden. Schließlich kommt er zu der Erkenntnis, dass die Ursache des Lebens der Geist ist. Seine Entwicklung nimmt eine radikale Wende. Das Überleben war nun sekundär, denn er sah in der Philosophie, die sich mit immateriellen Dingen beschäftigt, den Sinn seines Lebens. Er begann die Natur zu erforschen und beschäftigte sich mit der Metaphysik. So gelangte er zur ersten Ursache der Notwendigkeit eines Schöpfers alles Existierenden. Gott bzw. seine Existenz wurde zunächst rational erkannt. Nun begann er sich ihm durch Askese zu nähern. Er erreichte in der Ekstase den Zustand der Glückseligkeit und erkannte die göttliche Ordnung des Kosmos. „Er ließ nicht nach in seinem Bemühen, zur Vernichtung des Bewußtseins seiner selbst zu gelangen, zum vollständigen Aufgehen in der reinen Schau des wahren Wesens; und schließlich gelang es ihm: Alles verschwand aus seinem Gedächtnis und seiner Gedanken, alle geistigen Formen, alle körperlichen Vermögen. (...) Es blieb nur der Einzige, der Wahre, das ewige Wesen.“[40] Die Entwicklung des nun reifen Mannes setzt sich fort. Er entdeckt, dass auf einer Nachbarinsel ein Volk existiert. Dieses Volk folgt den Weisheiten eines alten Philosophen. Zufällig deckte sich seine Philosophie mit dem des Hay. Beide Philosophen, der alte Mann und der junge Mann, kamen unabhängig voneinander zu gleichen philosophischen Überzeugungen und Schlussfolgerungen. Das Volk nahm diese Philosophie wortwörtlich. Nur einer, nämlich Absal, will mehr erfahren als nur diese Philosophie. Schließlich bleibt Absal nichts anderes übrig als die Insel zu verlassen. Er landete auf der Insel des Hay. Absal lehrte Hay die Symbolik und stellt gleichzeitig fest, dass Hay auch ohne Symbolik und Sprache sich Gott nähert, nämlich durch Askese und Ekstase. Hay begleitet Absal auf seine Insel. Hay beginnt, die Bewohner der Insel die Askese und Ekstase zu lehren. Seine Vorstellung war, „dass alle Menschen über einen vortrefflichen Charakter, einen durchdringenden Geist, eine standhafte Seele verfügen. Er wußte nicht, wie träge und schwach ihr Geist, wie falsch ihr Urteil ist, kannte nicht ihren Wankelmut. (...) Niemand verstand ihn. Das Volk fühlte sich bedroht: „Jede Ermahnung bleibt ohne Wirkung bei Ihnen, guter Zuspruch bewirkt kein Handeln, Debatte führte bei ihnen nur zu Halsstarrigkeit; und die Wahrheit, kein Weg steht ihnen zu ihr offen, und sie haben keinen Teil an ihr.“[41]

Hay gab auf. Er zog sich mit seinem neuen Freund Absal auf seine Insel zurück. Zuvor ermahnte er die Menschen auf der Insel sich an der Philosophie des alten Mannes wortwörtlich zu halten. Weil „er und sein Freund Absal erkannt hatten, dass es für diese Art Mensch, schaafsgleich und machtlos, nur diesen einen Weg gibt zum Heil. Lenkt man sie davon ab, um sie auf die Höhen der Spekulation zu entführen, so läßt ihr Zustand sie nur in umso tiefere Verwirrungen geraten.“[42]

Hays zieht aus dieser Erfahrung folgende Schlußfolgerungen:

[40] Ibn Tufayl, Der Ur-Robinson (Hayy ibn Yaqzan), Hrsg. v. Otto F. Best, Matthes und Seits, München, 1987, S. 130 f.

[41] Ibn Tufayl, Der Ur-Robinson (Hayy ibn Yaqzan), Hrsg. v. Otto F. Best, Matthes und Seits, München, 1987, S. 163 f.

[42] Ibn Tufayl, Der Ur-Robinson (Hayy ibn Yaqzan), Hrsg. v. Otto F. Best, Matthes und Seits, München, 1987, S. 166

- Philosophie und Religion enthalten dieselbe Wahrheit
- Die philosophische Erkenntnis bleibt wenigen Begabten vorenthalten
- Die Mehrheit jedoch muss buchstabengetreu der Religion folgen, denn ihr Verstand kann der Philosophie nicht folgen

Schlussfolgerungen manifestieren den Status der Philosophie in der Gesellschaft. Der Philosoph hat demnach folgende Aufgaben:

- Er soll durch das Denken die Gesellschaft etwas besser machen
- Er soll aufhören die Menschen zu belehren
- Er soll die bestehenden patriarchalischen Strukturen nicht antasten
- Er soll sich der Philosophie widmen und seine Erkenntnisse unterschwellig einfließen lassen

Der Mensch bedarf keiner Transzendenz, um Wahrheit zu erfahren. Er gelangt über Vernunft zur Wahrheit. Der Mensch erkennt aus sich selbst. Die moralische Instanz bzw. der humanistische Ansatz der Religion ist aus der Vernunft abzuleiten. Der Mensch braucht doch gar keine Religion. Ibn Tufails Buch prägte die europäische Aufklärung. In der islamischen Welt gilt Ibn Tufails Roman als Beweis für die Resignation der Philosophie vor der religiösen Orthodoxie.

1185 verließ der arabische Robinson Crusoe in Marrakesch seine Insel der Erkenntnis für alle Zeiten und kehrte zum Schöpfer der Urvernunft zurück.

Ibn Rushd *1126

Der islamische Philosoph Abul Wahib Mohammed ibn Ahmed ibn Mohammed ibn Rushd kam im Jahre 1126 in Cordoba zur Welt. Er entstammte einer angesehenen Familie. Sein Vater war ein Rechtsgelehrter und sein Großvater war Oberrichter in Cordoba, damit einer der bedeutendsten Gelehrten in Andalusien, im Lande des Lichtes. Dieser war ein Anhänger der malikitischen Rechtsschule. Ibn Rushd wurde folglich in der malikitischen Rechtslehre ausgebildet. Die Rushds wurden von der Herrscherdynastie der Al-Murabitun unterstützt, einer streng konservativen Bewegung, die im 11. Jahrhundert die Macht zunächst im heutigen Marokko, dann in Andalusien übernahm. Die malikitische Rechtsschule basierte weniger auf das Handeln des Propheten, vielmehr besann sie sich auf die Gewohnheiten der früheren Muslime auf der Arabischen Halbinsel. Sie wehrte sich gegen jegliche rationalistische Bewegung innerhalb der islamischen Theologie. Die Al-Murabitun wurden von der Bewegung der Al-Muwahhidun, der Bekenner der göttlichen Einheit, abgelöst. Ibn Rushd hatte gerade seine Ausbildung zum malikitischen Rechtsgelehrten beendet. Die Almohaden strebten eine Rationalisierung der islamischen Theologie an. Diese Bewegung kam Ibn Rushd, der der rationalistischen Theologie nahestand, entgegen. Er schloss sich dieser Bewegung an.

Ibn Rushd beschäftigte sich von nun an nicht nur mit der Theologie, sondern auch mit der Philosophie und mit der Medizin. Die Philosophie und die Medizin lernte er von Abu Dschafar ibn Harun al-Turjali, dieser war ein Schüler das Ibn al-Arabi, der in Sevilla lebte und lehrte, der seinerseits wiederum Schüler des großen al-Ghazali in Bagdad gewesen war. Vom Khalifen Abu Yakub Yusuf erhielte Ibn Rushd den Auftrag die Schriften des Aristoteles zu übersetzen. Ibn Rushd wurde am Hofe des Herrschers von dem berühmten Philosophen Ibn Tufail eingeführt. Auf Bitten des Kalifen begann Ibn Rushd die Schriften des Aristoteles ins Arabische zu übersetzen und zu kommentieren. Zusätzlich beschäftigte er sich mit der arabischen Grammatik.

Im Jahre 1169 wurde er zum Richter in Sevilla, der Hauptstadt des Al-Andalus, ernannt. Damit begann auch sein politischer Aufstieg. Nach zwei Jahren wurde er Richter in Cordoba, um nach acht Jahren wieder nach Sevilla zurückzukehren. Im Jahre 1180 wurde er zum Oberrichter von Cordoba ernannt und Hofarzt des Khalifen Abu Yakub Yusuf. Abu Yakub Yusuf trieb mit Hilfe Ibn Rushds die Rationalisierung der Lehre im Sinne der almohadischen Botschaft voran. Ibn Rushd beschäftigte sich mit ausgewählten Schriften des Aristoteles und kommentierte sie. Diese großen Kommentare waren durchaus ein Teil der von Abu Yakub Yusuf vorangetriebenen Rationalisierung, sie dienten aber auch als Grundlagenwissenschaft innerhalb der Philosophie. Während der europäischen Renaissance galt Ibn Rushd, 300 Jahre nach seinem Tode, als große Autorität. Seine Schriften wurden ins Lateinische übersetzt. Seine Karriere am Hofe des almohadischen Kalifen Abu Yusuf al-Mansur, des Bruders und Nachfolgers von Abu Yakub Yusuf, als oberster Rechtsgelehrte im Lande des Lichtes, wurde im Jahre 1197 nach einer vorangegangenen Intrige seitens einiger Gelehrte am Hofe mit der Verbannung des großen Philosophen in die kleine Stadt Al-Jasana, Lucena, beendet.

Ibn Rushd setzte sich für die Versöhnung zwischen der Philosophie und der sunnitischen Orthodoxie ein. Nach seiner Meinung war die Philosophie nichts anderes als die Überprüfung bereits existierender Dinge. Die Erforschung dieser Dinge gebe Hinweise darauf, wie vollkommen Gott ist. Je intensiver und perfekter die Erkenntnisse der Dinge sind, umso größer ist die Erkenntnis über Gott. Die Philosophie, insbesondere die aristotelische, ist demnach ein Instrument zur Erkennung Gottes, demnach ist die Philosophie bzw. das Philosophieren eine religiöse Pflicht oder zumindest wird sie seitens der Religion empfohlen. Der Islam, so Ibn Rushd, appelliert an die Menschen über die existierenden Dinge mittels der Vernunft Erkenntnisse zu gewinnen, so heißt es in der Sure 59, Vers 2: „Denkt darüber nach, ihr, die ihr Einsicht habt.“

Ibn Rushd sieht in diesem Vers die Aufforderung zur Anwendung des rationalen Analogieschlusses. Die Erkenntnisgewinnung wird auf alles Existierende ausgedehnt in Anlehnung an die Sure 7, Vers 185, wo es heißt: „Haben Sie denn nicht über die Herrschaft Gottes über den Himmel und die Erde nachgedacht und darüber, was Gott alles geschaffen hat?“ Ibrahim sei der erste Mensch, der das Wissen Gottes erblicken durfte, so steht in der Sure 6, Vers 75: „Und so zeigten wir Ibrahim die Herrschaft Gottes über den Himmel und die Erde, damit er einer von denen ist, die davon überzeugt sind.“ Hieraus schlussfolgerte Ibn Rushd, das die islamische Religion die Anwendung der Vernunft, um das Herleiten dessen, was bisher den Menschen verborgen blieb, aus dem, was aber schon bekannt sei, eine religiöse Pflicht sei. Es sei zudem eine religiöse Pflicht, mit Hilfe der Vernunft Analogieurteile herbeizuführen.

Weil der Islam zur vernunftsmäßigen Analogieurteile verpflichte, könne diese Art der Schlussfolgerung nur die vollkommenste Art der Untersuchung und damit auch die vollkommenste des Analogieurteils sein, denn es handele sich um Gotteswille. Gott selbst treibe den Menschen zur Vertiefung der Erkenntnis vom Erhabenen und anderen existirenden Dinge durch apodiktische Beweise. Der Untersucher, der Erkenntnissuchende, sollte in der Lage sein, einen Analogieschluss von einem dialektischen bzw. rhetorischen oder gar einem sophistischen Analogieschluss zu unterscheiden. Dies sei wiederum schwierig und erfordere ein hohes Maß an Anstrengungen und Übungen und es erfordere insbesondere fundierte Kenntnisse, den Koran betreffend. Ibn Rushd kommt zu der Feststellung, dass der Islam das Studium des rationalen Analogieurteils vorschreibe. Er selbst sehe sich als Vorreiter in der Praktizierung des rationalen Analogieurteils, das dem religionsrechtlichen Analogieurteil gleichwertig sei. Ibn Rushd wies darauf hin, dass sich bereits vor ihm andere mit diesem Thema beschäftigt hätten. Damit meinte er explizit den Philosophen Aristoteles. Diese Pionierarbeit des Aristoteles sollten nicht verworfen werden, nur weil Aristoteles nicht muslimischen Glaubens gewesen sei. „Denn wenn man eine religionsrechtlichen korrekte Schlachtung mit einem dafür vorgeschriebenen Werkzeug durchführt, untersucht man in der Frage der rituellen Einheit des Schlachtens nicht, ob das Werkzeug jemandem gehört, der unsere Religion teilte oder nicht, solange das Werkzeug die rituelle Handlung ermöglicht.“[43]

Wenn der Gelehrte die Kunst der beweisführenden Analogie gelernt habe und beherrsche und er gleichzeitig ihre Begrenztheit erkenne, dann könne man diese Methoden der beweisführenden Analogie übergeben an andere sich Interessierende. Das Studium der Bücher der Alten wird somit bei Ibn Rushd zur Pflicht eines jeden Muslim, der nach Erkenntnis strebt. Die Offenbarung wendet sich an Menschen entsprechend ihrer intellektuellen Fähigkeiten. Die Glückseligkeit liegt in der Erkenntnis Gottes, diese wiederum ist abhängig von der natürlichen Veranlagung des Menschen. Da die Offenbarung wahr ist und zu einem Studium aufruft, das zur Erkenntnis des Wahren führt, können die rationalen Analogieurteile auch nur zur Wahrheit führen, weil die Wahrheit nicht der Wahrheit widerspricht. Weil aber die von Gott offenbarte Wahrheit von vielen vernachlässigt wird, wurde der Prophet Mohammed zu den Menschen gesandt, der die Offenbarung durch unterschiedliche Methoden den Menschen na-

[43]Ibn Rushd, Fasl al-Maqal, Maßgebliche Abhandlung, Verlag der Weltreligionen, Berlin, 2010, S. 13

he bringt, so wie Gott es befiehlt: „Ruf die Menschen mit Weisheit und einer guten Ermahnung auf den Weg deines Herren und diskutiere mit ihnen auf eine höchst gute Art.“ (Sure 16, Vers 125) Wenn aber die existierende Sache nicht in der Offenbarung erwähnt ist, was nicht selten der Fall ist, so ist das kein Widerspruch, weil hier der Rechtsgelehrte sich sein Urteil mittels eines rechtswissenschaftlichen Analogieschlusses von der existierenden Sache, die in der Offenbarung erwähnt wird, ableiten kann. Wenn aber im ungünstigsten Falle, der äußere Wortlaut mit dem Urteil der Rechtsgelehrten nicht übereinstimmt, dann bedarf es der Ausweitung der Bedeutung dieses Wortes ohne dabei gegen die Regeln des Islam zu verstoßen. Der Rechtsgelehrte stützt seine Schlussfolgerungen auf die Allegorieurteile da Gott die Gewissheit besitzt, denn er ist die Gewissheit.

Ibn Rushd versuchte die Vernunft mit der Offenbarung zu versöhnen. Er war davon überzeugt, dass wenn die Offenbarung von den Beweisen einer apodiktischen Beweisführung abweiche, dann läge das nicht an der Offenbarung selbst, sondern an der mangelhaften Überprüfung der Offenbarung bzw. an der mangelhaften Ausbildung der Rechtsgelehrten. Eine detaillierte Prüfung der Offenbarung sei jedoch eine Notwendigkeit, denn in den Worten der Offenbarung, so Ibn Rushd, werde die allegorische Interpretation entweder bestätigt oder man stelle eine starke Annäherung an diese her. Daraus schlussfolgerte er, dass die Worte der Offenbarung kein Dogma darstellen würden. Andererseits bedürfe nicht jede Aussage der Offenbarung einer allegorischen Interpretation, weil hier die Offenbarung in sich selbst schlüssig und eindeutig sei. Ibn Rushd suchte den Kompromiss in der Interpretation der Offenbarung zwischen Dogmatik und der Vernunft, die sich aus seiner Sicht in Form der Allegorie manifestiere. Die große Problematik bestehe darin zu differenzieren, welche Teile der Offenbarung einer allegorischen Interpretation bedürfen und welche nicht. Die Offenbarung könne entsprechend ihrem inneren Wortlaut, der wörtlichen Deutung des Koran, oder entsprechend ihrem äußeren Wortlaut, d.h. durch allegorische Interpretation verstanden werden. Die Heilige Schrift sei sowohl mit einem internen als auch mit einem externen Wortsinn offenbart. Die Anwendung der beiden unterschiedlichen Arten der Interpretation bzw. des Verstehens der Offenbarung fänden ihre Anwendung in Abhängigkeit vom Wissen sowie vom Intellekt des jeweiligen Menschen, der Gottes Geschöpf ist. In Sure 3, Vers 7 findet, laut Ibn Rushd, diese Hypothese ihre Bestätigung, denn dort heißt es: „Er ist es, der die Schrift auf dich herabgesandt hat. Darin gibt es eindeutige Verse, sie sind die Urschrift und andere, mehrdeutige. Diejenigen nun, die in ihren

Herzen vom rechten Weg abschweifen, folgen dem, was darin mehrdeutig ist, wobei sie darauf aus sind, die Menschen unsicher zu machen und es nach ihrer Weise zu deuten. Aber niemand weiß es zu deuten außer Gott und diejenigen, die ein gründliches Wissen haben.“ Gleichwohl gibt er zu verstehen, dass es ein Irrglaube sei, dass ein Konsens unter Muslimen durch zweifelsfreie Methoden, wie sie al-Ghazali fordert, möglich sei. Die Methodik des Kompromisses ist und bleibe mit viel Ungewissheit behaftet.

Hier folgte er allerdings der Schlussfolgerung des al-Ghazali, denn auch Ibn Rushd stimmte darin überein, dass Zweifel und Ungewissheit in der Erkenntnisgewinnung bestehe, jedoch akzeptierte er im Vergleich zu al-Ghazali diese Form der Wahrheitsfindung. Er war sich bewusst, dass ein Konsens in der Lehre nicht existiere oder nur sehr selten existiere, wohl aber in der Praxis. Hier herrschte Konsens, wenn das Urteil oder die Schlussfolgerung die Zustimmung der Mehrheit finde. Wenn also ein Konsens sich nach der Mehrheit richtet, somit nicht unbedingt zweifelsfrei ist, sei dann der Verstoß gegen einen praktischen Konsens Unglaube? Um auf diese Frage zu antworten, wendete sich Ibn Rushd gegen das Buch „Die Inkohärenz der Philosophen“ des al-Ghazali. Obgleich er nicht al-Ghazalis Meinung war, versuchte er aus dessen Abhandlungen durch allegorische Interpretationen zwischen sich und al-Ghazali einen Kompromiss zu finden. Er relativierte die Aussagen des al-Ghazali, der die Lehren der Philosophie kategorisch ablehnte und dessen Vertreter und ihrer Vorstellung als ungläubig betrachtete. Im Vergleich zu Ibn Rushd sah al-Ghazali in den Aussagen der Philosophen, dass die Welt keinen Anfang und kein Ende habe, dass Gott die Einzeldinge nicht kennen würde und dass die Offenbarung allegorisch interpretierbar sei, eine Sünde. Ibn Rushd argumentierte mit dem Zweifel des großen Zweiflers al-Ghazali, indem er behauptete, dass dieser selbst ein Urteil über den Unglauben eines Menschen anhand dieser drei Aussagen der Philosophen, hier seien insbesondere al-Farabi und Ibn Sina gemeint, für möglich aber nicht notwendig erachte. Gleichzeitig sah Ibn Rushd keine Möglichkeit eines Konsenses im Bezug auf die drei philosophischen Annahmen. Der Vorwurf des al-Ghazali, der behaupte, dass die Philosophen Gott indirekt vorwerfen er sei blind hinsichtlich Einzeldingen, sei nicht gerechtfertigt. Die Philosophen wüssten, dass Gott die Einzeldinge kenne, jedoch durch eine andere Art der Wahrnehmung. Die Wahrnehmung durch die Philosophen sei dem entgegengesetzt und die kausale Ursache für die Dinge sei die Existenz. Es handle sich demnach, so Ibn Rushd, um Arten von Erkenntnisgewinnung, die nicht miteinander vergleichbar seien. Die Wahrnehmung durch die Philosophen sei eine Andere, jedoch nicht zwangsläufig eine Falsche. Es gibt Worte, die für gegensätzliche Dinge benutzt werden. Diese gegensätzlichen Dinge könnten nicht per Definitionem in Einklang gebracht werden. Grundsätzlich allerdings sei die Behauptung unwahr, dass die Philosophen lehren, dass Gott, der Schöpfer und Allwissende, die Einzeldinge nicht kennen würde, wenn diese dieses Wissen doch gerade von Gott beziehen. Wenn die von uns wahrnehmbaren Dinge kausal bedingt seien, d.h. verursacht von der Natur der existierenden Dinge, dann sei es zwangsläufig anders im Falle von Gotteswissen, denn hier komme die apodiktische Beweisführung zu der Überzeugung, dass das Wissen des Allmächtigen ohnehin nicht erfassbar sei, auch nicht durch das Wort „universal“. Es wäre töricht sich hier noch die Frage zu stellen, ob die Philosophen ungläubig seien oder nicht, da sie lediglich eine andere Perspektive einnehmen. Die Frage, ob die Welt einen Anfang und ein Ende habe, sei nicht von Bedeutung, denn das momentan Existierende sei von Bedeutung. Diese existierenden Dinge, deren Existenz durch Gott verursacht wurden, seien durchaus in der Zeit entstanden, d.h. die Zeit gehe ihrer Existenz voraus. Andere Dinge, die klar zeitlich abgrenzbar seien, gehe keine Zeit voraus.

Gott sei der Schöpfer des Universums. Gott sei aber auch der Schöpfer, der für die Menschen existierenden und wahrnehmbaren Dinge, die nicht aus etwas anderen seien und von denen keine Zeit vorhergehe. Das sei die von Gott geschaffene Welt in ihrer Gesamtexistenz. Wenn die Zeit der Welt nicht vorangehe, dann sei ihre Existenz in der Zukunft auch nicht begrenzt. Ibn Rushd sah die Zeit der existierenden Dinge, sobald sie eine kausale Ursache haben, als begrenzt, d.h. sie haben einen Anfang und ein Ende in der Zeit. Betrachtet man die Offenbarung, dann habe die Welt einen Anfang und ein Ende in der Zeit. Die Existenz selbst und die Zeit seien jedoch in beiden Richtungen unbegrenzt. Sie würden nicht unterbrochen. In Sure 11, Vers 7 steht geschrieben: „Und er ist es, der den Himmel und die Erde in sechs Tagen geschaffen hat, während sein Thron über dem Wasser war.“ Es hat also eine Zeit vor der Zeit gegeben und es wird eine Zeit nach der Zeit geben, nämlich dann wenn „am Tag, da die Erde gegen eine andere eingetauscht wird und ebenso der Himmel.“ (Sure 14, Vers 48) Für den Menschen weise dieser Vers auf eine zweite Existenz in der Zeit hin. Die Welt als solches hat keinen Anfang und kein Ende, wenn man der äußeren Deutung der Offenbarung folge. Al-Ghazali tut genau dies nicht, er interpretiert die äußere Deutung. Anders sind seine Vorwürfe den Philosophen gegenüber nicht zu verstehen, weil nirgendwo der Offenbarung zu entnehmen ist, dass Gott mit dem absoluten

Nichts existiert habe. Indirekt warf Ibn Rushd al-Ghazali vor, sich nicht an die Texte der Offenbarung gehalten zu haben, denn dann wären solche Vorwürfe den Philosophen gegenüber nicht möglich und faktisch falsch. Entschuldigend fügte Ibn Rushd hinzu, das insbesondere den Gelehrten solche Fehler unterlaufen, denn sie erfüllten die wichtigsten Bedingungen, Kenntnisse über Rechtsquellen und die Fähigkeit, Schlüsse anhand von Analogieurteilen von diesen Quellen abzuleiten. Diesen Menschen seien solche Fehler zu verzeihen. Treten diese Fehler unter Nicht-Gelehrten auf, dann sei es als Sünde anzusehen. Wer über existierende Dinge urteile, ohne entsprechende Kenntnisse und Methodik, der sündige oder er sei ein Ungläubiger. Es gebe Erkenntnisse, die allen Menschen verständlich seien. Hierzu gehöre der Glaube an einen Gott, an die Propheterie und an das Jenseits. Zu dieser Erkenntnis gelange man über drei verschiedene Wege bzw. Argumente, der rhetorischen, der dialektischen und der apodiktischen. Verneine ein Mensch diese Erkenntnis, so handele es sich zweifelsohne um einen Ungläubigen, der aus verschiedenen Gründen die Wahrheit ignoriere.

Unabhängig hiervon mahnte Ibn Rushd, die Offenbarung unselektiert allegorisch zu interpretieren. Bestimmte Prinzipien der Offenbarung, die die Glaubenslehre betreffen, könnten nicht interpretiert werden, sonst handele es sich um Unglauben oder Erneuerungen. Hier waren insbesondere die Al-Mutaziliten gemeint. Auch diene es nicht der Erkenntnisgewinnung, nur Dinge für wahr zu halten, die man sich vorstellen könne. Andere wiederum glauben, dass Gott einen Körper habe, das sei strikt zurückzuweisen. Es sei daher wichtig, dass nur Rechtsgelehrte sich mit der Interpretation einiger Teile der Offenbarung beschäftigen sollten. Die Gruppe von Gelehrten, die sich dem Studium des Koran widme und sich strikt an die äußeren Wortlaute halte und keine allegorischen Interpretationen des Koran erlaube, so wie die Rechtsgelehrten, die sich an den inneren Sinn der Offenbarung halten, seien die Gelehrten, welche Ibn Rushd als problematisch ansieht. Ihre Fehler würden durch ihre Gelehrsamkeit entschuldigt. Ibn Rushd vertrat vehement die These, das allegorische Interpretation nur in Büchern der apodiktischen Beweisführungen festgehalten werden dürften, nicht aber in anderen Büchern wie dies al-Ghazali tut. Al-Ghazali habe gegenüber der Offenbarung und gegenüber der Philosophie einen Fehler begangen, auch wenn es seine Absicht gewesen wäre, die Anzahl der Gelehrten zu vergrößern. Stattdessen habe er die Anzahl der Ungläubigen vermehrt, die entweder die Philosophie oder die Religionsgesetze verleumdeten. Ibn Rushd warf al-Ghazali vor, dieses mit Absicht getan zu haben, ja sogar aus opportunistischen Gründen. Auch warf er ihm fehlende charakterliche Festigkeit vor, da dieser manchmal sunnitisch-orthodox, ein andermal sufistisch und wieder ein andermal philosophisch argumentiere. Offen forderte Ibn Rushd die Bücher des al-Ghazali für Nichtgelehrte zu verbieten, da sie die Seelen der Nichtgelehrten irreleiten würden. Andererseits gibt sich Ibn Rushd zuversichtlich, dass nur Gelehrte sich der Bücher des al-Ghazali bedienten. Hier könne es nur dann kontraproduktiv sein, wenn diese Gelehrten die Bücher ohne Wissen und Erfahrung in der Hand nehmen würden. Im Vergleich zu al-Ghazali sieht Ibn Rushd keinen Konflikt zwischen der Philosophie und den Religionsgesetzen. Ibn Rushd unterscheidet sich von al-Ghazalis Denkweise grundlegend. Er beanspruchte das Wissen der Offenbarung für die Rechtsgelehrten, damit schaffte er eine, wenn vielleicht auch unbewusst, Klassengesellschaft des Wissens. Man könnte auch von Wissen kapitalistischer Prägung sprechen, während al-Ghazali das Wissen mit der Masse teilen wollte. In einem waren sie sich jedoch einig. In der Absicht der Offenbarung. Hierin sahen beide die Absicht Gottes, die Wahrheit unter den Menschen zu verbreiten und gerechtes Handeln zu lehren. Der Schlüssel der Offenbarung sei das Wissen, das wahre Wissen sei die Existenz Gottes. Gerechtes Handeln bedeutete, den rechten Weg im Diesseits und im Jenseits zu gehen. Die Umsetzung und die Kenntnis rechten Handelns bezeichnete Ibn Rushd als „praktische Wissenschaften“. Von der praktischen Wissenschaft leite sich die religiöse Rechtswissenschaft ab, die sich mit äußerlichen Handlungen beschäftigte. Die Wissenschaft der Enthaltsamkeit ist die Wissenschaft über Dankbarkeit, seelisches Befinden und Geduldsamkeit. Die letzte Wissenschaft in dieser Reihe ist die Wissenschaft vom Jenseits, die für die Frömmigkeit von Bedeutung ist. Dieser Zweig der Wissenschaft wurde von al-Ghazali in seinem Buch „Die Wiederbelebung der Religiösen Wissenschaften“ propagiert und von Ibn Rushd ausgebaut. Ibn Rushd sah in der Intention der Offenbarung, alle Menschen vor Irrglauben zu bewahren. Da die Menschen sich in der Kenntnisgewinnung jedoch unterschiedlicher Methoden, entsprechend ihrer Fähigkeiten, bedienten, müsse die Offenbarung zwangsläufig diese verschiedenen Methoden in sich beherbergen. Einige allegorische Interpretationen seien jedoch ausschließlich der Elite vorbehalten, weil die Mehrheit der Menschen nicht in der Lage sei, mehr als rhetorische Redeweisen zu verstehen. Diese dürften allegorische Interpretation in keinster Weise anwenden. Ibn Rushd teilte die Menschen hinsichtlich der Offenbarung in drei Gruppen ein. Die rhetorisch-denkenden Menschen, die zur allegorischen Interpretation nicht fähig seien. Diese Gruppe bildete zweifelsohne die Mehrheit. Die zweite Gruppe bildeten die Dialektiker. Die dritte und wohl wichtigste Gruppe sei jene, die der zweifelsfreien Interpretation mächtig sei. Es handele sich um apodiktische Leute. Ibn Rushd sah in der letzten Gruppe die Elite des Wissens und er möchte verhindert sehen, dass allegorische Interpretationen in die Händen der Dialektiker gelangen und schon gar nicht in die Händen der Rhetoriker, der Masse. Die apodiktische Interpretation sprenge die Grenzen menschlichen Verstandes, sie sei für bestimmte Leute gedacht, und könne daher bei fehlendem Verständnis zum Unglauben des Verkünders und des Empfängers führen.

Die allegorischen Interpretationen verwerfen die äußere Sinngebung und etablierten die interpretative Sinngebung d.h., wenn der äußere Sinn verworfen würde, gleichzeitig ein interpretativer Sinn fehle, dann könnte diese Konstellation zum Unglauben führen. Daher sollten allegorischen Interpretationen der Masse vorenthalten werden. Dieser Vorwurf war insbesondere gegen al-Ghazali gerichtet, der aus Sicht Ibn Rushd die allegorische Interpretation allen zugänglich gemacht habe. Ibn Rushd machte al-Ghazali den Vorwurf der Verbreitung des Unglaubens, denn durch die Verbreitung der Allegorie mache er andere zu Ungläubigen, somit würde er zwangsläufig zum Ungläubigen. Damit erhebt Ibn Rushd einen massiven Vorwurf gegen al-Ghazali, um wie dieser in der Frömmigkeit die Medizin der Seele und in den Koran das Gesetz Gottes zu sehen. Wenn die allegorische Interpretation zu denjenigen gelange, die nicht zur allegorischen Interpretation befähigt seien, zu den rhetorischen Leuten, dem einfachen Volk, der Mehrheit einer Gesellschaft, dann führe dies zur Spaltung innerhalb des Islam und zur Entstehung verschiedener Gruppen innerhalb dieser Religion. Diese Gruppen entstünden, weil einige der Meinung seien und waren, dass allegorische Interpretationen, falls sie die Offenbarung betrafen, unter allen Menschen verbreitet werden müssen. So geschehen im Falle der sogenannten islamischen Rationalisten, der Al-Mutaziliten. Durch ihre Art allegorischer Interpretationen einiger Verse des Koran, die für die Masse undurchsichtig seien und für die Elite das Kriterium einer apodiktischen Beweisführung nicht erfüllten, hätten sie unter den Muslimen Feindseligkeiten gesät. Sie hätten den Koran interpretativ zerstückelt und zur Bildung von verschiedenen religiösen Gruppierungen innerhalb des Islam geführt. Daher forderte Ibn Rushd die Rechtsgelehrten des Islam auf, sich in ihrer Lehrtätigkeit der drei Methoden zu bedienen, die der Koran auch benutzt, um die Massen zu belehren. Die Veränderung dieser Methoden durch allegorische Interpretation, die weder an sich noch für die Masse klar sei, was nicht möglich sei, weil keine Methoden existierten, die klarer als die Offenbarung selbst seien, zerstöre die mit der Offenbarung beabsichtigten Wirkung, die Glückseligkeit im Jenseits. Die erste muslimische Gemeinde habe ein Höchstmaß an Tugendhaftigkeit und an Frömmigkeit erreicht, gerade weil sie sich der allegorischen Methodik der Interpretation der Offenbarung nicht bedient hätten. Die damaligen Korangelehrten, denen die Methodik der allegorischen Interpretationen bekannt war, mieden ihre Verbreitung unter den Massen, weil sie darin eine Gefahr für die Frömmigkeit und eine Gefahr der Spaltung der islamischen Gemeinde sahen. Ibn Rushd forderte, diese Neuerungen zu beseitigen und zum äußeren Wortlaute der Offenbarung zurückzukehren. Am äußeren Wortlaut sollte so lange wie möglich festgehalten werden. Allegorische Interpretationen sollten nur zur Anwendung kommen, wenn sie allen Beteiligten klar und verständlich seien. Denn nichts sei wahrhaftiger als die Offenbarung. Damit erhob Ibn Rushd die Scharia und die Sunna zum höchsten aller Gesetze und stimmte hier erneut al-Ghazali zu. Ibn Rushd setzte sich auch mit den Veränderungen in der Zeit auseinander. Das Wissen über Dinge, bevor sie existieren, differiere vom Wissen über diese Dinge, während sie existieren. Al-Ghazali sieht eine enge und ewige Verbindung zwischen Dinge und vom Wissen über ihre Existenz. Die Veränderung der Dinge oder des Wissens ihrer Existenz führe nicht zwangsläufig zur Veränderung des anderen. Ibn Rushd war der Überzeugung, dass sich die Dinge ändern, sobald sie existent werden, aber Gotteswissen darüber ändere sich nicht, denn Gott kenne die Einzeldinge nicht mit einem zeitlich hervorgebrachten Wissen. Gott sei nicht nur existent, sondern er sei auch wissend. „Hat der, der erschafft, kein Wissen? Er ist doch der Gütige, der um alles weiß." (Sure 67, Vers 14)

Ibn Rushd glaubte an die Anfangslosigkeit der Welt. Daher fühlte er sich durch das Buch „Die Inkohärenz der Philosophen" (Tahafut al-falasifa) des al-Ghazali angegriffen und er antwortete diesem in seinem Buch „Die Inkohärenz der Inkohärenz" (Tahafut al-tahafut). Nach Ibn Rushd „besteht die Schöpfung nicht in einem einmaligen Übergang aus der Potentialität in die Aktualität, sondern geschieht jeden Augenblick. Das Ziel des Menschen ist die Vereinigung des materiellen Intellekts mit dem aktiven Urintellekt; durch diesen beiden Größen der Geistesgeschichte zu beobachtenden Akt wird die Unsterblichkeit gesichert."[44]

Ibn Rushds Methodik des apodiktischen Beweises wurde als großer Irrtum und Sünde dargestellt. Es handelte sich dennoch nicht um eine Auseinandersetzung zwischen Traditionalisten und Freidenker, sondern

[44]Schimmel Annemarie, Die Religion des Islam, Reclam, Stuttgart, 1989, S. 80

vielmehr um einen Konflikt innerhalb der Elite der Freidenker, die aber keine Säkularisten waren, sondern eine Synthese zwischen Religion und Philosophie anstrebten. Bereits ein Jahr später wurde Ibn Rushd begnadigt und kehrte am Hofe des Herrschers zurück.

Er ging mit dem Herrscher nach Marrakesch, der Hauptstadt der Almohaden-Dynastie, zurück und dort schloss er am 11. Dezember 1198 im Alter von 72 Jahren zum letzten Male seine Augen. Er wurde zunächst in Marrakesch begraben, um dann nach drei Monaten nach Cordoba überführt zu werden, wo er in einem Familiengrab die letzte Ruhe fand.

Ibn Rushd hinterließ uns mehr als 20.000 Seiten wissenschaftlicher Literatur und drei Söhne, von denen einer ein Rechtsgelehrter, ein anderer ein bedeutender Philosoph und ein dritter Mediziner wurde. Doch mit dem Tode des Vaters endete die glorreiche Ära der Ibn Rushds. Auch noch im 14. Jahrhundert durfte in Paris die Lehre des Aristoteles nur nach seinen Kommentaren interpretiert werden. Ibn Rushd ist zweifelsohne ein kritischer und realistischer Rationalist gewesen. Sein Tod bedeutet nicht das Ende der islamischen Philosophie, aber mit seinem Tod verlor die islamische Welt einen ihrer bedeutendsten Philosophen und Denker nicht nur seiner Zeit, sondern bis zum heutigen Tage. Aus seinen Kommentaren lernte das christliche Abendland die Philosophie des Aristoteles kennen. Ibn Rushd prägte das philosophische Denken im 13. Jahrhundert insbesondere in den jungen Städten Italiens und Frankreichs. Die Vertreter dieser Philosophie, des Averroismus, wie Siger von Brabant, wurden bald von der Kirche verfolgt, da ihre von Ibn Rushds Philosophie übernommene Erkenntnis von der Ewigkeit der Welt, der Sterblichkeit des Menschen und der Fehlerhaftigkeit alter Auffassungen, sie aus der Sicht der Kirche zu Atheisten machte. Ibn Rushd war jedoch kein Atheist, sondern ein gläubiger Muslim. Thomas von Aquin sah in ihm jedoch einen Atheisten, weil er die Lehre des Ibn Rushd nicht kannte oder womöglich absichtlich verfälschte. Symbolisch zeigte ein Bild aus dem Mittelalter wie Thomas von Aquin auf eine unwürdige Art und Weise triumphierte. In Wirklichkeit sind die Lehren beider deckungsgleich. Das ist exemplarisch für die seit mehr als 1.500 Jahren bestehenden Missverständnisse zwischen dem Orient und dem Oxident.

Maimounidis *1135

„Wer gegen Gott ist undankbar,
der nimmt nirgends das Gute war.“
(Firdusi)

Abu Imran Musa ben Abdallah Maymun al-Qurtubi, genannt Maimounidis, wurde im Jahre 1135 in Cordoba geboren. Er studierte in Cordoba Theologie, Philosophie und Medizin. Maimounidis entstammt einer gelehrten Familie, im islamischen Spanien. Maimounidis gehörte dem jüdischen Glauben an. Nach der Eroberung Cordobas durch die Muwahidun im Jahre 1149, sah er sich gezwungen, seine Heimatstadt zu verlassen. Er ging nach Fes im heutigen Marokko. In dieser Stadt lebte er und seine Familie mehr als 10 Jahre. Danach zog er gen Osten. Im ost-islamischen Reich intensivierte er sein Theologiestudium. Hier begannen seine literarischen Aktivitäten. Die Familie Maimounidis ließ sich im Jahre 1166 in Ägypten nieder. Maimounidis verdiente sich seinen Unterhalt durch den Handel mit Edelsteinen. Als sein Handelsschiff versank, geriet er finanziell in größte Not. Er begann sich nun zunehmend als Arzt zu tätigen. Mit Unterstützung des Hofrichters Abu Ali Abd ar-Rahim ben Ali ben Hasan Lahmi Asqalani, der auch Minister unter Sultan Saladin war, stieg Maimounidis zum Hofarzt auf. Er war jedoch nicht Leibarzt des berühmten Sultan und Feldherrn Saladin al-Ayubbi. Auch hat er nicht den kranken Richard Löwenherz während seines Kreuzzuges behandelt.

Zu seinen großen Werken gehört die Zusammenfassung der Logik und sein wohl bedeutendstes Werk „Dilalat al-Ha'irin“, eine Leitung für die Irrenden. Seine „Zusammenfassung der Logik“ deutet eine sehr enge Bindung zu al-Farabi an. Im medizinischen Bereich verfasste er mehr als 12 Bücher und Abhandlungen. Er erwähnte in seinen Büchern alle damals ihm bekannten Therapieformen und ergänzte diese durch die Lehren zur Erhaltung der Gesundheit und einer kurzen Abhandlung über den Geschlechtsverkehr.

Sein größtes Werk „Dilalat al-Ha'irin“ schrieb er im Jahre 1190. Dieses Buch widmete er den jüdische Gelehrten, die eine Versöhnung zwischen Philosophie und Wissenschaft für nicht möglich hielten. In diesem Buch versuchte er die Bedeutung des alten und des neuen Testamentes zu durchleuchten. Er vermied jegliche Art von Beschreibung Gottes. Nach genauer Untersuchung dieser Quellen kam er zu folgender Überzeugung: „Wir können im Bezug auf die Eigenschaften Gottes nur sagen, was Gott nicht ist und nicht, was er ist." Bei aller Wichtigkeit, die der Natura des Aristoteles zustehe, was die Himmelsspähren angeht, sie sind unabdingbare Thesen der Philosophie. Maimounidis bestätigte im Sinne al-Farabis die Vollkommenheit der Propheten. Seiner Meinung nach ist Moses der perfekte Prophet. Die Heiligen Schriften bleiben unangetastet. Ähnlich wie Spinoza setzte er Natur gleich Gott. In seiner Abhandlung über die Auferstehung, beabsichtigte er die Eschatologie in seiner Religion zu mindern. Ähnlich wie Ibn Rushd vertrat er die Ansicht, dass nach dem Tode sich die guten Seelen von den Körpern trennen und sich im Jenseits mit dem Geiste vereinigen. Die göttlichen Gesetze wurden von Maimounidis nicht angetastet. Daher kann man Abdul Latif Bagdadi verstehen, der behauptete, dass Maimounidis mit seinem Buch „Dilalat al-Ha'irin", dem Gedankengut von Ibn Sina, al-Ghazali und insbesondere al-Farabi sowie Ibn Baga sehr nahe komme bzw. zum Teil übernommen habe. Im Islam sah er keine monotheistische Religion und den Propheten Mohammed, in seinem Schatten er sich sonnte, lehnte er kategorisch ab. Sein wichtigstes Werk als jüdischer Gelehrter ist die „Mischna Torah".

Der große Maimounidis kehrte am 13.12.1204 in Kairo zu seinem vollkommenen Propheten zurück.

Nezami *1141

Abu Mohammed Ilias ibn Yussuf Nezami Ganjavi wurde im Jahre 1141 in Ganjeh im heutigen Aserbaidschan geboren. Seine Familie ist kurdischer Abstammung. Sein ganzes Leben verbrachte er in Ganjeh. Sein Vater, Yassuf und seine Mutter Raiseh, verstarben sehr früh. Nezami wuchs bei seinem Onkel Khaji Omar auf. Mit Hilfe seines Onkels genoss er eine vorzügliche Ausbildung. Nezamis Leben wurde durch weitere Schicksalsschläge erschüttert. Sein Sohn Mohamed war gerade 7 Jahre alt, als seine erste Frau Afaq starb. Seine anderen beiden Frauen starben einige Monate später. Diese Schicksalsschläge veranlassten den Poeten, Gott folgendes zu fragen: „God, why is it that for every masnavi I must sacrifice a wife?"

Nezami lebte in einer Zeit politischer Instabilität, aber auch in einer Zeit intellektueller Diskurse, die sich in seiner Dichtung widerspiegelt. Sein Onkel forcierte seine Ausbildung und finanzierte sein Studium. Dem Wunsche seines Onkels nach soll er ein großer Korangelehrter werden. Doch Nezami zog es vor, seinen eigenen Weg zu gehen. Er begann zu dichten. Seine Art zu dichten zeigt, dass er mit der persischen und der arabischen Dichterkunst vertraut war. Er war zudem auch ein ausgezeichneter Mathematiker, Astronom, Astrologe, Alchimist, Mediziner, Botaniker, Theologe, Historiker, Philosoph und Musiker. Sein Herz schlug jedoch mehr für die Dichtung. Seine Dichtung beinhaltete Elemente der traditionellen aserbaidschanischen Dichterkunst, der sogenannte „Araghi". Diese Art der Dichtung hat ihre Wurzeln in Chorasan und ist damit mehr persisch geprägt, als arabisch. Er wurde insbesondere von Qatran Tabrizi und dem „Buch der Könige" von Firdauzi beeinflußt. Seine Heimatstadt Ganjeh stand unter seldschukischer Herrschaft. Unter dieser Herrschaft war die persische Sprache eine Art Widerstand gegen die Besatzer. Im Laufe der Zeit arrangierte sich Nezami mit den Lokalfürsten und knüpfte Freundschaften am Hofe des Provinzgouverneurs.

Nezami gehört neben Rumi und Firdauzi zu den größten islamischen Dichtern und Mystikern islamischer Abstammung. Er war ein Meister der Mesnavi-Dichtung. In Zweizeilern wurden Geschichten erzählt. Zu seinen berühmten Werken gehört „Makhzanol-Asrar" (Der Umgang mit einem Geheimnis). Dieses in Versen verfasste Werk widmete er Fakr ed-Din

Bahramshah, dem Anführer des aserbaidschanischen Volkes, der Azeri. Dieses Werk wurde von Sanai's „Hadighat al-Haghigha“ erheblich beeinflusst. Nezami sprach in diesem Werk über Gerechtigkeit, Ethik, Moral und über das Leben nach dem Tode. In seinem zweiten Werk „Khasrow-O-Sheerin“, einer Liebesgeschichte, die er dem Seldschukenkönig Toghrol-ibn Arslan, bekannt als Jahan Pahlavan, und seinem Bruder Atabak Arslan widmete, zeigten sich seine persischen Einflüsse. Dieses Werk ruhte auf einer persischen Vorlage, nämlich auf Firdauzis „Shahnameh“. Dabei geht es um eine unsterbliche Liebe zwischen dem Sassanidenkönig Khosrow Parviz und seiner armenischen Sklavin Shirin. In seiner anderen Liebesgeschichte „Leyli-a-Majnoon“ widmete er Abul-Mozaffar Shervanshah, einem Sassanidengeneral. Diese Liebesgeschichte basierte auf einer arabischen Liebesgeschichte von 7 Schönheiten. Der General hatte sich in seine Cousine Leyli verliebt, doch er durfte sie aufgrund der nahen Verwandtschaft nicht heiraten. Er wurde daraufhin verrückt. Er verließ die Stadt und ging in die Wüste und begann dort, Liebesgedichte für Leyli zu schreiben, die inzwischen mit einem anderen Mann verheiratet war.

Nezami schreibt eine romantische Biographie über den Sassanidenkönig Bahram e Goor, Sohn des Yazdgerd. Diese Biographie widmete er Sultan Ala-ed-Din Korp Arslan, dem Führer von Maragheh. Eine ähnliche Geschichte existierte bereits, sie stammte von Firdauzi. Zuletzt schrieb Nezami ein Buch über Alexander den Großen. Dieses Buch widmete er dem Seldschukkenkönig von Mosul, im heutigen Irak, Malek Ezz-ed-Din. In diesem Buch wird die Schlacht zwischen Alexander dem Großen und Dariusz, dem persischen König, beschrieben.

Im Jahre 1205 kehrte Nezami zurück zu seinem Herren, dem Herren aller Könige und Sultane.

Al-Attar *1145

„Die reifen Dichter sind dahin gegangen,
Und die noch da sind, sind unreif.
Daher hat das Wort jetzt keinen Wert mehr.
Das Lobgedicht ist überholt
Und es ist Zeit für die Weisheit.
Mein Herz ist des Überholten und
Der Mäzene überdrüssig. Mir ist
Als Mären für immer die Weisheit genug.“[45]

Farid ad-Din al-Attar. Dichter, Sufi und mystischer Theoretiker. Er war von Beruf Arzt und Apotheker. Er wurde um 1145 in Nishapur im heutigen Iran geboren und starb 1221 beim Einfall der Mongolen in Nishapur. Al-Attar galt als exzellenter Kenner des Sufismus. Er interessierte sich, durch seinen Vater inspiriert, schon sehr früh für den Sufismus. Er war aber auch ein Kenner der islamischen Wissenschaften, der Koranexegese und ein ausgezeichneter Jurist. Sein medizinisches Wissen schien jedoch durchschnittlich gewesen zu sein. Sein literarisches Schaffen war sehr produktiv. Er bezeichnete sich selbst als „Siegel der Dichter“. Er entwarf in seinen Werken eine Gedankenwelt, die die zentralen Ideen der Sufi-Bewegung widerspiegelte. Er ging davon aus, dass die körpergebundene Seele ihre Freiheit sucht, um zu ihrem Ursprung zurück zu kehren. Um dies zu ermöglichen, müsse zunächst die Seele gereinigt werden, dann könne sie im Diesseits nach der Freiheit suchen.

Berühmt sind seine Vogelgespräche. Sie sind eine poetische Ausarbeitung eines früheren Werkes von Imam al-Ghazali. Angeführt vom Wiederkopf ziehen die Vögel aus, um zum Sitz des Simorgh zu gelangen, den sie bei einer Zusammenkunft als den würdigsten unter ihnen zu ihrem König gewählt haben. Nur 30 Vögel überleben die strapaziöse Reise, schließlich erkennen sie, dass der Simorgh in seiner Herrlichkeit selbst genügsam ist.

[45] Ritter Hellmut, Das Meer der Seele: Mensch, Welt und Gott in den Geschichten des Farīduddīn Aār, Brill, 1955, S. 156

Erst als die Vögel ihre eigene Unabhängigkeit und die Unabhängigkeit des Simorgh erkennen, werden sie zu einer Audienz bei ihm zugelassen. Sie sehen, dass ihr König in ihnen selbst ruht und verschmelzen schließlich in der letzten Phase im göttlichen Simorgh. Simorgh bedeutet in Farsi „dreißig Vögel".

Ein ähnliches Motiv im Sufi-Pfad wird im „Buch der Leiden" ausgearbeitet. Ein Meister befiehlt seinem Schüler, bei der Bekämpfung der inneren Unruhe alle mystischen und kosmischen Wesen zu besuchen. Die Reise führt über Engel, Himmel und Hölle, Sonne, Mond und die vier Elemente zum Verstand, dem Herzen und der Seele. Al-Attar erkennt die notwendige Führung durch seinen Meister. Im Meer der Seele, also in seinem Selbst, findet der Schüler am Ende die gesuchte Ruhe.

In das „Gottesbuch oder die Gespräche des Königs mit seinen sechs Söhnen" versucht ein König seine sechs Kinder zu höheren Zielen anzuspornen. Dabei wollte der König die verborgene Bedeutung hinter ihren weltlichen Gelüsten offenlegen. Der Kampf gegen die Gelüste und eigenen Triebe, Nafs, ist ein zentraler Aspekt der sufistischen Lehre des al-Attar. Die Sehnsucht nach der reinen Seele. Das Verlangen nach Magie dient dazu den eigenen, inneren Teufel zu besiegen. Der Mystiker sollte zum Spiegel der Wahrheit werden. Das Wasser steht allegorisch für esoterisches Wissen und der Ring Salomons für die Zufriedenheit mit dem eigenen Schicksal. Die Glückseligkeit bedeutet göttliches Licht. Das göttliche Licht befindet sich in einem Selbst. Sein Leben lang sammelte er die Aussprüche von berühmten Sufis wie Jafar as-Sadiq, Hasan al-Basri und al-Hallaj, den er für den „perfekten" Sufi hielt.

Darüber hinaus beschäftigte er sich mit der praktischen Moral und der Einheit Gottes. Zudem setzte er sich mit den Lobpreisungen des Propheten und seiner Gefährten auseinander. Ganz wie ein Sufi geht er in seinen Werken auf.

„Als die Mongolen im Jahre 1220 auch Nischapur, westlich von Mesched gelegen plünderten, soll auch der hochbetagte, über 90 jährige Dichtermystiker Fariduddin Attar umgekommen sein. Die Legende erzählt, wie er in die Hände mongolischer Soldaten fiel: Einer der Mongolen wollte ihn gleich umbringen, ein anderer Mongole versuchte aber das Leben des Scheichs mit einer Summe von 1.000 Dirham zu retten, wohl aus Achtung aus dem Alter und der Ehrwürdigkeit seiner Erscheinung. Der Handel wäre auch perfekt gewesen, hätte sich Attar nicht dazwischen gemischt und, in großer Sehnsucht, endlich die andere Welt zu erreichen, gerufen: Nimm doch diese lächerliche Summe nicht an, du könntest möglicherweise mehr bekommen! Als schließlich ein dritter Mongole herankam und sah, dass um einen alten Mann gefeilscht wurde, der nur noch zu wenig dienlich war, bot er ein Fuda Heu für ihn. „Das ist mein voller Wert", sagte Attar, „nun kannst du mich verkaufen." Das machte den anderen Mongolen wiederum so wütend, dass er den Mystiker auf der Stelle erschlug."[46]

„Der Prozeß der Vergeistigung ein langes Leben hindurch war mühsam."[47] Seine pessimistische Weltsicht wurde durch ein außergewöhnliches Ereignis für eine kurze Zeit unterbrochen. So schreibt Weischer dazu: „Ein Lichtblick in dieser dunklen Zeit war wohl 1219 der kurze Besuch Baha'uddin Walads mit seiner Familie, unter ihnen der 12 jährige Dschalaluddin, der vor den Mongolen seine Heimatstadt verlassen hatte und Richtung Türkei auf der Flucht war. Die Legende erzählt, dass Attar den jungen zukünftigen mystischen Dichter sein Asrarname (Buch der Geheimnisse) übergeben und ihm so gewissermaßen die dichterische Sukzession erteilt haben soll. Attar ist knapp ein Jahr nach diesem Besuch gestorben. Wenn Rumi seine Achtung auch vor seinem literarischen Vorgänger Sana'i deutlich bezeugt, im Verhältnis zu Attar betrachtet er sich geradezu als einen Sklaven; ein ander mal sagt er: Attar ist die Seele, Sana'i seine beiden Augen. Ich bin erst nach Sana'i und Attar gekommen."[48]

---

[46] Weischer Bernd Manuel, Die nächtlichen Gespräche des Fariduddin Attar, Thomas Martin-Verlag, München, 1981, S. 14 f.

[47] Weischer Bernd Manuel, Die nächtlichen Gespräche des Fariduddin Attar, Thomas Martin-Verlag, München, 1981, S. 17

[48] Weischer Bernd Manuel, Die nächtlichen Gespräche des Fariduddin Attar, Thomas Martin-Verlag, München, 1981, S. 17 f.

As-Suhrawardi *1153

„Tränke mich, o Herr, mit Liebe nicht allein,
Du hast mich gelehrt, geizig nicht zu sein,
Du bist der Grossmüth'ge und es schickt sich nicht,
Dass das Glas vorbei geh' Gästen das Gesicht.
Aufgelöset ist die Trennungsnacht
Und es kam herbei Genusses Macht,
Um das Glück des Vollgenusses waren Neider,
Sie die vormals nur erschienen als Mitleider,
Da ich Euch besitze, wahrlich, schwör' ich Euch,
Dass Vergang'nes Alles mir ist gleich;
Sieh, Du kamst, und ich war ganz entseelt,
Du erkauftest mich für wenig Geld.
Herzen sind im Stande nicht Dich zu verstehen,
Dich, von dem die Quellen alles Seins ausgehen,
Was den And'ren, sind auch mir verbot'ne Triebe,
Doch wie süss ist in dem Inn'ren Deine Liebe,
Liebe hat getränket mein Gebein,
Kann ich And'res was als Liebe sein!
Keinen wird der bitt're Durst verzehren,
Wenn ihn süsse Quellen in der Näh' ernähren.
Ich rieche Wohlduft und ich sah im Traum'
Schleppen Dunkellippige vorbei den Saum.
Denk' ich an Dich, bin ich ganz Auge,
Und nenn' ich Dich, bin ich ganz Herz.

Er sagte: Wenn dem Gott Erkennenden gesagt würde, dass er für immer in der Welt bleiben könne, würde er nicht damit zufrieden sein. Die Stufen der Wissenschaften werden durch das Mittel (der Studien) erreicht, die Stufen der ewigen Wahrheiten nur durch die Enthüllung (Offenbarung). Deine beste Zeit ist die, wo Gott mit dir zufrieden. Die Sehnsucht nach der Lüftung des Schleiers, die Ruhe des Verstandes, die Betrachtung des

Geheimnisses führt zur gänzlichen Vernichtung deiner selbst.“[49]

Schihab ad-Din Yahya al-Maqtul as-Suhrawardi wurde im Jahre 1153 in der persischen Provinz Zandschan geboren. Suhrawardi wurde al-Maqtul genannt, um eine Verwechslung mit den beiden anderen Suhrawardis zu verhindern. Seine Anhänger nannten ihn „Meister der Erleuchtung“, Scheich al-Ischraq. In seiner Geburtsstadt wurde er auch ausgebildet. Danach wanderte er nach Aleppo, in Syrien, aus. Dort befand sich seiner Zeit das Zentrum des Sufismus. Der Sufismus wurde von den ayubidischen Herrschern gefördert. Doch Suhrawardi vertrat eine sogenannte „Illuminationsphilosophie“. In seiner Illuminationslehre ist Gott das absolute Licht. Gott offenbart sich ausschließlich im Licht. Suhrawardi predigte den Satz „Gott ist Licht und Licht ist Gott“. Damit vermischte er vorislamische, persische, helinistische, hinduistische, buddhistische und islamische Elemente. Seine Lehren provozierten die Orthodoxie. Schließlich schlossen sich die Ulama in Aleppo zusammen. Sie konnten mit Hilfe Saladins, Sultan al-Malik az-Zaher den Agnostiker Suhrawardi im Alter von 38 Jahren im Jahre 1193 wegen Ketzerei hinrichten lassen.

Nach seinem Tode wurde seine Philosophie, insbesondere von der Shia-Philosophie, übernommen. So basiert die Philosophie von Mulla Sadra auf „Hikmat al-Ischraq“. Seine Philosophie gewann in Indien zunehmend an Popularität. So predigte Mir Dard im 18. Jahrhundert in Indien, dass Gott gleich Licht und Licht gleich Gott sei. Suhrawardi versuchte eine Brücke zwischen den abrahamitischen Religionen einerseits und den fernöstlichen Religionen wie dem Buddhismus und dem Hinduismus andererseits, zu schlagen. Diese Brücke blieb unvollendet.

[49] Von Hammer-Purgstall, Literaturgeschichte der Araber von ihrem Beginne bis zum Ende des zwölften Jahrhunderts der Hidschret, S. 403 ff.

Al-Latif *1162

„Denn, bei unserem größten Respekt vor Galen, was wir mit unseren eigenen Augen sehen, ist glaubwürdiger."

Muwaffahad-din Abu Mohhamed ibn Yussuf abd al-Latif al-Bagdadi wurde 1162 in Bagdad geboren und starb 1231 in dieser Stadt. Der Arzt und Universalgelehrte aus dem Kreise des berühmten Saladin, lehrte an fast allen damals bekannten Hochschulen. Er war ein exzellenter Beobachter. In Kairo untersuchte er menschliche Skelette. „Wir fuhren hinaus und sahen tausende von Knochen und Gebeinen. Wir untersuchten sie auf das Genaueste und gewannen einen Haufen Wissen aus diesem Studium, ein Wissen, wie wir es niemals aus dem Studium von Büchern erlangt hätten. Da hatte uns nun Galen gelehrt, der Unterkiefer bestehe aus zwei Knochen, die durch eine Naht verbunden seien. Wir aber untersuchten über 2.000 und sahen nicht einen einzigen Unterkiefer, der aus zwei Knochen bestanden hätte. Er ist ein Knochen, ohne jegliche Naht." Auch das Kreuzbein bestehe nur aus zwei Knochen und nicht aus sechs, wie Galen behauptete. „Doch die Beweise, die uns die Sinne liefern, sind viel überzeugender als die, die nur auf Autorität gegründet sind," sagte er daraufhin. Er gilt als Vater der modernen Anatomie. Er gehört zu den Ersten, wenn nicht gar der Erste, der anatomische Studien an Leichen von Menschen betrieb. Die Leichen wurden ihm vom Kalifen, zwecks Studien der Anatomie, zur Verfügung gestellt.

Die Genauigkeit seiner anatomischen Darstellungen haben bis heute ihre Gültigkeit. Er ist der Vorreiter der heutigen anatomischen Studien an Leichen an medizinischen Universitätskliniken.

Ibn Arabi *1165

„Ich zog ziellos umher, verloren, gewonnen, ich lache, ich weine, allein, auf dem Weg, jubelnd, in der Prüfung, schlaflos, am Morgen, bei der Rast, nach der Reise, lockere ich die Zügel, streife Erde von den Wurzeln, blutlos, durchquere ich den Zweifel, mit offenen Augen, flechte ich den Alptraum, von meinem Speichel, nehme ich einen Faden, der meinen Körper auflöst, meine Form verschwindet, mein Geist bleibt, außerhalb seines Gerippes, im Gefängnis der Kausalität, welche die Vision für ungültig erklärt, ich gehe über Müll, zu greifen in meinem Nichts.“[50]

Ibn Arabi wurde im Jahre 1165 in Murcia im heutigen Spanien geboren. Dort wurde er von der alten, aber weisen und frommen Fatima von Cordoba zwei Jahre lang erzogen. Während seiner Zeit in Cordoba begegnete Ibn Arabi dem Almohaden-Philosophen Ibn Rushd. Während dieser Zeit studierte er die sufistischen Werke des Ibn Massara. Diese Begegnung schien ihn sehr beeindruckt zu haben. Daher entschloss er sich, zur Vertiefung seines Wissens, nach Tunis zu gehen. Dort studierte er mit großem Engagement Kholan-alain, das Ausziehen der beiden Schuhe, von Ibn Qasyis. Angetrieben von seinem Wissensdurst und seiner Neugier aber auch vom religiösen Eifer, trat er im Jahre 1201 die Pilgerfahrt in das Heilige Land an. In Mekka begegnete er der Liebe seines Lebens, einer äußerst gebildeten und schönen Perserin, die Ibn Arabi zutiefst inspirierte. Ibn Arabi fühlte sich von ihrer Gegenwart beflügelt und verfasste während dieser, für ihn doch sehr schönen Zeit „Tarjuman al ashwaq“ (Übersetzungen der Sehnsüchte). Ibn Arabi, ein Getriebener, reiste nach Konya, der Stadt des Dschelaladdin Rumi. Weitere Stationen in seinem Leben waren Kairo und Bagdad, um sich in der Stadt der Städte, in Damaskus niederzulassen. Hier lebte er, liebte er und verfasste zahlreiche Werke. Im Alter von 75 Jahren rief Gott seine Seele zu sich.

Wer war Ibn Arabi? Warum gehörte er zu den wichtigsten islamischen

[50] Abdelwahab Meddeb, Ibn Arabis Grab, Wunderhorn Verlag, Heidelberg, 2004, S. 79

Philosophen, obwohl nicht wenige ihm vorwerfen das islamische Fundament, Tauhid, die Einheit Gottes, in Frage gestellt zu haben? Die Antwort liegt sehr wohl im Wesen des Islam, in seiner Gütigkeit und seiner Art zu verzeihen. Der Islam sah sich von Anbeginn an massiven Angriffen ausgesetzt. Trotzdem hat es keine Inquisitionen oder Hexenverfolgungen im Islam gegeben, sehr wohl aber intellektuelle Auseinandersetzungen. Daher verwundert es keinen, dass Ibn Arabi als großer Philosoph bezeichnet wird. Die Annahme, dass Ibn Arabi den monotheistischen Grundgedanken des Islam versucht habe zu zerstören und somit zum Untergang der islamischen sunnitischen Orthodoxie beigetragen habe, ist nicht zutreffend. Auch wenn Ibn Arabi von den Sufis für ihre geistige Haltung vereinnahmt wird, so war Ibn Arabi ganz sicher kein entrückter Mystiker, sondern vielmehr ein suchender und ordnender Philosoph, der sich bemühte, die explosionsartig neu entstandenen Ideen zu systematisieren. Er verfasste unzählige Werke, wobei die „Mekkanische Offenbarungen“ (Al-Futuhat al-makkiyah) und „Ringsteine der göttlichen Weisheit“ (Fusus al-Hikam) zu den bedeutendsten seiner Werke gehören. „Al-Futuhat al-makkiyah“, sein Hauptwerk, brachte ihn in große Schwierigkeiten, weil er behauptete, dass Gott ihn über den Engel Gabriel diese Botschaft habe zukommen lassen, ähnlich wie beim Propheten Mohammed. Die „Fusus al-Hikam“ seien durch prophetische Inspiration entstanden. Bei aller Wertschätzung für den großen Meister des Sufismus, aber an die göttliche Offenbarung könne er mit seinen Werken, so bedeutend und umfangreich sie auch sein mögen, nicht mithalten. Zumal solche Aussagen im Islam als Blasphemie gelten. Seine Werke enthalten bzw. wurden vom Neoplatonismus sowie auch von der Hermeneutik und vom Gnostizismus stark beeinflusst. Seine Hauptthese ist für die islamische Lehre eine reine Provokation, wenn er behauptet, dass in der Erkenntnis der Liebe das Erkennen des Göttlichen liege bzw. das Liebe und Gott identisch seien. Gott sei für die Existenz der Menschen notwendig, gleichzeitig seien die Menschen für Gott notwendig, damit er sich selbst erkenne. Es bestünde demnach eine gegenseitige Abhängigkeit zwischen Schöpfer und Schöpfung. Konsekutiv sei Gott nicht allmächtig. Er könne nicht tun und lassen, was er wolle. Die Existenz Gottes definierte er durch das Erkennen desselben im Herzen. Durch das Erkennen der Liebe im eigenen Herzen erschaffe der Mensch Gott. Ich liebe, also existiere ich. Im Umkehrschluss heißt es dann, ich kenne ihn nicht, ich liebe ihn nicht, ergo existiert er nicht. Es geht also gar nicht mehr um Gott, denn die göttliche Existenz ist lediglich ein Rollentausch des Menschen. Der Mensch ist Mensch und Gott zugleich. Schöpfer und Schöpfung sind zwei Seiten derselben Medaille. Wenn der

Mensch nicht will, dass Gott existiert, dann existiert er nicht. Die Einheit Gottes, Tauhid, hat in der Philosophie des Ibn Arabi eine gänzlich andere Bedeutung, nämlich die Einheit der Seele. Anders ausgedrückt, die Einheit von Mensch und Gott. Eine ähnliche Annahme finden wir beim Apostel Johannes, der eine Versöhnung zwischen der christlichen Lehre und der christlichen Mystik anstrebte, indem er die These aufstellte, dass Jesus eine Vereinigung zwischen Gott und dem Menschen darstelle. Genauer gesagt Gott sei die Summe der liebenden Menschen. Genau hier verlässt Ibn Arabi das strenge monotheistische Dogma des Islam und deutet pantheistische Denkweisen an. Ähnlich wie Augustinus ist Gott für Ibn Arabi „Objekt und Subjekt zugleich. Gott ist die Vernunft, die im Erkennen ihrer selbst lebt, d.h. im Erkennen seiner selbst sich selbst in sich selbst erkennt.“[51]

Daher bleibt Ibn Arabi trotz seiner zahlreichen Werke und seines Einflusses auf die islamische Philosophie eine umstrittene Figur innerhalb der islamischen Intelligenzia. Zudem widerspricht er sich in dem er zum Ausdruck bringt, dass die aktuelle Existenz des Menschen nicht mit Gott identisch sei, weil der Mensch die Grenzen des Rationalen nicht durchbrechen könne, wohl wenn er in seiner Rolle als Gott schlüpfe. Dann sehe Gott sich selbst durch sich selbst. Alle anderen könnten ihn nicht sehen. Gott habe demnach den Menschen erschaffen, um sich zuerkennen, sowie ein Borderliner sich verletzten muss, um sich zu spüren. Gott sei somit gewöhnlich, weil er über die Menschen seine Sehnsucht und seine Gelüste befriedigt. Durch die Vielfalt der Menschen sei auch die Summe seiner Wahrnehmung unermesslich. Der Rollentausch, um Ibn Arabi gerecht zu werden, geschieht durch Streben und Beten. In Gott erkennt sich der Mensch und in dem Menschen erkennt sich Gott. Doch eine voreilige Schlussfolgerung, dass Gott hiernach abhängig vom Menschen sei, begegnet Ibn Arabi mit der eindeutigen Aussage, dass Gott in seiner Manifestation Herr aller Dinge bleibe, während der Mensch in seine Manifestation trotz der göttlichen Rollen stets ein Diener sei. Der Versuch Ibn Arabis eine kleine Tür zur Scharia offen zu lassen, ist nicht zu überlesen bzw. zu übersehen, um wieder in seine Denkweise zurück zufallen. Der Scheich, so Ibn Arabi, sei ein Herz, das die göttlichen Eigenschaften enthält, welche der Scheich an seine Schüler weitergeben könne.

Ibn Arabis Philosophie beinhaltet eine weitere fundamentale Aussage, dass es für jeden Menschen eine bestimmte Form der Religion gebe, die

[51] Kreuzer Johann, Augustinus zur Einführung, Campus Verlag, Frankfurt a.M./New York, 1995, S. 162

ihm verhelfe, Gott zu erkennen und Gott ermögliche, sich zuerkennen. Für den Sufi und Mystiker bedeutet diese Aussage, dass er auf verschiedenen Wegen die Erleuchtung erlangen kann, unabhängig von der jeweiligen Religion. Ibn Arabi spricht indirekt in Fusus al-Hikam vom weiblichen Schöpfer, schließlich sei Eva auch aus Adam entstanden. Ibn Arabi sah in Mohammed den vollkommenen Menschen, in dem sich Gott wiedererkennt. Die Nachahmung des Propheten wird von Ibn Arabi daher jedem Menschen nahegelegt. Hier überschneidet sich seine Philosophie mit der Sunna, obwohl Ibn Arabi kein Sunnit war, sondern in der Tat ein Sufist, ein Mystiker, der sich allerdings nicht durch Entrückung und Entzückungen überwältigen ließ. Er wollte vielmehr der sufistischen Tariqat eine theoretische Grundlage verschaffen. Ibn Arabi stand der christlichen Trinitätslehre näher als dem strengmonotheistischen Glauben des Islam. Daher rührt auch der Vorwurf des Pantheismus. Das „Denken der Trinität ist die Reflektion der konkreten Einheit von göttlicher und menschlicher Natur. Es reflektierte die in der Zeit schöpferische Ewigkeit.“[52]

Ibn Arabi ist es durchaus gelungen, allerdings in einer separat geschaffenen virtuellen Welt und auf Kosten der Einheit der islamischen Welt, dem Sufismus eine theoretische Grundlage zu verschaffen. Eine weitere Diskrepanz besteht in seiner unermesslichen Verehrung für den Propheten, als Prototypen des perfekten Menschen und der Feststellung, dass auch Heilige, damit sind Sufi-Scheichs gemeint, eine prophetische Stufe erreichen können. Diese Aussage bzw. diese Philosophie widerspricht der islamischen Orthodoxie zutiefst. Es besteht kein Zweifel darin, dass die Philosophie des Ibn Arabi, auch weil sie einfache Lösungen verständlich und doch scheinbar mystische anbietet, viele Menschen angezogen hat und anzieht, dennoch hat sie sich gegenüber der sunnitischen Orthodoxie nicht durchsetzen können. Ganz im Gegenteil. Je mehr man sich mit der Philosophie des Ibn Arabi beschäftigt, desto unlogischer erscheint sie. Seine Philosophie hat in Wirklichkeit mit dem Islam wenig gemein. Dennoch waren im 13. Jahrhundert seine Gedanken, insbesondere im persischen und türkischen Raum, sehr populär. Für Ibn Arabi war alles mit Gott erfüllt und Gott ist mit allem erfüllt, weil es nichts gibt als Gott. Ibn Arabi hat durch seine Hypothese der Einheit von Gott und Mensch alle Mystiker die nach ihm kamen beeinflusst, einschließlich des berühmten Dschelaladdin Rumi. Ibn Arabi war zweifelsohne ein bedeutender arabische Philosoph, der primus inter pares unter den Philosophen der Mystik,

[52]Kreuzer Johann, Augustinus zur Einführung, Campus Verlag, Frankfurt a.M./New York, 1995, S. 162

aber er war sicherlich nicht ein islamischer Philosoph. Seine Werke zeugen von einem genialen Menschen und sind auch ein Beweis für die Dynamik und Offenheit der islamischen Religion anderen Philosophen gegenüber, ja sogar wenn die islamischen Grundsätze angegriffen wurden. Ibn Arabi ist nicht verfolgt worden, er ist nicht verbrannt worden, nein, er durfte seine Werke schreiben und sie verbreiten, ohne dabei um sein Leben fürchten zu müssen. Wäre solch ein Philosoph im 13. Jahrhundert mit solchen Aussagen im christlichen Abendland denkbar? Hätte der damals mächtige Klerus solch einen Mann toleriert? Der Islam tat und tut dies bis heute. Seine Werke sind sogar in Saudi Arabien erhältlich, im islamischen Vatikan. Leon Schaya fasste Ibn Arabis Botschaft wie folgt zusammen: „Dans L'Absolu, L'Envoye n'est point L'Envoye, mais L'Absolu, Son Don; autant qu'etre relatif, il est le Prophete il etre et receptif envers son propre aspect de L'Envoye, de Descente ou Revelation divine; enfin, le Prophete est revelateur et actif enface du monde qui recoit, par son intermediaire, le message supreme."[53]

Ibn Arabi gilt als Großscheich des Sufismus bzw. als der Vordenker des Sufismus. Bereits 1172 machte er seinen Magister in den Religionswissenschaften in Sevilla, danach begann seine Reise durch das ostislamische Reich. 1193 reiste er erstmalig nach Mekka, um von da aus nach Bagdad und Kleinasien weiterzureisen. Ein stets Suchender. Bereits 1214 kehrte er wieder nach Mekka zurück. Während dieser Pilgerfahrt verfasste er die 61 mystischen Oden. Es handelt sich um Liebesgedichte in beduinischem Stil. In Aleppo schrieb er einen kurzen Kommentar bzw. eine Deutung dieser Liebesgeschichte.

Der Sufismus des Ibn Arabi ist das Ergebnis einer Mixtur aus christlicher, griechischer und persischer Philosophie. Die sufistische Lehre des Ibn Arabi ist auch hierarchisch strukturiert. Gott ist das reine, absolute Licht. Die unteren Schichten können sich durch Abstreifen der Materie und Religiosität auf eine höhere Stufe im Tempel des Lichtes hinaufarbeiten. Der Mensch muss bereit sein die Leidenschaft, die Leiden schafft, zu bekämpfen. Ibn Arabi plädierte den Verzicht auf irdischen Luxus und sah im Tod die Rückkehr zum Licht, zu Gott. „Die Reise, welche der Jünger auf diesem (mystischen) Pfade beginnt, ist die des beschaulichen Lebens; auf diesem Pfade sind Stationen, Stätten oder Ständchen und Zustände der Begeisterung. Mohij-eddin el-Arebi gibt die Grade der Stationen deren neunzehn, und hat einen besonderen Namen für die Einkehr in denselben; er zählt nicht weniger als drei hundert Stätten auf. Die vier

[53]Leon Schaya, La doctrine soufique de L' unite, Paris, 1962, S. 68

ersten derselben sind das Vertrauen, die Geduld, die Ergebung in den Willen Gottes und der Dank für seine Wohlthaten; die Begeisterung ist eine siebenfache; mit Gott! in Gott! bei Gott! durch Gott! zu Gott! auf Gott! Gott wegen! Die beiden Pole der Mystik sind das Denken und die Erwähnung des Namen Gottes; in Gott werden die Eigenschaften und das Wesen unterschieden, von den ersten steigt der Jünger zu den zweiten und zu dem gänzlichen Vereine mit Gott empor, welches der höchste Genuss, der durch Enthüllung, Betrachtung, Läuterung, Heiligung und Verklärung erreicht wird. Die Eingebungen sind entweder aus der Seele aufsteigende oder von Oben ankommende.

Tränke mich, o Herr, mit Liebe nicht allein,
Du hast mich gelehrt, geizig nicht zu sein,
Du bist der Grossmüth'ge und es schickt sich nicht,
Dass das Glas vorbei geh' Gästen das Gesicht.

Aufgelöset ist die Trennungsnacht
Und es kam herbei Genusses Macht,
Um das Glück des Vollgenusses waren Neider,
Sie die vormals nur erschienen als Mitleider,
Da ich Euch besitze, wahrlich, schwör' ich Euch,
Dass Vergang'nes Alles mir ist gleich;
Sieh, Du kamst, und ich war ganz entseelt,
Du erkauftest mich für wenig Geld.
Herzen sind im Stande nicht Dich zu verstehen,
Dich, von dem die Quellen alles Seins ausgehen,
Was den And'ren, sind auch mir verbot'ne Triebe,
Doch wie süss ist in dem Inn'ren Deine Liebe,
Liebe hat getränket mein Gebein,
Kann ich And'res was als Liebe sein!
Keinen wird der bitt're Durst verzehren,
Wenn ihn süsse Quellen in der Näh' ernähren.
Ich rieche Wohlduft und ich sah im Traum'
Schleppen Dunkellippige vorbei den Saum.
Denk' ich an Dich, bin ich ganz Auge,
Und nenn' ich Dich, bin ich ganz Herz.

Er sagte: Wenn dem Gott Erkennenden gesagt würde, dass er für immer in der Welt bleiben könne, würde er nicht damit zufrieden sein. Die Stufen der Wissenschaften werden durch das Mittel (der Studien) erreicht, die Stufen der ewigen Wahrheiten nur durch die Enthüllung (Offenbarung). Deine beste Zeit ist die, wo Gott mit dir zufrieden. Die Sehnsucht nach der Lüftung des Schleiers, die Ruhe des Verstandes, die Betrachtung des Geheimnisses führt zur gänzlichen Vernichtung deiner selbst.“[54] Der Mensch löst sich in Gott auf d.h. er verliert seine Individualität, er wird Teil des Ganzen. Damit widerspricht Ibn Arabi der koranischen Lehre, die ein Leben nach dem Tode vorsieht und die Unsterblichkeit der Seele als Dogma ansieht. Auch verliert der Mensch gemäß der koranischen Lehre nach dem Tode seine Individualität eben nicht, vielmehr muss er sich vor Gott als Individuum verantworten und Gott entscheidet individuell. Jeder Mensch hat ein anderes Schicksal, eine andere Art der Existenz nach dem Tode. Die Auflösung der Einzelseelen in einer allumfassenden Seele steht im großen Widerspruch zur islamischen Lehre. Daher wird Ibn Arabi zwar als bedeutender arabischer Philosoph angesehen, aber weniger als islamischer Philosoph.

Nach massiver Kritik seitens der islamischen Orthodoxie, allen voran durch den bekannten Ghasnawi, änderte Ibn Arabi seine Meinung. Er verließ den Weg des radikalen Sufismus und versuchte von nun an die sufistische Lehre mit der islamischen Orthodoxie zu versöhnen. Jetzt kam er zu der Überzeugung, dass der Mensch nach dem Tode seine Individualität nicht verliere, vielmehr gingen einige Eigenschaften verloren. Dafür bekäme der Mensch als Gegenleistung einige göttliche Eigenschaften. Genauer betrachtet hat Ibn Arabi seine Grundhaltung nicht geändert. Denn der Mensch wird nach dem Tode Teil des Göttlichen, des Lichtes, damit verliert er sehr wohl seine Individualität. Ibn Arabi selbst war während seines Lebens bestrebt, göttliche Eigenschaften zu erlangen. Die Pilgerfahrten dienten ihm sich Gott zu nähren, einige seiner Eigenschaften zu absorbieren. Ibn Arabi sah sich selbst als Mensch mit göttlichen Eigenschaften. In den Augen der islamischen Orthodoxie war er ein Häretiker, ein Ketzer. Dennoch wurde die Auseinandersetzung mit ihm stets auf dem intellektuellen Wege ausgetragen. Ibn Arabi wurde insbesondere durch die indische Philosophie und Mystik beeinflusst.

Gott war und ist die Verkörperung des Universellen, aus dieser universellen Einheit entstand die Welt, die weiterhin ein Teil Gottes ist. In der Konsequenz heißt es, dass es nur ein Wesen gibt, alles geht aus diesem Wesen hervor und alles kehrt zu ihm zurück, zu Gott. Allerdings muss man Ibn Arabi zu Gute halten, dass alle die an die Unsterblich-

[54] Von Hammer-Purgstall, Literaturgeschichte der Araber von ihrem Beginne bis zum Ende des zwölften Jahrhunderts der Hidschret, S. 429

keit der Seele glauben, gleichzeitig auch die Unbegreiflichkeit der Vereinigung von Geist und Materie akzeptieren müssen. Auf die Frage nach dem Zusammenhang zwischen Gott und der Wissenschaft antwortete er wie folgt: „Wenn dem Gott Erkennenden gesagt würde, dass er für immer in der Welt bleiben könne, würde er nicht damit zufrieden sein. Die Stufen der Wissenschaften werden durch das Mittel (der Studien) erreicht, die Stufen der ewigen Wahrheiten nur durch die Enthüllung (Offenbarung). Deine beste Zeit ist die, wo Gott mit dir zufrieden. Die Sehnsucht nach der Lüftung des Schleiers, die Ruhe des Verstandes, die Betrachtung des Geheimnisses führt zur gänzlichen Vernichtung deiner selbst."[55] Ibn Arabi ist sicherlich der wichtigste Vordenker des islamischen Sufismus. Auf der Suche nach der Gelassenheit in der Ungelassenheit hat er so manche unbequeme Fragen gestellt, ohne jedoch seine islamische Identität zu verleugnen. Stets suchte er die Antworten im Islam selbst. Seine konsequente und unorthodoxe Haltung hat dazu geführt, dass der Sufismus sich innerhalb des Islam etablieren konnte. Seine Aussagen beeinflussen bis heute die Auseinandersetzung zwischen der Orthodoxie und dem Sufismus. Der Querdenker und Philosoph Ibn Arabi hat durch seine Thesen nicht nur die Orthodoxie herausgefordert, sondern auch die Toleranz des Islam hervorheben können. Er gehört zu den großen arabischen Philosophen, die nicht nur den arabischen Raum, sondern die gesamte Welt durch ihre Art zu denken enorm beeinflussen konnten. Zu den von ihm beeinflussten christlichen Mystiker gehört sicherlich auch Meister Eckhart. Ibn Arabi ist in der islamischen Welt eine umstrittene Figur, aber unbestritten sind seine Verdienste um den Sufismus. Dies allein ist Grund genug diesen Menschen in Ehren zu halten.

[55] Von Hammer-Purgstall, Literaturgeschichte der Araber von ihrem Beginne bis zum Ende des zwölften Jahrhunderts der Hidschret, S. 260

Al-Farid *1181

Umar ibn Ali ibn al-Fari wurde 1181 in Kairo geboren und gilt als einer der größten mystischen Dichter der arabischen Literatur.

Der Dichter und Gelehrte aus Kairo führte zunächst ein einsames Leben auf dem Berge Muqattam, um dann 15 Jahre seines Lebens in Hijaz zu verbringen. Schließlich kehrte er wieder nach Kairo zurück, wo er 1235 starb.

Al-Farid beschrieb seine mystischen Erlebnisse in Gedichten von sagenhafter Schönheit. Sein Stil entsprach der klassischen arabischen Dichtung. Sein Interpret Nickolson schrieb über seine Poesie: „Sein Stil und seine Diktion ähneln eher den erlesensten, feinsten Goldschmiedearbeiten als den Erstlingsfrüchten göttlicher Inspiration.“ Seine Verse sind sehr kompliziert. Von der Form und vom Inhalt her sind seine Gedichte absolut arabisch. Seine Gedichte spiegeln die Freude der Araber an Wortspielen und drücken die Liebe zum Absoluten in Bildern aus. J. von Hammer-Purgstall übersetzte Ibn al-Farids größtes Gedicht, die „Ta'iyya“. Zwei weitere Gedichte aus dem „Diwan“ Ibn al-Farids sind sehr berühmt geworden. Hierzu gehört die „Khamriyya“. Die reinen Liebesgedichte, die solch eine Zartheit des Gefühls und eine solche Reinheit der Bilder erreichten, konnten kaum übersetzt werden. Seine Verse drückten ständig das Gefühl des Liebenden beim ständigen Gedanken an den Geliebten aus und sind hochromantisch.

Sein wohl bedeutendstes Gedicht ist die sogenannte „Ta-iyya al-Kubra“ (Das Größte Gedicht). Dieses reimt sich auf „t“. Es umfasst 756 Verse.

Ibn al-Farid selbst sagte, dass er dem Propheten im Traume begegnet sei. Dieser habe ihm nach dem Namen dieses Gedichtes gefragt. Ibn al-Farid nannte ihm einen Namen. Der Prophet riet ihm das Gedicht „Nazm as-suluk“ (Ordnung des Fortschreitens) zu nennen.

Ibn al-Farid stand für den „Tawhid“, der Einheit Gottes. In seinem Gedicht heißt es:

„Ich ward gewiss, dass wir nur einer waren,
Der Einung Nüchternheit ließ Vielheit schwinden.
Ich war ganz Zunge, Auge, Ohr und Hände,

Zu sprechen, schauen, hören und zu greifen."

Gott verspricht seinem liebenden Diener, sein Auge zu werden, durch das Er sieht, sein Ohr, durch das Er hört. Gott bleibt unsichtbar, aber der Mystiker weiß, dass alles durch Ihn bewegt wird.

Der Tod ist die Zerstörung der äußeren Form durch Gott, um die Seelen von ihrer äußeren Formen zu befreien und sie zurück zu bringen in den „unendlichen Ozean", wo es kein Unterschied mehr zwischen den Manifestationen der verschiedenen Attribute und Namen gibt. Mir Dard schreibt dazu: „Nun wissen die intelligenten Leute und die Traditionalisten, dass alle Figuren der möglichen Existenzen nichts anderes sind als die Loci der Manifestationen des aktiven Schöpfers, 'Der tut, was Er will', und die ganze Schönheit der Formen der weltlichen Geschöpfe ist nichts als die Öffnung des Vorhanges: 'Und ihr wollt nur, was Er will' (Sure 81, Vers 30). Gelobt sei Gott! Selbst wenn Gut und Böse beide von Ihm stammen, aber doch bleibt das Böse böse und das Gute gut, und der Dieb wird für den Diebstahl bestraft und der Polizist bemüht sich, wachsam zu sein; aber der Faden der Vorherbestimmung ist vor den Blicken aller verborgen und der Spieler durch den Vorhang, und nur die Puppen sind sichtbar."

Somit steht Ibn al-Farid ganz in der Tradition der mystischen Bildersprache. Er verwendete die Sprache des Herzens, nicht des Verstandes. Seine Beziehung zu Gott ist eine Persönliche. Er ist der Geliebte Gottes.

Saadi *1190

„Im Namen dessen, der den Geist zum Schwunge schuf,
des Meisters, der das Wort auf unserer Zunge schuf.“

Abu Abdallah Muscharaf ad-Din ibn Mosleh ad-Din Saadi, genannt Saadi Shirazi, wurde im Jahre 1190 in Shiraz geboren. Er verlor seinen Vater sehr früh. Der junge Mann verließ daraufhin seine Heimatstadt und ging nach Bagdad an die Nesamiyeh-Universität, wo er Philosophie, Literatur und Islamwissenschaften studierte. Er war Schüler des damals schon berühmten As-Suhrawardi. Nach seinem Studium begann er die islamische Welt zu bereisen. Seine erste Reise führte ihn nach Syrien. Dort wurde er von den Kreuzrittern gefangen genommen. Er wurde von diesen gezwungen, mit anderen Gefangenen an der Befestigung der Stadt Tripoli, im heutigen Libanon, zu arbeiten. Während der Gefangenschaft machte er durch laut vorgetragene Vierzeiler auf sich aufmerksam. Nicht nur, dass die Kreuzritter ihm daraufhin eine etwas leichtere Arbeit zukommen ließen, hinzu kommt, dass immer mehr reiche islamische Bewohner der Stadt Aleppo, die eine gute Beziehung zu den Kreuzrittern pflegten, auch auf diesen aufmerksam wurden. Nach einer Intervention eines einflussreichen Bewohners der Stadt, dessen Namen historisch nicht bekannt wurde, wurde Saadi durch diesen freigekauft. Zum Dank heiratete Saadi daraufhin dessen Tochter.

Saadi war ein Freigeist und liebte seine Freiheit, die Ehe engte ihn ein. Um seinem Gönner und seine Frau nicht zu kränken, erklärte er ihnen, dass er gerne die heiligen Städte Mekka und Medina aufsuchen wolle, um seine fünfte religiöse Pflicht zu erfüllen. In Wirklichkeit wollte er zum einen der Ehe entkommen und zum anderen hatte ihn die Reiselust erneut gepackt. Er wollte mehr über die islamische Welt wissen. Seine Reiselust brachte ihn in alle islamischen Länder Asiens, einschließlich nach Indien.

Nach seiner langen Reise kehrte er nun nach Shiraz, seine Heimatstadt, zurück. Hier begann er seine Erfahrungen und Erlebnisse zu Papier zu bringen. Zudem wendete er sich der islamischen Mystik zu. Seine Ruhe in Shiraz wurde durch den Einfall der Mongolen gestört. Um seiner Stadt zu helfen, hielt er eine Fürsprache vor dem Mongolenherrscher Ubafa Kahn, einem Enkel des großen Dschingis Kahn. Diese Fürsprache führte dazu, dass der Mongolenherrscher, der zur Gewohnheit hatte, alle eroberten Städte zu zerstören, in diesem Fall davon absah Shiraz zu zerstören. Er verschonte die Stadt. Vielleicht auch, weil der Name Saadi sich von dem Fürsten Saadi ibn Zangi ableitete. Dies und die Fürsprache könnte den Mongolenherrscher davon abgehalten haben, Shiraz den Erdboden gleich gemacht zu haben.

Aus arabischen Quellen ist zu entnehmen, dass der Mongolenherrscher, nachdem er Saadis Gedichte hörte, in Tränen ausbrach. Er solle Saadi angeboten haben, sein Hofdichter zu werden. Doch Saadi, der Einengungen jeglicher Art ablehnte, bat den Herrscher, nachdem dieser die Geschichte des Saadi erfahren hatte, ihm seine Freiheit zu lassen. Ubafa Kahn gewährte Saadi die Freiheit die er benötigte und ließ ihm sogar Unterstützung zukommen. Nun konnte sich Saadi seiner ursprünglichen, wahrhaften Aufgabe widmen, der Dichtung. Innerhalb kürzester Zeit entstanden zahlreiche große Werke.

Man sagt, er habe über die Weisheiten eines Propheten verfügt. Seine Hauptwerke sind ein Hort der Weisheiten. Saadi selbst zählt zu dem realen Flügel der Mystiker. Seine Stärke lag in der exakten Beschreibung menschlicher Unzulänglichkeiten. Die Schwächen der Menschen sind gleichzeitig auch ihre Stärken, so Saadi. Denn nur wo Schwächen sind, da wird Stärke sichtbar. Wie kaum ein anderer hat Saadi, der ein überzeugter Derwisch war, in wunderbaren Fersen die menschlichen Schwächen dargestellt. Gleichzeitig manifestiert sich in seinen Werken, in Erkennung dieser Schwächen, das Paradies auf Erden. So lud er uns ein, in seinem Rosengarten zu verweilen.

Nach seinem Tode im Jahre 1291 wurde er im Rosengarten, seinem selbst erschaffenen Paradies in Shiraz im heutigen Iran, begraben. Sein Grab ist ein Mausoleum. Das meistbesuchte im heutigen Iran. Er wurde schon zu Lebzeiten als Heiliger verehrt.

Zu den wichtigsten Werken des Saadi gehören „Gulistan“ oder Rosengarten und „Bostan“ oder Baumgarten. „Bostan“ entstand im Jahre 1257 und „Gulistan“ 1258, im Alter von 70 Jahren. Die zeitnahe Entstehung dieser beiden Werke verdanken sie dem verwandten Inhalt.

„Gulistan“ wurde 1651 in Amsterdam ins Lateinische übersetzt. Bereits drei Jahre später von Adam Clearius ins Deutsche übertragen. „Bostan“ wurde erst im Jahre 1696 von Adam Clearius unter dem Titel „Persianischer Baumgarten“ ins Deutsche übersetzt.

Heute schmückt ein Gedicht aus seinem Rosengarten den Eingang der Halle der Vereinten Nationen. Übersetzt wurde es von Karl Heinrich Graf und lautet:

„Die Menschenkinder sind ja alle Brüder
Aus einem Stoff wie eines Leibes Glieder
Hat Krankheit ein nur einzig Glied erfasst
So bleibt anderen weder Ruh noch Rast
Wenn anderer Schmerz dich nicht im Herzen brennt
Verdienst du nicht, dass man noch Mensch dich nennt.“

Ibn al-Baitar *1197

Abu Mohammed ibn al-Baitar wurde 1197 in Malaga geboren. Der Sohn des Tierarztes, so heißt al-Baitar übersetzt, war der Leibarzt des Kalifen Ibn Dscholdschol. Ibn al-Baitar, der das Buch „Was Dioskurides übersetzt hat“ schrieb, konnte durch eigene Beobachtungen und Versuche mehr als 1.500 pflanzliche Drogen klassifizieren und systematisieren. Sein Werk enthielt das gesamte pharmakologische Material seiner Zeit. Al-Baitar galt als der größte Botaniker seiner Zeit. Er studierte nicht nur die Werke seiner Vorgänger, sondern bereiste von seiner Geburtsstadt Malaga aus die ganze Iberische Halbinsel, Marokko, Ägypten, Syrien und Kleinasien. Er überzeugte sich immer selbst von dem, was er schrieb. „Beim Abfassen dieses Buches,“ schreibt Ibn al-Baitar, „hat mich die Absicht geleitet, einen vollständigen Überblick über die einfachen Heilmittel und ihre Indikation zu geben. Das Buch enthält alles, was in den 5 Büchern von Dioskurides und in den 6 Büchern Galens zu finden ist, ebenso wie die Lehren der antiken und zeitgenössischen Ärzte. Es umfasst alle Heilmittel aus dem pflanzlichen, tierischen und mineralischen Reich. Bei jeder Angabe, die ich mache, habe ich auf ihren Urheber verwiesen; in allem, was ich über alte und moderne Autoren bringe, nur das zu geben, was ich durch persönliche Beobachtung und Versuche als korrekt festgestellt habe, und fortzulassen, was ich nicht als zutreffend bestätigen konnte oder was ich als der Wirklichkeit widersprechend herausstellte; Wiederholungen zu vermeiden, ausgenommen dort, wo es für die Klarheit der Beschreibung notwendig war; das Buch alphabetisch einzurichten, um es den Studenten zu erleichtern, schnell aufzufinden, was er sucht; die Aufmerksamkeit auf jedes Mittel zu richten, das bisher falsch angewendet oder durch die antiken oder modernen Ärzte, die sich allein auf Bücher gestützt haben, falsch beschrieben worden ist; die Namen der verschiedenen Drogen in verschiedenen Sprachen mit genauer Rechtschreibung und Aussprache in jedem Einzellfall auszuführen, in dem ich mich während meiner Reisen im Lande Rom persönlich vergewissert habe.“

Ußaibiah, sein Schüler, schrieb über ihn: „Und das Merkwürdigste von allem, er pflegte genau anzugeben, in welchem Abschnitt und in welchem Zusammenhang jede Droge bei Dioskurides und Galen und den anderen erwähnt wird und er korrigierte diese, wenn es nötig war und es war häufig nötig.“ Ibn al-Baitar gilt als Vater der modernen Pharmakologie und Toxikologie. Er starb 1248 in Damaskus.

Dschelaladdin Rumi *1207

„Suchst du das Ewige,
vergiss dich selbst, sei Gott.“

Der wohl bekannteste und berühmteste Mystiker der Welt wurde im Jahre 1207 im transoxanischen Balch geboren. Seine Eltern mußten mit dem Knaben Dschelaladdin Rumi Balch verlassen, das damals von den mongolischen Aggressoren bedroht war. Der Vater des Wunderknaben war ein bekannter Mystiker. Gleichzeitig auch der erste Lehrer des kleinen Dschelaladdin. Auf der Flucht vor den Mongolen reisten sie über das heutige Arabien zunächst nach Syrien. Von dort setzten sie ihre Reise fort in Richtung Kleinasien. Auf dieser beschwerlichen Reise erhielte Dschelaladdin seine ersten Lektionen in islamischer Mystik. Nach einigen Monaten erreichte er mit seiner Familie die Stadt Konya in der heutigen Türkei. Konya war zu dem Zeitpunkt Hauptstadt der Seldschuken. Das Seldschuken-Reich erstreckte sich bereits über ganz Anatolien und über den größten Teil des Mittelmeeres. Beeindruckt von der Architektur der Seldschuken und ihrer Gier nach Wissen, ließ sich die Familie Rumi in Konya nieder. In Konya studierte er islamische Theologie. Nach dem Tode des Vaters im Jahre 1230 verfiel der aufstrebende junge Mystiker in eine tiefe Depression. Im selben Jahr wurde er zum Professor für islamische Theologie in Konya berufen. Im Laufe der nächsten Jahre vertiefte er sich mit Hilfe eines Schülers seines Vaters in die Lehren des Attar und des Sana'i. Kurzfristig verließ er Konya und ging nach Halab. Nach einer kurzen Zeit kehrte er nach Konya zurück. Eine Schlüsselbegegnung veränderte den Rest seines Lebens. Am 30. November 1244 traf er den Wanderprediger Schamsuddin Tebrizi. Eine geheimnisumwobene Gestalt. Schamsuddin Tebrizi, der aus Täbriz stammte, war in den Augen des verzückten Dschelaladdin die Verkörperung des Göttlichen. Schamsuddin, was übersetzt „Sonne der Religion“ heißt, erleuchtete das Leben des Dschelaladdin. Von nun an glaubte er in Schamsuddin Tebrizi den vollkommenen Geliebten zu sehen, also Gott. Er wurde zur zentralen

Figur in seinem Leben. Über Schamsuddin schreibt Dschelaladdin:

„Dein Antlitz gleicht der Sonne, oh Schamsuddin! Vor der die Herzen, den Wolken gleich, ziehn!“ Diese für viele Außenstehende unheimliche „Beziehung“ erregte Anstoß. Die Familie und die Schüler des „Liebenden“, des Dschelaladdin, reagierten mit Eifersucht. „Die Sonne der Religion“ musste Konya verlassen. Er kam noch einmal in die Stadt zurück und verschwand dann für immer. Vermutlich wurde er aus Eifersucht durch die Anhänger und Familienmitglieder des Dschelaladdin ermordet. Das Verschwinden des „Licht der Religion“ brachte eine erneute Wende im Leben des nun reifen Dschelaladdin. Er begann nun den Liebenden literarisch zu suchen. In der Suche nach dem „Licht der Religion“ wird er zum Dichter der seine Wünsche, Sehnsüchte und seine Verzweiflung in sogenannte Vierzeiler zum Ausdruck brachte. Diese sprudelten aus seiner Seele wie das Wasser aus der heiligen Quelle Semsem heraus. Während dieser unendlichen Suche findet er seinen Freund in sich selbst. Diesen neuen ständigen Freund nannte er „Licht des Mondes“ in Anspielung auf „Licht der Religion“.

Dschelaladdin setzte am Ende jedes seiner Gedichte den Namen des verlorenen Geliebten, Schamsuddin. Für eine kurze Zeit fand er Halt bei dem Goldschmied Salahuddin. Der Rhythmus der Goldschmiedehämmer im großen Basar von Konya versetze Dschelaladdin in Ekstase. Für eine kurze Zeit erschien Salahuddin wie eine Reinkarnation des Schamsuddin. Erneut packt ihn solch eine Sehnsucht und Liebe zu Husamuddin Tschelebi. Durch diesen inspiriert begann Dschelaladdin sein gewaltiges Meisterwerk, das Mathnawi, zu schreiben. In 26.000 Versen stellte er die Mystik mit all ihren Strömungen und Widersprüchen da. Ein Universum für sich. Ein Paradies für jeden Mystiker.

In seiner Lyrik kann man die Rhythmik des Tanzes spüren. Seine Lyrik ist geprägt von der klassischen persischen Dichtung gepaart mit der arabischen Poesie. Er bediente sich der arabischen Versmaße. Die Symbolik, derer er sich bediente, ist an die Tradition geknüpft. Zu keinem Zeitpunkt vergaß er die göttliche Kunst des Koran. Er zitierte aus dem heiligen Buch. Auch er suchte das Gespräch mit Gott nachdem Gott in zuvor fragte: „Bin ich nicht euer Herr?“ (Sure 7, Vers 173) Die Menschheit antwortet mit: „Ja, wir bezeugen es.“ Damit ist die Verbindung zwischen Mensch und Gott, zwischen Liebenden und dem Geliebten, ein für allemal festgelegt. Die Propheten sind Träger der absoluten göttlichen Schönheit. Moses wird durch seine Gespräche mit Gott zum mystischen Geliebten. Salomon war der Herr der Geister, der mit den Vögeln sprach. „Die Sprache der Vögel“ (Mantiq u tair) von Attar war ihm vertraut. Die Vogelgespräche symbolisierten die Gespräche der Seelen mit Gott. In der persischen Dichtung wird das Bild von der unglücklichen Liebe symbolisierte durch die Liebe der Nachtigall zu einer Rose. Diese wiederum symbolisiert die unerfüllte Liebe des Menschen zur göttlichen Vollkommenheit. Wie ein Falke sehnt sich Dschelaladdin nach der absoluten Freiheit und nach der Rückkehr zum Geliebten, zu Gott. Seine Poesie strebte stets nach der höchsten Wahrheit. Der Alltag wird zum Symbol der Liebe zu Gott. Das Leben ist ein Streben nach der unendlichen, göttlichen Liebe. Getrieben von einer unstillbaren Sehnsucht nach dem Lichte, suchte er, ganz in der Tradition der islamischen Mystik, die Rückkehr zu Gott. Seine Verehrung für den Propheten zog sich wie ein roter Faden durch seine Werke. Die Werke des berühmten al-Ghazali und des Dichters Attar waren ihm bekannt. Auch das Werk „Garten der Wahrheiten“ des persischen Mystikers Sana'i war ihm bekannt. Der Legende nach habe sich Attar kurz vor seinem Tode mit dem jungen Dschelaladdin in Nischnapur getroffen. Diese Begegnung ist eher symbolischer Natur. In seinem Meisterwerk, Methnawi, zeigten sich die Einflüsse des großen Attar und des Mystikers Sana'i. Die Lehren der alten islamischen Mystiker mit dem Auslöschen des eigenen „Ichs“ waren ihm vertraut. Der Liebende ist der Spiegel, in dem Dschelaladdin seine Manifestation findet. Der Liebende hat keine Existenz in sich selbst. Er existiert in Schamsuddin Tebrizi. Diesem gab er sich hin, mystisch. Dieses ist nicht körperlich zu verstehen. Es handelt sich nicht um homophile Neigungen, sondern um metaphysische Verbindungen. Dschelaladdin Rumi wurde von al-Ghazali, Ainul Qudat Hamadamis und Ibn Arabi beeinflusst. Die Rückkehr in den ewigen Ozean war nur eine seiner Ausdrucksweisen, die er für die Wiedervereinigung mit Gott verwendete. Vielmehr versuchte er in direkten Gesprächen mit Gott die Geheimnisse der Religion zu entlüften. Das Unsichtbare sichtbar zu machen. Sein Ziel war die völlige Hingabe. Gott betet im Menschen, wenn der Mensch lernt zu schweigen und die Stimme Gottes wahr zu nehmen. Seine Werke sind umfassend, innig, menschlich, persönlich, daher verwundert es keinen, dass sie einen Menschen, sobald er sich mit diesen befasst, gefangen nehmen. Der Dichter der unendlichen Liebe ist überall zu Hause. Mohammed Iqbal sah in ihm seinen geistigen Vater. Im christlichen Abendland wurde Dschelaladdin Rumi durch Hammer-Purgstall bekannt. Aus den Werken des Österreichers entstanden Rückerts Dschelaladdin Rumis-Ghazelen[56]. Hammer-Purgstall schreibt über Dschelaladdin Rumi: „Auf den Flügeln

[56]Vgl. Schimmel Annemarie, Maulana Dschelaladdin Rumi, Reclam, Stuttgart, 1964, S. 3-12

der höchsten religiösen Begeisterungen, welche hoch erhaben über alle äußeren Formen positiver Religionen, des ewige Wesen in der vollkommensten Abgezogenheit von allem Sinnlichen und Irdischen als den reinsten Quell des ewigen Lichtes anbetet, schwingt sich Mevlana Rumi nicht wie andere lyrische Dichter, und selbst Hafis, bloß über Sonnen und Monden, sondern über Zeit und Raum, über die Schöpfung und das Los, über den Urvertrag und die Vorherbestimmung, und über den Spruch des Weltengerichts in die Unendlichkeit hinaus, wo er mit dem ewigen Wesen als ewig Anbetender, und mit der unendlichen Liebe als unendlich Liebender, in Eines verschmilzt, immer, sich selbstvergessend, nur das das große All ein Auge hat, und statt wie andere Dichter den Schluß jeder Ghazele auf sich selbst zu beziehen, immer seinen mystischen Lehrer und Meister Schams Tabrisi zum Schlußsteine des diamantenen Gewölbes seiner Lichtghazelen macht."[57]

Am 17. Dezember des Jahres 1273 ging sein Wunsch in Erfüllung, die Vereinigung mit dem ewig Geliebten. Seine Anhänger nannten ihn fortan „Maulana", unser Herr. In Konya wurde er begraben, dem heutigen Zentrum der islamischen Mystik. Seit seiner Zeit wird der Derwischorden in Konya gehegt und gepflegt. Die Tänzer bewegen sich in genau vorgeschriebener Richtung wie die Planeten um die Sonne, dabei entfalten sich deren weiße Gewänder wie ein Schmetterling[58].

[57] J. von Hammer-Purgstall, Geschichte der schönen Redekünste Persiens, Heubner und Volke, Wien, 1818

[58] Vgl. Schimmel Annemarie, Maulana Dschelaladdin Rumi, Reclam, Stuttgart, 1964, S. 3-12

Al-Baidawi *1226

In persischer Sprache schrieb dieser Mann die Weltgeschichte von Adam bis zum Jahr 1275 unter dem Titel „Nizam ut-Tawarich". Abdullah ibn Omar ibn Mohammed ibn Ali Abu l-Chair Nasir ed-Din al-Baidawi zählt zu den wichtigsten Koraninterpreten. Er wurde in Fars im Jahre 1226 als Sohn eines Richters geboren. Al-Baidawi studierte Islamwissenschaften und Rechtswissenschaften. Nach seinem Studium nahm er eine Stelle als Richter in Shiraz an. Er war oberster Richter in Shiraz „Qadi al-Qudat". Er gilt als der größte Sprachwissenschaftler seiner Zeit. Seine Koraninterpretation „Anwar ut-Tausil wa Asrar ut-Tawil" (Lichter der Offenbarung und Geheimnisse der Erklärung) enthält genaue Anweisungen wie die Suren im Koran zu interpretieren sind. Als Gegner der Al-Mutazila bereinigte er seine Koraninterpretation und Kommentare von den Grundgedanken dieser Freidenker. Basierend auf al-Zamachscharis Korankommentar, schaffte er ein Standartlehrbuch für die Ewigkeit. Al-Baidawi aus der Stadt Baida, der weißen Stadt, gilt als einer der größten Islamgelehrten aller Zeiten. Seine Werke sind heute Pflichtlektüre für Theologie- und Philosophiestudenten an der berühmten Al-Azhar-Universität in Kairo, dem Zentrum der sunnitischen Theologie. In seiner kreativen Phase schrieb er ein Werk über die Prinzipien der Rechtswissenschaft, sowie eine Darstellung der Metaphysik und zahlreiche juristische Abhandlungen.

Seine Geschichte endete in Tabris im Jahre 1290.

Ibn Taymiyya *1261

Wenn man beabsichtigt ein Buch über die Denker des Islam zu schreiben, dann wird zwangsläufig der Name Ibn Taymiyya fallen müssen. Dieser Mann bildet im Prinzip den Gegenpart zu den oben beschriebenen und auch bewunderten Menschen. Wie kein anderer hat er seine Meinung stets vertreten und dabei jedes Mal sein Leben riskiert. Ich urteile nicht darüber, ob seine Standpunkte richtig oder falsch waren, es geht vielmehr darum, diesen Mann vorzustellen, weil ich der Überzeugung bin, dass er zu den größten und einflussreichsten Islamgelehrten gehört.

Taqi ad-Din Abu al-Abbas Ahmad ibn Abdel Halim ibn Abd as-salam ibn Taymiyya el Baidh erblickte im Jahre 1261 in Harran das Licht der Welt. Im selben Jahr sah sich die Familie gezwungen die Stadt aus Angst vor Tataren zu verlassen und nach Damaskus überzusiedeln. Ibn Taymiyya studierte in Damaskus den Koran, Religionswissenschaften und Hadith, Kommentare und Erläuterungen zum Koran, bei den damals bekanntesten und berühmtesten Gelehrten der islamischen Welt, u.a. bei der verehrten Zaynab bint Makki. Damaskus, die älteste bewohnte Stadt der Welt, galt damals als das Mekka des Wissens. Bereits im Alter von 19 Jahren wurde er zum Professor für Koranologie, Hadith sowie arabische Grammatik an der Omaijjaden-Universität, die in der Omaijjaden-Moschee untergebracht war. Seine Zeitgenossen beschreiben ihn als einen Sonderling und Außenseiter, da er sich keiner der vier traditionalistischen Schulen, der Hanafi-Schule, der Maliki-Schule, der Schafii-Schule und der Hanbali-Schule, anschloss. Solch eine unabhängige Haltung bringt viele Feindschaften mit sich und so wurde er von seinen Feinden als Häretiker beschimpft. Öffentlich kritisierte er die Heiligenverehrung durch bestimmte Richtungen im Islam, wie es häufig im Sufismus der Fall ist. Er ging rigoros gegen das traditionelle Aufsuchen von Heiligengräbern vor. Er hatte eine Abscheu gegenüber der Bilderverehrung. Im Übrigen waren in den Anfängen des Christentums alle bildlichen Darstellungen verboten. Bei den Juden ist es gesetzlich verankert. Die erste Bilderverehrung bei den Christen geschah während einer Kirchenversammlung von Illiberis, 300 Jahre nach Christi Geburt. Die Verehrung der Bilder hat sich danach allmählich in der Kirche etabliert. Im Islam hingegen konnte sich, auch gerade mit Hilfe des Ibn Taymiyya, die Bilderverehrung nicht durchsetzten.

Ibn Taymiyya sah in der sogenannten Mutaziliten-Lehre, dem sogenannten islamischen Rationalismus, eine Gefahr der Spaltung innerhalb der islamischen Welt. Auch politisch engagierte er sich für die Einheit des islamischen Reiches. Um die Einnahme Damaskus durch die Tataren zu verhindern, reiste er nach Kairo zum Sultan, einem Mamelukken. Dieser zögerte seine Streitmacht gegen die Tataren aufzustellen, um Damaskus zu schützen. Als sich der Sultan, der gleichzeitig auch Herrscher über Syrien war, weigerte, da drohte ihm Ibn Taymiyya mit einem Gegen-Sultan in Damaskus, wohl wissend, dass diese Drohung ihm das Leben kosten könnte. Beeindruckt von der Entschlossenheit des jungen Mannes, sandte der Sultan eine mächtige Streitmacht, die die Tataren in der Schlacht von Shaqhab, an der Ibn Taymiyya selbst teilnahm, vernichtend schlugen. Dies verhinderte nicht nur die Eroberung Damaskus durch die Tataren, sondern befreite auch ganz Syrien von ihnen. Vor dieser entscheidenden Schlacht besuchte er in Kasan den Khan der Tataren, um einen Bruderkrieg zu verhindern. Der Khan gab allerdings unmissverständlich zu verstehen, dass es für Damaskus nur zwei Möglichkeiten gebe, entweder sich zu ergeben oder erobert zu werden. Daraufhin stand Ibn Taymiyya auf und begegnete dem Khan mit folgenden Worten: „Du behauptest, dass du Muslim bist und du hast in deinen Diensten Richter, Imame und Shujuch und trotzdem hast du uns überfallen und nahmst unser Land ein, warum? Während dein Vater und dein Großvater Ungläubige waren, haben sie das Land des Islam nie angegriffen, vielmehr versprachen sie, nicht anzugreifen und sie hielten ihr Versprechen. Aber du versprachst und brachst dein Versprechen.“[59]

Ibn Taymiyya bekämpfte auch soziale Ungerechtigkeiten. So ermahnte er den Sultan zur Bescheidenheit und Vernunft, was ihm einen Gefängnisaufenthalt brachte. Von den Gelehrten am Hofe des Herrschers wurde er sehr häufig denunziert und musste mehrere Gefängnisstrafen absitzen. Im Gegenzug verzieh er seinen Gegnern, auch als ihn am Hofe die Möglichkeit gegeben wurde sich an seinen Gegnern zu rächen. Als ihm Sultan an-Nasir Qalawun freie Hand gegen seinen Erzfeind am Hofe des Herrschers ließ, da antwortete Ibn Taymiyya dem Sultan: „Wenn du sie tötest, dann wirst du niemals solche Ulama wie sie finden.“ Ferner fügte er hinzu: „Wer immer mir geschadet hat, dem wird vergeben und wer der Sache Allahs und seinem Gesandten geschadet hat, den wird Allah

[59]Ibn Kathir, Al-Bidaya wan-Nihaya, Band 7, S. 91 f.

bestrafen."[60]

Für eine gewisse Zeit ging er nach Ägypten. Dort lehrte er an verschiedenen Moscheen und Instituten. Für seine streng orthodoxe Auffassung wurde er erneut verhaftet und auf Bitten einiger Gelehrter wieder freigelassen. Als Sultan Qalawun zugunsten seines Vizekönigs Bayban al-Jaschnikir abdanken musste, wurde Ibn Taymiyya nach Alexandria verbannt. Trotz seiner Verhaftung in Alexandria verlor er nicht an Einfluss. Nach der Rückkehr des Sultans Qalawun auf seinen Thron, ließ er Ibn Taymiyya nach Kairo zurückkehren. Nach einigen Jahren kehrte er nach Damaskus zurück. Dort stellte er das praktizierte Scheidungsrecht in Frage. Daraufhin wurde von Kairo aus veranlasst, dass er nicht mehr Lehren dürfe. Ibn Taymiyya setzte dennoch seine Lehre fort. Dieser Widerstand brachte ihm 5 Monate Gefängnis. Erneut wurde er auf Anordnung des Sultans aus dem Gefängnis entlassen. Ibn Taymiyya widmete sich sofort wieder dem Unterricht. Zuletzt unterrichtete er an seiner eigenen Schule, der Madrasat Al-Qassasin. Zeitgleich überarbeitete er seine Schriften. Seine Gegner am Hofe des Herrschers waren jedoch nicht so gnädig wie er. Erneut wurde er aufgrund seiner Kritik an der Beibehaltung der vorislamischen Tradition in das Gefängnis von Damaskus geworfen.

Dort starb er im Jahre 1328 im Alter von 67 Jahren. Trotz der Schwierigkeiten und der Anfeindungen schaffte es Ibn Taymiyya ca. 350 Werke zu verfassen.

Ibn Taymiyya bildet deshalb eine Ausnahme, weil er im Vergleich zu seinen Vorgängern und Nachfahren, sich nie nach der Meinung der herrschenden Klasse richtete. Aus seiner Sicht beinhaltet der Koran drei fundamentale Elemente. Die Moral, die die Gesetze und das praktische Handeln bestimmt, die Beschreibung des Jenseits und die Einheit Gottes. Gott ist der Erste und der Letzte, der Sichtbare und der Unsichtbare, und er ist der Allwissende. In der Befolgung der Sunna sah Ibn Taymiyya neben der Einhaltung der Scharia die zweite wichtigste Säule des Islam. Die Eigenschaften Gottes, seien als Gleichnisse zu betrachten, denn keiner von ihnen habe Recht. Für die begrenzte Vorstellungskraft des Menschen sei es akzeptabel sich Gott vorzustellen, denn nur so könne der Mensch seine begrenzte Vorstellungskraft befriedigen. Die spekulative Lehre der Mutaziliten und die verherrlichende und zu Ekstase neigende Lehre des Sufismus seien die Hauptursachen für die Spaltung und Schwächung des Islam. Die Hauptaussage ihrer Lehre sei, dass der Koran geschaffen wur-

[60] Ibn Kathir, Al-Bidaya wan Nihaya, Band 7, S. 56

de. Dies betrachtete Ibn Taymiyya als Abfall vom Glauben. Aus seiner Sicht ist der Koran Gotteswort. Er vertritt die Prädestinationslehre und sieht darin die Allmacht Gottes und keine Erbsünde wie dies im Christentum der Fall ist. Ibn Taymiyya verfolgte stets folgende Ziele:

- Die Wiederherstellung des Islam in seiner ursprünglichen Form mit dem Prinzip Din-wa-Daula (Staat und Religion)

- Das Festhalten an der Einheit Gottes (Tauhid)

- Bekämpfung des Pantheismus und des Sufismus

- Die Trennung zwischen Religion und Philosophie

- Das Unterlassen Gott durch Logik, Rhetorik oder Analogie zu beweisen

- Der Widerlegung der Gottheit Jesu

- Die Modernisierung der Religionswissenschaften

Damit gilt er als Vorläufer des Panislamismus und als Ideologe der heutigen islamischen Bewegungen. Ibn Taymiyya gilt als Verfechter des Kalifats.

Zu den Tugenden der Gläubigen gehört die Kompatibilität zwischen theoretischer und praktischer Religiosität. Nicht das Philosophieren, sondern die Taten, die äußeren Handlungen, das gesprochene Wort sind ausschlaggebend. Wer Ehebruch begeht, stiehlt, lügt oder Alkohol trinkt, der sündigt und ihm wird der Glaube entzogen. Doch wer bereut und wieder den rechten Weg findet, dem wird auch verziehen. Auch denen, die das Schwätzen mehr schätzen als das Schweigen, wird der Glaube entzogen. Der gläubige Muslim gehört der Gemeinschaft der Reinheit des Herzens und der Zunge an. Zu den Eigenschaften eines gläubigen Muslims, erklärt Ibn Taymiyya, gehören u.a. Ehrlichkeit, Tapferkeit, Aufrichtigkeit, Neugier, Ehrgeiz, Fleiß, Lehrsamkeit, Bescheidenheit und Güte. Der Islam verpflichtet zur Versöhnung, zur Vergebung, das Alter zu respektieren, den Nachbarn zu ehren, die Waisen zu unterstützen, den Armen zu helfen. Der Islam verbietet jegliche Art der Überheblichkeit, Arroganz und Ignoranz gegenüber den Geschöpfen Gottes.

Ibn Taymiyya gilt als Vertreter der reinen Lehre, als Vertreter und Verteidiger der authentischen Scharia und Sunna. In der Widerlegung der Logiker, Al-Radd ala al-mantiqiyyin, wendete er sich gegen den Missbrauch der Philosophie und gegen die großen islamischen Philosophen wie Ibn Sina, Ibn al-Farabi und insbesondere gegen Ibn Arabi. Ibn Taymiyya setzt sich vehement für eine Rückkehr zur Orthodoxie, der Salafia, der radikalsten Auslegung der Scharia ein. Er war ein erbitterter Gegner des Schiitismus und des Sufismus.

Er ist der Begründer der heutigen hanbalitischen Renaissance, damit der wahhabitischen Bewegung im 18. Jahrhundert. Seine Thesen sind aktueller denn je. Im Jahre 1328 kehrte er zu seinem Schöpfer zurück, doch seine Hypothesen bestimmen die heutige Weltpolitik stärker als jede andere Ideologie, mit dem Unterschied, dass sich sein Gedankengut nicht nur auf die islamische Welt, sondern auf die gesamte Welt ausgebreitet hat und zunehmend Anklang findet. Diese Tatsache spiegelt sich in der sehr starken Reislamisierung und in der immer größer werdenden Anzahl der Konvertiten wieder. Trotz seiner radikalen Ansichten blieb er stets ein Pragmatiker, der in der Auseinandersetzung nie seine Grenzen überschritt. Während Ibn Arabi die radikal sufistische Seite des Islam durchquerte, wanderte Ibn Taymiyya auf den Spuren der Scharia und so hielten sie die Waage im Gleichgewicht.

Ibn Battuta *1304

„Vom 7. bis zum 14. Jahrhundert bestand die islamische Welt aus militärischen und politischen Reichen, die über ein sich von Spanien bis China erstreckendes Gebiet herrschten. Sie schickten Reisende aus, die als Gesandte oder als Forscher ihren Fundus an politisch nützlichen Informationen bereichern sollten. Je mehr die Araber an Macht gewannen, umso größer wurde die Zahl der Reisebücher in ihrer Literatur. Diese fanden ein aufnahmebereites Publikum, da sie Informationen sowohl über die eigenen Herrschaftsgebiete als auch über die ökonomisch interessanten Länder außerhalb ihres Machtbereiches verbreiteten. Arabische Reisende und Geographen hatten ein starkes Interesse an wirtschaftsgeschichtlichen Fragen, da die Araber in erster Linie Handel trieben. Aber die Reiseerzählungen förderten auch den ethnologischen Diskurs über die beherrschten Völker, was für die Erhaltung der Macht von Bedeutung war."[61]

Zu den bedeutendsten arabischen Reisenden, wenn nicht gar der bedeutendste Reisende, gehört der aus Tanger stammende Ibn Battuta. Scheich Abu Abdallah Mohammed ibn Abdallah ibn Mohammed ibn Ibrahim ibn Battuta vom Stamme der Lewata aus Tanger im heutigen Marokko ist ein Paradebeispiel für den islamischen Wissensdurst, Neugier und Offenheit anderen Kulturen gegenüber. Er, der nahezu die gesamte damalige Welt bereiste, blieb stets ein bescheidener Mensch, der seinen Seelenfrieden in seiner Religion fand. Er reiste länger als Marco Polo, sah mehr als Marco Polo, erlebte mehr als Marco Polo und dennoch ist er weniger bekannt als Marco Polo. Dies hat nicht nur damit zu tun, dass er ein bescheidener Mensch gewesen ist, sondern vielmehr damit, dass er islamischen Glaubens gewesen ist. Ibn Battuta ist es genauso ergangen wie den anderen islamischen Philosophen, Wissenschaftlern, Astronomen, Medizinern, Seefahrern, Geographen, Mathematikern und Dichtern. Man schrieb von ihnen ab und ignorierte sie. Doch Ibn Battuta lebt in den Herzen seiner Glaubensgenossen bis heute. Ibn Battuta steht auch stellvertretend für andere islamische Reisende wie Idrisi, Ibn Kordadbek, Masudi, Ibn

[61] Rana Kabbani, Mythos Morgenland, Droemer Kaur Verlag, München, 2000, S. 14

Fadhlan, al-Biruni, Ibn Dschobair, al-Bekris und Abu Said. Alle hätten es verdient, dass ihre Verdienste den Menschen näher gebracht werden. Doch die Gründe für die Wahl des Ibn Battuta sind persönliche. So wie er bin ich ebenfalls ein Berber, so wie er stamme auch ich aus Nordmarokko, so wie er habe ich meine Heimat verlassen, wenn auch aus unterschiedlichen Gründen.

Von allen Weltreisenden, einschließlich Marco Polo, ist Ibn Battuta derjenige, der seine Reiseberichte am detailliertesten beschrieb und mit persönlichen Erlebnissen auf eine wundervolle Art und Weise ausschmückte. Seine Berichte wecken die Neugier und erregen die Phantasie. Seine Berichte sind frei nach Idrisi „Gärten der Bildung und Trost für die Seele".

Ibn Battuta beschrieb eindrucksvoll die damals bekannte Welt. Auf seinen Reisen wechselte er häufig seine Rollen. Er war Prediger, Pilger, Krieger, Kaufmann, Richter, Gelehrter, Lehrling, Familienvater und vor allen Dingen Reisender. Zweifelsohne war Ibn Battuta ein glänzender Beobachter.

Abu Abdallah Mohammed ibn Battuta erblickte am 24. Februar 1304 in Tanger, in der heutigen Hafenstadt in Marokko, das Licht der Welt. Als Sohn eines vermögenden Vaters, studierte Ibn Battuta islamisches Recht. Nach Abschluss seines Studiums übernahm er, entgegen dem Wunsch seines Vaters nicht dessen Geschäfte, sondern begab sich am 14.6.1325 im Alter von 21 Jahren auf die Reise in Richtung der Heiligen Städte Mekka und Medina, um als gläubiger Muslim seine fünfte Pflicht, die Pilgerfahrt in diese Städte, zu erfüllen. Er nahm von Tanger aus den Landweg entlang des Mittelmeeres in Richtung Mekka und Medina. Nach mehreren Monaten erreichte er auf diesem Wege die berühmte Stadt Alexandria in Ägypten. Alexandria war damals berühmt für ihre Handwerker. Doch Ibn Battuta zog es auf dem Weg in das heilige Land nach Al-Khahira, dem heutigen Kairo, um anschließend den Nil aufwärts zu gehen, um an das Rote Meer zu gelangen. Nur so konnte er die arabische Halbinsel auf dem schnellsten Wege erreichen. Kriegerische Auseinandersetzungen zwangen ihn zurückzukehren und den Landweg über die Halbinsel Sinai zu nehmen. Über Sinai reiste er nach Palästina, wo er Jerusalem, die drittheiligste Stadt im Islam, besuchte, danach setzte er seine Reise in Richtung Damaskus fort. Über Syrien gelangte er auf dem Landweg zu den heiligen Städten. Dort erfüllte er seine ihm von der Offenbarung vorgeschriebene fünfte Pflicht. Während andere Pilger die Heimreise antraten, packte Ibn Battuta die Reiselust. Insbesondere Bagdad, die Hauptstadt des Abbassidenreiches und seinerzeit geistiger Mittelpunkt des Islam, zog Ibn Battuta magisch an. Von Bagdad aus reiste er nach Basra, Mosul und

Wasit, um sich anschließend nach Persien zu begeben. Von Persien aus trat er erneut die Pilgerfahrt nach Mekka und Madina an, wo er von 1328 bis 1300 verweilte. In Mekka konnte Ibn Battuta seinen Geist reinigen und er bereitete sich dort auf seine weiteren Reisen vor. Als Scheich durchquerte er zunächst das Land des Propheten. Anschließend reiste er in den heutigen Jemen. Vom Jemen aus setzte er über an die ostafrikanische Küste. Er besuchte im Südosten die arabische Stadt Kilwa mit ihren ca. 300 Moscheen, dann Quiloa. Erneut kehrte er nach Arabien, der Heimat des Propheten, zurück. Er pilgerte nun zum dritten Mal zu den heiligen Städten Mekka und Medina, um sich erneut einer religiösen Reinigung zu unterziehen. Die heiligen Städte wurden zu seinem Anker, zu seiner geistigen Heimat. Von Mekka aus reiste er nun in den Norden, erneut nach Syrien. Von Syrien aus bereiste er Kleinasien, die heutige Türkei. Durch Anatolien gelangte er zum Schwarzen Meer und nach einer gefährlichen Überfahrt ging er in der Stadt Kaffa, auf der Krimhalbinsel, an Land. In Kaffa, der griechischen Siedlung, begegnete er Christen. In Kaffa störten ihn insbesondere die vielen Kirchenglocken, die andauernd läuteten. Er verließ daraufhin Kaffa und ging in die tatarische Siedlungen Sarai im Kipcak. Dieses kleine Städtchen an der Wolga erlebte zu dieser Zeit seine große Blühte als Handelsplatz zwischen Asien und dem Westen. Ibn Battuta wurde vom Kalifen Mohammed Uzbek mit allen Ehren empfangen. Sein Ruf als Weltreisender eilte ihm voraus. Ihm wurde auch die Ehre zuteil einen Blick in den Serail zu werfen, was nur wenigen vergönnt war. Es war wahrlich eine ganz besondere Ehrung für den dreimaligen Pilger und Reisenden Ibn Battuta. Der Kalif Uzbek war von den Erlebnissen des Ibn Battuta begeistert und bat ihn zu bleiben. Auf Wunsch des Kalifen unterbrach Ibn Battuta seine Reise nach Bolger in das Gebiet der Tataren. Stattdessen begleitete er eine der Gattinnen des Kalifen Mohammed Uzbek nach Konstantinopel, die ihrem Vater, den byzantinischen Kaiser, einen Besuch abstatten wollte. In Konstantinopel verweilte Ibn Battuta ca. vier Wochen. Zum Abschied erhielte er zum Zeichen seiner Anerkennung und Würdigung ein Ehrenkleid und einen Sonnenschirm als Geschenk. Ibn Battuta kehrte im Winter nach Bolger in den Palast des Kalifen Mohammed Uzbek zurück, wo er allerdings nur einige Tage verweilte. Seine Reisen finanzierte Ibn Battuta, wie es damals üblich war, mit Handel. Entlang des Kaspischen Sees und durch die Wüste Innererasiens gelang er nach Buchara, der Stadt des Wissens. Dort angekommen lernte er den Khaniden und Herrscher von Buchara, Ala ed-Din Termaschirin, kennen. In Buchara bewunderte er die Architektur, das außergewöhnlich große Interesse an den Wissenschaften.

Seine Neugier führte in nach Chorasan, eine Stadt, die auch im Leben des großen Ibn Sina eine bedeutende Rolle gespielt hatte. Von Chorasan aus setzte er seine Reise durch Afghanistan fort, um im September des Jahres 1333 nach Indien zu gelangen. Ibn Battuta lebte mehr als acht Jahre in Delhi und trieb dort Handel. Er brachte es zu Reichtum und Ansehen. Der Sultan bat ihn daraufhin in seinem Auftrage nach China zu reisen. Inzwischen war Ibn Battuta 40 Jahre alt. In China verbrachte er 14 Jahre und kehrte im Jahre 1347 nach Indien zurück. Ibn Battuta verließ daraufhin Indien. Er durchquerte Persien, den heutigen Irak, Syrien und Palästina, wo ihm die Folgen der Pest vor Augen geführt wurden. In Ägypten angekommen trat er seine nun vierte Reise nach Mekka und Medina an, seines geistigen Zentrums. Nach seiner Rückkehr nach Ägypten begab er sich nach Sizilien, um über das heutige Algerien nach Fes zu gelangen. Nach 25 Jahren kehrte Ibn Battuta in seiner Heimat zurück. Hier begegnete er dem Dichter Mohammed Ibn Djuzai. Ihm berichtete er von seinen Reise-Erlebnissen, die dieser unter dem Titel „Reisen in Asien und Afrika“ veröffentlichte.

Doch wer glaubte, Ibn Battuta sei des Reisens müde geworden, der täuscht sich. Als überzeugter Muslim reiste er nach Al-Andalus, um die dortigen Muslime im Kampf gegen die Reconquista zu unterstützen und tatsächliche nahm Ibn Battuta auch an den Kämpfen teil. Seinen Lebensmittelpunkt in Andalusien war Granada. Von Granada aus trat Ibn Battuta nun seine Reise durch die Sahara nach Timbuktu, der geheimnisvollen Stadt, der Stadt der Moscheen und der Bibliotheken an. Diese Stadt hat Ibn Battuta sehr beeindruckt, insbesondere die Gelehrsamkeit ihrer Bewohner. Er besuchte Agades, Gao und das Mali-Reich. Die letzten Reiseorte beeindruckten ihn nicht besonders. Hier machten ihm die Hitze und die Moskitos das Leben schwer. Auch das Essen dieser Kulturen bezeichnete er als unterdurchschnittlich, teilweise sehr unhygienisch. In Agades erhielte er eine Nachricht des Sultans von Marokko. Dieser bat ihn zurückzukehren. Nach zwei Jahren kehrte er im Jahre 1353 nach Marokko zurück. Ibn Battuta wurde in seiner Heimat verehrt, nicht nur wegen seiner Reiseberichte, sondern vielmehr wegen seines aufrichtigen Charakters, seiner Zuverlässigkeit und seiner Großzügigkeit. Gott schenkt ihm weitere 22 Jahre in Marokko, bevor er ihn im Jahre 1377 zu sich rief.

Ibn Battuta konnte in seinen Berichten die Landschaften und die Kulturen, die er auf seine Reisen kennenlernte bzw. kennenlernen durfte, genauestens beschreiben und er blieb stets bescheiden dabei. Er blieb stets sachlich und nüchtern.

Ibn Battuta übertraf Marco Polo an Entfernung und Zeitdauer. Ibn

Battuta ist zweifelsohne der größte und bedeutendste Weltreisende des Mittelalters. Er hatte nie vor, der Nachwelt ein literarisches Werk zu hinterlassen, vielmehr schilderte er lediglich seine Erlebnisse in fernen und fremden Ländern in seiner hochentwickelten arabischen Muttersprache. Doch lassen wir Ibn Battuta selbst sprechen.

Nach Aufbruch aus dem Sarail, dem Hauptsitz des Uzbek, ging Ibn Battuta in Richtung Sarachuq, die Stadt liegt am Uran. Hier verbrachte Ibn Battuta mit drei Sklavinnen eine Nacht in einer Herberge, die einem Türken gehörte. Nach 30 Tagen Fußmarsch kam er in Urgentsch an. Eine typisch türkische Stadt mit Basaren, großzügigen Alleen und anderen Annehmlichkeiten. Die Stadt war groß und voller Menschen. Wie üblich besuchte Ibn Battuta die große Moschee. Diese war prächtig mit Arabesken geschmückt und sie war sehr großzügig ausgelegt. Die Stadt selbst wurde durch den Emir Qutludunur regiert, der Uzbek unterstand. Qutludunur wurde als ein aufrichtiger und rechtsgeleiteter Mensch beschrieben, der in dieser größten türkischen Stadt sowohl die Koranschule als auch die großen Moscheen errichten ließ. Qutludunur war auch gleichzeitig Gouverneur von Chorasan. Ibn Battuta besuchte auf seine Einladung und in Begleitung des Richters Abu Hafis Omar, Qutludunur in seiner Residenz. Dieser litt an Gicht. Ibn Battuta berichtete dem Emir von seinen Reisen. Währenddessen wurden köstliche Speisen geboten u.a. Melonen aus Chorasan, die eine grüne Schale und das Fleisch von roter Farbe haben. Der Emir schenkte ihm zum Dank ein Pferd, das Ibn Battuta in den nächsten Jahren zum Gefährten wurde. Die Frau des Emirs gab zu Ehren Ibn Battutas, ein Bankett. Dabei erfuhr er, dass aus dieser Region getrocknete Melonen nach Indien und China exportiert wurden. Im Winter reiste Ibn Battuta mit seinen Begleiter weiter und durchquerte Chorasunien. Die Reise durch dieses menschenleere Sandgebiet dauerte ca. 20 Tage. Ibn Battuta erreichte die Stadt Al-Kat. Dort wurde er bereits vom Richter und Gelehrten der Stadt erwartet und herzlich empfangen. Auch der Emir der Stadt suchte Ibn Battuta auf und ließ zu seinen Ehren ein Fest veranstalten. Nach einigen Tagen setzte Ibn Battuta seine Reise fort und erreichte die Stadt Wabkana. Die Stadt besaß zahlreiche Obstanlagen, insbesondere Pflaumen wurden angepflanzt. Auch diese Pflaumen wurden getrocknet und nach Indien und China exportiert. Ibn Battuta verließ nach einigen Tagen die Stadt und reiste nach Buchara weiter, eine Stadt, die durch Dschingis Khan zerstört wurde. Ibn Battuta besichtigte die noch bestehenden Moscheen, Schulen und Märkte und bemerkte nebenbei die Traurigkeit der Bewohner dieser Stadt, die ihre Würde verloren und vom religiösen Weg abgekommen waren. Ibn Battuta berichtete wie Dschingis Khan an die Macht gelangte und wie er Zentralasien eroberte, insbesondere wie er in die Länder des Islam einfiel und unzählige Zivilisten ermorden ließ. Dschingis Khan ließ die Städte Buchara, Samakand und Balkh zerstören. Ibn Battuta schmerzte diese Zerstörungwut des Mongolenherrschers. In Buchara besuchte er das Grabmal des frommen Gelehrten Sayf ed-Din al-Bahkarzi. Auf seiner Weiterreise rastete er in Nahksch. Da allerdings eine seiner Frauen ein Kind erwartete, setzte er seine Reise nach Samarkand fort. Sultan Ala ed-Din Tamaschirin wies ihm eine Unterkunft neben seinem Gebetszelt zu. In dieser Nacht wurde Ibn Battuta Vater eines Mädchens, das zwei Monate später in Indien verstarb.

Ibn Battuta kehrte erneut nach Buchara zum Sultan Ala ed-Din Tamaschirin zurück. Dieser war gemäß Battutas Berichten ein gerechter Herrscher, dessen Ländereien zwischen den damaligen vier Großmächten, nämlich China, Indien, Irak und das Reich des Königs Uzbek, lagen. Ala ed-Din ließ sich von Ibn Battuta über Mekka, Medina, Jerusalem, Damaskus, Bagdad, und dem Maghreb berichten. Ibn Battuta beschrieb König Uzbek als einen höflichen, bescheidenen und wissbegierigen Menschen. Über Samakand berichtet Ibn Battuta sehr ausführlich. Er beschreibt die Obstgärten, wo die Gläubigen nach dem Gebet verweilen, dort stünden Sitzbänke zu Verfügung. Doch viele alte Paläste und die Stadtmauer sind verfallen. Die Menschen in Samarkand werden als offenherzig und zuvorkommend beschrieben. Die Reise in die Stadt Tirmidh versetzte Ibn Battuta in Erstaunen. Sie war sehr groß, gepflegt, von Kanälen durchzogen und ihrer Basare waren zahlreich. Die wunderschönen Gärten, wo exotische Früchte wie Quitten wuchsen, faszinierten ihn. Die Bewohner dieser Stadt wuschen sich ihre Haare mit Milch, dadurch wurden die Haare weich und sie glänzen sehr schön. Diese Stadt wurde nach der Zerstörung durch Dschingis Khan etwas weiter entfernt vom Fluss Amu Darja neu aufgebaut. Auf der gegenüberliegenden Seite des Flusses liegt das Land Chorasan, eine menschenleere Wüste, die einzige Stadt in dieser Wüste, Balkh, war völlig zerstört und ebenfalls menschenleer. Ibn Battuta war von diesem Anblick erschüttert, zumal die Hauptmoschee durch die Mongolen zerstört wurde. Er besuchte daraufhin das Grabmal des Okhascha Ibn Mihsan, ein Mann vom Stamme der Asad und ein Gefährte des Propheten. Daneben befand sich eine Herberge für Reisende, in der Ibn Battuta untergebracht war. Der Besitzer dieser Herberge al-Haj Ibn Alkurd zeigte Ibn Battuta die Sehenswürdigkeiten der Stadt u.a. das Grabmal des Propheten Ezechiel. Ibn Battuta berichtete, dass Dschingis Khan die Moschee zerstören lies, weil er in Erfahrung gebracht hatte, das unter den Säulen der Moschee ein wertvoller Schatz vergraben sein soll.

Nach Besichtigung der Stadt durchquerte er die Berge von Quhistan, die viele Dörfer beherbergten und reich an Wasser und Obstbäumen, vornehmlich Feigen, waren. Ibn Battuta erreichte Herat, die größte Stadt Chorasans. Hier verweilte er kurz und brach wieder in Richtung Turbat-i-Shah auf. Eine Stadt, die für ihre Maulbeerbäume bekannt war. Hier wurde eine ganz besondere Seide produziert. Ibn Battuta erreichte nach einigen Tagen Fußmarsch die Stadt Tus. Die Heimatstadt des großen al-Ghazali. Ibn Battuta besuchte das Grabmal des großen Meisters und rezitierte an seinem Grabe einige Suren aus dem Koran. In Meshed angekommen, fielen Ibn Battuta die großen Obstgärten, ausgeklügelte Bewässerungsanlagen und ganz besonders die Mühlen auf. In dieser Stadt befindet sich das Grabmal des berühmten Kalifen Harun ar-Raschid, dem Herrscher der Gläubigen. Auch hier sprach Ibn Battuta sein Segengebet für den großen Kalifen, bevor er seine Reise fortsetzte. Er erreichte Zawa, die Stadt des Scheich Qutb ed-Din Haidar, dem Begründer des Haider-Ordens. Es handelt sich dabei um Fakire, die Nasen- und Ohrringe tragen, ja sogar Ringe an den Geschlechtsteilen, um so asketisch leben zu können, denn diese Ringe an den Geschlechtsteilen machten einen Beischlaf unmöglich. In Nashapur, auch Klein-Damaskus genannt, angekommen, sah Ibn Battuta eine Stadt mit Parkanlagen und einer Moschee mit vier Schulen mitten im Basar. In diese Stadt kamen viele Studenten, um sich in den Lehren des Islam ausbilden zu lassen. Diese Stadt ist auch bekannt für ihre Seidenproduktion, ein Exportschlager, hauptsächlich nach Indien, aber auch nach China. Ibn Battuta blieb nicht lange in dieser Stadt. Über Bistam gelangte er nach Kunduz und Baghlan mit ihren herrlichen Obstgärten. Hier hielten sich Ibn Battuta und seine Begleiter zwei Monate auf. Er berichtet, dass die Menschen ihre Tiere im Freien ohne Hirten halten. Die Tiere wurden mit einem Brandzeichen gekennzeichnet, um so bei Vermischung der Herde problemlos den Besitzer bestimmen zu können. Mit Bewunderung nahm er zur Kenntnis, dass die Zahl der Verbrechen hier sehr niedrig war, wohl weil die Strafen drakonisch waren. Ibn Battuta setzte nun zur Überquerung des Hindukusch an. Dabei fürchtete er die schweren Schneefälle und die Schneemassen. Man hatte ihm berichtet, dass viele die Überquerung nicht überlebt hätten. Aus diesem Grunde wartete Ibn Battuta bis eine warme Witterung einsetzte. Dann brach er auf.

Auf dem Weg durch die Berge lernte er das Volk der Andarab kennen. Man erzählte ihm, dass hier früher eine große Stadt existierte, die jetzt völlig verschwunden sei. Ibn Battuta fand bei Mohammed al-Mahrawi

Unterkunft und Verpflegung. Ibn Battuta bemerkte, dass sein Gastgeber, das Wasser, in dem sie ihre Hände vor dem Essen wuschen, als Zeichen des Respektes trank. Mohammed al-Mahrawi begleitete Ibn Battuta und seine Gefährten bis zum Hindukusch. Nach Überwindung des Hindukusch erreichte Ibn Battuta Panjir, die Stadt, die am Fluss lag und reich an Rubinen war. Diese wurde durch Dschingis Khan zerstört und nicht mehr aufgebaut. Ibn Battuta zog weiter. Er übernachtete in den Bergen von Pashay bei Scheich Ata Awliya, einen Mann, von dem es heißt, dass er über 300 Jahre alt sei. Bei der Begegnung des Ibn Battuta mit diesem Mann bezweifelte Ibn Battuta die Glaubwürdigkeit dieses Mannes. Ibn Battuta setzte seine Reise fort und gelangte nach Parwan, wo ihn der Emir ehrenvoll empfing, da man dort bereits von seiner langen Reise hörte. Er blieb dort bis zum Sommer, dann ging er nach Al-Charkh, um von dort nach Chazna weiter zu reisen. Ghazna war zum Teil von den Mongolen zerstört worden und auch wegen der Kälte zogen viele Bewohner nach Kandahar, eine Stadt, die Ibn Battuta auf seiner langjährigen Reise nicht besuchte. Stattdessen ging er nach Kabul, welches von einem persischen Stamm bewohnt war, die sich al-Afghan nannten. Ihre Streitmacht war erheblich, doch sie waren auch gefürchtete Räuber. Der König der Afghanen wohnte auf dem Berg Takht-i Sulaiman. Ibn Battuta zog weiter und wurde bei der Festung von Karmask überfallen. Die Räuber konnten aber in die Flucht geschlagen werden. Ibn Battuta übernachtete in Shashnagar. Danach setzte er seine Reise durch die Wüste fort, wo er dem tödlichen Sammu, einem Sandsturm, der alles wegfegte, entkam. Im Jahre 1333 erreichte er schließlich Panjab, was soviel wie „fünf Gewässer“ heißt. Hier erblickte er den aus seiner Sicht größten Strom der Welt. Die Bauern richten sich nach den Gezeiten so wie die Bauern am Nil. In Panjab angekommen wurde er und seine Begleiter von dem Gouverneur der Stadt Multan empfangen. Der Sultan selbst residierte in Delhi, etwa 50 Tagesmärsche entfernt. Die Staatspost schaffte es in fünf Tagen dorthin Nachrichten zu bringen. Es existierte in Indien die Pferdepost. Diese Pferdeposten stehen alle vier Meilen und die Läuferpost, d.h. die Läufer postieren sich in bestimmten Abständen. Auf diese Weise wurden nicht nur Nachrichten beförderte, sondern auch Nahrungsmittel transportiert, damit sie unterwegs nicht verfaulen. Betritt ein Fremder das Reich, so wird der Sultan über diesen genauestens informiert. Am Hofe des Sultans arbeiteten zahlreiche Ausländer als Gelehrte und Beamte. Es war auch Gewohnheit, dass jeder, der den Sultan besucht, diesem auch ein Geschenk mitbrachte. Doch auch der Herrscher, Sultan Abul Mujahid Mohammed Schah, beschenkte die Gäste reichlich. Ibn Battuta, in der Provinz Sind angekommen, kaufte Pferde und Kamele ein. In Ghazna kaufte er erneut zahlreiche Pferde und ein besonderes Pferd für den Sultan. Auf dem Weg nach Delhi überquerte Ibn Battuta eine Sumpflandschaft, wo viele Nashörner lebten. Ibn Battuta erreichte Delhi und beschenkte den König großzügig. Dieser lud Ibn Battuta zur Jagd ein. Der Sultan und seine Gäste saßen auf Elefanten, während die Jäger mit Pferden und zu Fuß in die Wälder vordrangen. Nach einigen Tagen am Hofe des Königs, wanderte Ibn Battuta entlang des Ganges in Richtung der Stadt Jenani.

Die Bewohner dieser prächtigen Stadt gehörten dem Stamme der Samira an. Über die Sitten dieses Stammes erfuhr Ibn Battuta einiges, hauptsächlich durch Erzählungen des frommen Ruhn ed-Din. Sie seien verschlossen, heirateten nur unter sich. Die Stadt wurde vom Emir Umar es Samiri im Auftrage des Sultans verwaltet. Nach einem gescheiterten Putschversuch flüchtete der Emir und Kaiser ar-Rumi übernahm im Auftrag des Sultans die Verwaltung der Stadt und ernannte sich später selbst zum König. Der Sultan ließ daraufhin die Stadt einnehmen und ar-Rumi hinrichten. Exemplarisch ließ er zahlreiche Menschen enthaupten und über weite Strecken die Häute zur Abschreckung aufhängen, aus den Köpfen ließ er in der Stadt eine Mauer bauen. Ibn Battuta verließ daraufhin die Stadt. In Begleitung des Ala ul-Mulk aus Chorasan, der zum Gouverneur von Lahori ernannt wurde, verließ Ibn Battuta Jenani und segelte auf einem Schiff mit diesem den Indus abwärts. Ibn Battuta beschrieb die Jacht des Ala ul-Mulk, die Ahaura, als luxuriös und die Fahrt als recht vergnüglich. Die Reise nach Lahori auf dem Fluss dauerte fünf Tage. Lahori wird als eine sehr schöne und auch ruhige Stadt beschrieben, wo der Indus ins Meer fließt. Der Hafen der Stadt wird insbesondere von Arabern und Persern benutzt und bringt der Stadt respektable Steuereinnahmen. Außerhalb von Lahori entdeckte Ibn Battuta die Ruinen der alten Stadt Dewal, deren Bewohner nach indischer Überlieferung aufgrund ihrer Bösartigkeit in Steine verwandelt wurden. Nach fünf Tagen Aufenthalt in Lahori reiste Ibn Battuta nach Bakar, wo er die Rechtsgelehrten Sadr ed-Din und Abu Hanifa traf.

In der Nähe der Stadt wohnte der fromme Schams ed-Din Mohammed aus Schiraz, den Ibn Battuta ebenfalls besuchte und dieser behauptete über 120 Jahre alt zu sein. Ibn Battuta setzte seine Reise in Richtung Ujah fort. Dort angekommen wurde er vom Gouverneur der Stadt, Jelal ed-Din al Kiji, herzlich empfangen und zwischen ihnen entwickelte sich eine herzliche Freundschaft. Ibn Battuta begegnete in dieser Stadt dem großen Gelehrten Scheich Kutb ed-Din Haidar. Ibn Battuta setzte seine

Reise fort. Er erreichte nach einigen Tagen Multan, der Hauptstadt der Provinz Sind und gleichzeitig Residenz des Generalgouverneurs, des Kutb el-Mulk. Dieser pflegte seine Bediensteten und Soldaten nach Leistungen zu besolden. Die Aufnahme in seiner Armee setzte Geschicklichkeitsprüfungen in verschiedenen Disziplinen voraus. Auch die Speisen waren außergewöhnlich. Als Vorspeise wurde Fladenbrot serviert. Danach wird gebratenes Fleisch in großen Portionen verteilt. Als Nachspeise wurde Subaniya serviert, Kuchen mit gefüllten Süßigkeiten u.a. mit Mandeln. Zum Abschluss wurde Samusch serviert, mit Mandeln, Pistazien, mit Zwiebeln bereitetes Fleisch, das sich im Inneren einer Pastete befindet. Vor Beginn der Speisung wurde Allah gehuldigt und der Kammerdiener beugte sich in Richtung der Kaaba. Als Getränk wurden entweder Kandiszuckerwasser oder Bier angeboten. Nach dem Essen wurde Allah erneut gedankt, erneut beugte der Kammerdiener sein Haupt gen Mekka, stellvertretend für alle.

Ibn Battuta reiste weiter und erreichte die Hindustadt Abuhar. Diese Stadt wurde als eine Stadt der Blumen bezeichnet. Typisch für diese Gegend waren die Mangobäume, die viele Schatten warfen. Hier lebten hauptsächlich Inder, die sich dem Islam widersetzten. In Begleitung einer Karawane und geschützt von Soldaten des Sultans überquerte Ibn Battuta die Gegend von Abuhar. Dabei wurden sie überfallen und Ibn Battuta wurde im Kampf gegen die Räuber von einem Pfeil getroffen. Dieser verursachte allerdings keine große Verletzungen, da die Pfeile keine signifikante Durchschlagskraft hatten. In der Stadt Ajudehen angekommen erlebt Ibn Battuta erstmalig wie ein verstorbener Inder und seine Frau verbrannt wurden. Die Ehefrau schminkte sich und kleidete sich festlich und ließ sich in Begleitung von Brahmanen zu den Verbrennungsplätzen begleiten, um dort mit ihrem verstorbenen Ehemann verbrannt zu werden. Ibn Battuta berichtet weiter, dass diese Handlungen bei den Indern als eine große Tugend gelte, jedoch müssten die Witwen sich nicht verbrennen lassen. Wenn sie sich aber nicht verbrennen ließen, so würden sie von der Gesellschaft missachtet und verachtet. Tun sie es doch, so erntet die Verwandtschaft Respekt und Achtung. Die Inder, so Ibn Battuta, haben die Vorstellung, dass sich die Toten begegnen. Daher werden Grüße an die Toten ausgesprochen, die von den frisch Verstorbenen vermittelt werden sollen. Ibn Battuta beschrieb auch die Pilgerfahrt zum Ganges, wo sich viele Hindus freiwillig ertränkten. Andere streuten die Asche der Verbrannten in den Ganges. Die Hindus glauben, dass der Ganges dem Paradies entspringe.

Nach diesen grausigen Erlebnissen, setzte er seine Reise fort und erreichte nach wenigen Tagen die Stadt Sarsati, die Stadt des Reisanbaus. Über Hausi erreichte er Masud-Abad. Hier wurde er vom Gelehrten Ala ed-Din empfangen und nach Delhi, der Residenz des Sultans, begleitet. Ibn Battuta beschrieb die vielfältigen Gemüse- und Obstsorten des Landes, darunter die Mangobäume und die Mangofrüchte. Er beschrieb auch die Scharki- und Barkibäume, deren Früchte am Stamm wachsen und die süß seien. Ibn Battuta erwähnte auch die Frucht des Ebenholzbaumes. Sie ähnelt der Aprikose, ist jedoch deutlich süßer. Auch Jumma, eine Frucht die der Olive ähnelt, wird von ihm beschrieben. Er beschreibt weitere Fruchtsorten so die Angur, die wie eine Weinbeere schmeckt und getrocknet wird wie eine Feige. Aus dem Kern dieser Frucht wird Öl erzeugt. Die Granatapfelbäume trugen zweimal im Jahr Früchte und im Boden gedeiht die Kastra, eine knollige Wurzel, die der Kastanie ähnelt. Die Inder sähen zweimal im Jahr Getreide aus. Die Körnerfrüchte sind sehr unterschiedlich. Es existiert das Kurdu, eine Art Hirse, das Kal, eine Gattung der Negerhirse. Kleinere Körner werden Schamak genannt. Schamak ist die Nahrung der Asketen. Das Masch, eine Art Erbsen, ist weit verbreitet. Munja wird häufig mit Reis gekocht und mit Butterschmalz gegessen. Das Gericht heißt Kiscgri und ist Bestandteil eines jeden Frühstückes im Land der Hindus. Die Lubiya ist eine Bohnensorte. Überhaupt ist die Erde in Indien sehr fruchtbar und ertragreich.

In Delhi angekommen ist Ibn Battuta ergriffen. Die größte Stadt Indiens besteht aus vier zusammenhängenden Städten. Die Stadtmauer sucht seines Gleichen. Im Innenraum der Mauer können Reiter und Fußgänger von einem Ende der Stadt zum anderen gelangen. Die Mauer diente auch als Kammer. Delhi zählte insgesamt 28 Tore. Die Hauptmoschee, genannt sieben Metalle, ist außergewöhnlich groß. Auch das Minarett der Moschee ist sehr groß. Sultan Mohammed Schah Abul-Mujahid herrschte über das islamische Indien. Er war großzügig, konnte aber auch grausam sein im Kampf gegen Ungerechtigkeit. Er wird als ein sehr religiöser Mensch beschrieben. Jeden Freitag hielte der Sultan im Audienzsaal, Hezar Ustum, seine Audienzen ab. Seine Herrschaft war absolut. Jeder Verstoß wurde mit dem Tode bestraft und seine Foltermethoden waren gefürchtet. Vom Sultan erhielte Ibn Battuta Unterkunft und finanzielle Zuwendung. Nach einigen Monaten in Delhi starb die Tochter des Ibn Battuta, sie wurde gerade mal ein Jahr alt. Im islamischen Indien ist es Sitte, das Grab nach drei Tagen aufzusuchen, über den Grabhügel Blumen und trockene Früchte zu streuen und schließlich aus dem Koran zu rezitiert. So geschah es auch bei seiner Tochter. Danach wurden die Anwesenden mit Rosenwasser besprenkelt und ein Kandiszuckergetränk sowie Betel wurden verteilt.

Ibn Battuta wurde vom Sultan zum Aufseher von drei Dörfern ernannt, Badali, Basali und Balara. Die Hälfte der Steuereinnahmen durfte er behalten, somit konnte Ibn Battuta sein Leben finanzieren. Ibn Battuta, der in Indien Bedr ed-Din genannt wurde, genoss die Freundschaft des Herren der Welt, des Sultans von Indien. Ibn Battuta wurde zum Richter von Delhi ernannt. Er nahm auch an der Niederschlagung des Aufstandes, unter der Führung des Ain al-Mulk in der Nähe der Stadt Daulat-Abad, teil. Dabei unterstützte Ibn Battuta den Sultan, der Ain al-Mulk besiegte. Zusammen mit dem Sultan kehrte Ibn Battuta, nach Überquerung des Ganges, nach Delhi zurück. Aus ungeklärten Gründen fiel Ibn Battuta in Ungnade am Hofe des Sultans. Er zog sich aus den Diensten des Sultans zurück und folgte Scheich Kamal ed-Din Abdallah el-Gari, einem frommen Imam.

Nach ca. 5 Monaten wurde Ibn Battuta vom Sultan nach Siwestan beordert. Dort bat der Sultan Ibn Battuta an, seine Tätigkeit wieder aufzunehmen. Dieser brach jedoch, mit Erlaubnis des Sultans, nach Hedschas auf. Dort lebte er wie ein Asket. Auf Wunsch des Sultans, der die Reiselust des Ibn Battuta kannte, wurde Ibn Battuta zum König der Chin geschickt. In Begleitung der Gesandten des Königs von China und weiteren Begleitern brach Ibn Battuta im Jahre 1342 von Delhi aus nach China auf. Über Tilpat gelangten sie nach Kowil, eine durch die Hindus belagerte Stadt. Nach einer erfolgreichen Schlacht gegen die Belagerer, die vernichtend geschlagen wurden, wurde die Reise fortgesetzt. Nach einem erneuten Überfall wurde Ibn Battuta von den Hindu-Rebellen gefangengenommen. Ibn Battuta wurde nach seinem Vorsprechen beim Anführer der Rebellen freigelassen und setzte alleine seinen Weg nach China fort.

Nach einigen Wochen erreichte er, nachdem er zuvor Hilfe aus Kowil erhalten hatte, Burj-Bura, die vom Scheich Mohammed el-Uyran, dem Nackten, bewohnt wurde. Nach einer kurzen Rast, wurde die Reise fortgesetzt und er erreichte die Stadt Kanauj. Eine wohlhabende Stadt, die Zucker produzierte und exportierte. Die Reise wurde fortgesetzt über Hanaul, Wesipur und el-Bajalisa, um in der Stadt Mauri anzukommen. Dort traf er den frommen Asketen Scheich Kutb ed-Din aus Fergana. Ibn Battuta erreichte danach die Stadt Marh. Eine von Hindus bewohnte Stadt, die allerdings dem Sultan tributpflichtig war. Die Bewohner dieser Stadt gehörten dem Stamme der Malawa an. Deren Frauen waren ausgesprochen hübsch und sehr leidenschaftliche Liebhaberinnen. Das nächste Reiseziel war die stark befestigte Stadt Galier. Dort wurde er vom Gouverneur Achmed mit allem Nötigen versorgt. Danach traf er in der Stadt

Periwan ein, die von Mohammed ibn Beiram verwaltet wurde. Hier erfuhr er einiges über die indische Mythologie, über die Askese und über die vegetarische Ernährung. Er lernte dort sogenannte Jogis kennen. Sehr beeindruckt reiste Ibn Battuta weiter nach Dschandiri und von dort nach Zihar. An den Straßen zwischen den Städten waren Säulen aufgestellt, die die Entfernung zur nächsten Stadt oder den nächsten Rastplatz angaben. Zihar wurde von Scheich Ibrahim, einem aus den Malediven stammenden Mann, verwaltet. Diese Stadt war für ihre süßen Melonen bekannt. In dieser Stadt befand sich auch das Grab der Liebenden. Nachdem ihr Freund hingerichtet wurde, suchte die Geliebte den Freitod, um im Jenseits ihren Geliebten wieder in die Arme nehmen zu können. Ibn Battuta verließ diese Stadt und ging nach Ujjain, der Stadt des Fürsten Nasir ed-Din, Sohn des Ain al-Mulk, der im Kriege gegen die Hindus fiel. Diese Stadt war auch die Heimatstadt des aus Granada stammenden Gelehrten und Mediziners Jemal ed-Din al-Maghrabi. Nach Ankunft in Daulat-Abad, einer mittelgroßen Stadt, die von Khutlu Khan, dem Erzieher des Sultans, regiert wurde, blieb Ibn Battuta einige Tage. Diese Stadt war unsauber und voller Ratten. Die Einwohner dieser Stadt gehörten zum Stamm der Mahraten. Die Frauen in dieser Stadt waren äußerst hübsch und sehr erotisch. Die Haupteinnahmequelle der Stadt waren Perlen. Daulat-Abad war auch die Stadt der Sänger und Sängerinnen.

Die Reise ging nun durch die indische Küstenstädte weiter. Die nächste Stadt war Nadarbur, eine von Mahraten bewohnte Stadt, deren Einwohner geschickte Handwerker und auch gute Ärzte stellten. Die Brahmanen und Kschatriyas, Adelige und Kaufleute, ernähren sich hauptsächlich von Reis, Gemüse und Sesamöl. Sie aßen kein Fleisch, weil die Tiere für sie heilig waren. Sie tranken auch keinen Wein. Die nächste Station war Sagar. Eine Stadt am selbigen Fluss mit großen Wasserreservoiren zur Bewässerung der Mango-, Bananen- und Zuckerrohrplantagen. Die Stadt erhob keine Steuern. Entlang des Flusses gelangten Ibn Battuta und seine Gefährten in die Stadt Kamboya. Eine Stadt, die durch Ebbe und Flut bestimmt war. Diese Stadt zeichnete sich durch eine besondere Architektur aus. Die Häuser und Moscheen waren prachtvoll geschmückt. Die Stadt wurde hauptsächlich von Kaufleuten bewohnt. Von dort ging es über Kawi nach Kandahar, die vom Hindu Raja Jalausi regiert wurde, der dem Sultan ebenfalls tributpflichtig war.

Die Seereise des Marokkaners Ibn Battuta begann in Kandahar. Auf dem Schiff Jagir wurden u.a. zahlreiche Pferde, als Geschenk für den chinesischen Kaiser untergebracht. Begleitet wurde das Schiff von einer Korvette, einem Kriegsschiff mit 60 Rudern. Das Kriegsschiff war mit einem Dach überdeckt, damit im Falle eines Kampfes, diese nicht von Steinen getroffen wurden. Auf dem Jagir befanden sich neben Ibn Battuta und seinen Begleitern sowie den Pferden, auch Schützen und äthiopische Krieger. Die Äthiopier waren gefürchtet. Bereits nach zwei Tagen erreichte die kleine Flotte die unbewohnte Insel Beiram. Dort machte Ibn Battuta Rast, um am nächsten Tag in der Stadt Kuha anzulegen. Dort besuchte er den großen Basar und verrichtete seine Gebete, bevor er auf die Jagir zurückkehrte. Nach weiteren drei Tagen erreichte die Jagir die Insel Goa. Auf dieser Insel befanden sich mehr als 30 kleine Orte. Hier befanden sich auch zwei große Städte, eine ältere und eine neue, die von den Muslimen erbaut wurde, sie ähnelte Bagdad. Von da an segelten sie in Richtung Hinaur, eine bekannte Hafenstadt, die in regelmäßigen Abständen von Taifunen heimgesucht wurde. Die Bewohner dieser Stadt galten als fromm und als sehr tüchtige Seefahrer. Die Frauen trugen ungenähte Kleider und Goldringe in der Nase. Die Bewohner galten als gebildet. Die meisten von ihnen hatten den Koran auswendig gelernt. In der Stadt gab es zahlreiche Mädchenschulen. Die Bewohner ernährten sich vom Seehandel. Der Sultan von Hinaur, Jemal ed-Din Mohammed, war ein frommer Mann, der den Gesetzen des Koran folgte. Während des ganzen Aufenthaltes auf Hinaur hat Ibn Battuta wohl kein Brot gegessen, denn Hauptnahrungsmittel der Eingeborenen war Reis.

Zum Abschied erhielte Ibn Battuta vom Sultan Reisevorräte. Nach drei Tagen auf dem Meer wurde die Küste von Malabar, dem Land des Pfeffers, erreicht. Entlang dieser Küste konnte Ibn Battuta beobachten, dass dieses Land kultiviert war. Jeder besaß ein Haus und einen Garten. Der Garten wurde von einem Holzzaun umschlossen. In diesem Lande existierten keine Esel und Pferde. Sie waren ausschließlich dem Sultan vorbehalten. Die Bewohner waren meistens in Sänften unterwegs. Die Straßen waren vorzüglich. In Malabar herrschten zwölf hinduistische Sultane. An der Grenze eines jeden Landes befand sich ein Schild, auf dem der Name des Herrschers stand. Diese Schilder wurden auch als Asyl-Tor bezeichnet, weil sie, sobald man dieses Gebiet betrat, Sicherheit vor Verfolgung durch andere Herrscher boten. Es existierte tatsächlich eine Art Asylrecht. Nach einigen Tagen Reise kamen sie in Manjarur an. Hier trieben Menschen aus Persien und aus dem Jemen Handel mit Pfeffer und Ingwer. In dieser Stadt wohnte eine bedeutende muslimische Minderheit, die häufig in Auseinandersetzungen mit den Hindus geriet. Nach einer kleinen Pause wurde die Reise fortgesetzt. In Hili angekommen besuchte Ibn Battuta die prächtige Hauptmoschee. Diese Stadt wurde auch von chinesischen Handelsschiffen angefahren. Hili war auch eine bedeutende Universitätsstadt. Hier lehrte der berühmte Islam-Gelehrte Hasan el Wazzam.

Über Jur-Fattan erreichten Ibn Battuta und seine Gefährten Deh-Fattan. Die Stadt war bekannt für ihre Produkte zu denen Kokos, Pfeffer, Arika, Betel und Bananen gehörten. Die Zentralmoschee war eine prächtige Moschee, umgeben von einem Garten mit exotischen Pflanzen. Hier verrichtete Ibn Battuta seine Gebete und setzte die Reise nach Bud-Fattan fort, einer bedeutenden Hafenstadt. Sie wurde hauptsächlich von Brahmanen bewohnt, die eine tiefe Abneigung gegenüber den Muslimen verspürten. Er verließ diese Stadt rasch und erreichte über Faudaraina Kalkut. Die größte Hafenstadt in Malabar. Sie wurde von Seeleuten aus China, Ceylon, den Malediven, Persien und dem Jemen angefahren. Der Sultan von Kalkut war ein Hindu, doch seine Gelehrten und Beamten waren allesamt Muslime. Ibn Battuta blieb drei Monate in diese Stadt, bevor die Weiterreise nach China erfolgte.

Die Chinesen erlaubten das Befahren ihrer Gewässer nur in Begleitung chinesischer Schiffe. Die großen chinesischen Schiffe hießen Dschunke, die mittleren Zau und die kleineren Kakan. Auf allen Schiffen bestanden die Mannschaften zu 50% aus Matrosen und zur anderen Hälfte aus gut ausgebildeten Soldaten. Bei den Chinesen war es üblich, die eigenen Frauen und Sklavinnen mitzunehmen. Der Schiffsbesitzer wurde zusätzlich von äthiopischen Söldnern bewacht. In Kalkut bestieg Ibn Battuta mit seinem Gefolge eine Dschunke. Diese wurde auf offenem Meer zerschellt. Ibn Battuta verlor seine Gefährten und seine Geschenke für den Kaiser von China. Mit Glück konnte er sich an Land retten. Verzweifelt reiste Ibn Battuta nach Kakam, um von dort nach China zu reisen. Auf dem Wege nach Kakam kam er nach fünf Tagen in Kunji-Kari an. Eine vornehmlich von Juden bewohnte Stadt. Nach zehn Tagen erreichte er Kaulem. Eine prächtige Stadt, die von chinesischen Kaufleuten angelaufen wurde. In Kunji-Kari fand er kein Schiff und reiste nach Kalkut zurück. Dort lernte er den arabischen Emir Sayyid Abu al-Hasan kennen, der nach Arabien reisen wollte. Ibn Battuta reiste mit diesem nach Hinaur. Dort angekommen verbrachte er die ganze Zeit in der Moschee um dort täglich den Koran zu lesen. Während dieser Zeit hatte Sultan Jemal ed-Din seine Streitkräfte zusammengezogen, um gegen Sindapur in den Krieg zu ziehen. Ibn Battuta bot sich an mit in den Krieg zu ziehen und Jemal ed-Din freute sich sehr darüber. Sindapur wurde erobert. Als Geschenk erhielt Ibn Battuta eine Sklavin zur Frau, Mubaraka. Nach ca. 3 Monaten reiste Ibn Battuta mit dem Versprechen ab, wieder zurückzukehren.

Über Schaligut, der Stadt der Stoffe, kam Ibn Battuta wieder nach

Kalikut. Dort traf er zwei seiner ehemaligen Gefährten, die ihm berichteten, dass der Rest seiner ehemaligen Gefährten sich auf Java aufhalten würde. Ibn Battuta kehrte erneut nach Sindapur zurück. Dieses wurde von den Hindus belagert, daher zog er sofort weiter. Ibn Battuta änderte seine Reiseplanung. Nach 10 Tagen erreichte er die Malediven. Er ging zunächst auf der Insel Dibat el-Mahal an Land. Alle Bewohner dieser Inseln waren muslimischen Glaubens. Die Inseln waren in Regionen unterteilt, die von sogenannten Kordni verwaltet wurden. Auf den Malediven wuchs nur eine Getreideart, die der Hirse ähnelt. Die Hauptnahrung der Einwohner war Fisch. Dieser Fisch war rot und roch wie Schaafsfleisch. Er wurde in vier Teile geteilt, gekocht, auf Palmenblätter gelegt und über einem schwachen Feuer gelagert. Wenn er getrocknet war, wurde er gegessen. Er wurde Kulb-al Mas genannt und in allen Ländern, insbesondere in den Jemen und nach Oman und China exportiert. Die meisten Bäume waren Kokosbäume. Aus der Kokosfrucht wurde Öl, Milch und Honig hergestellt. An Gewächsen gab es den Jumum, die Orange, die Zitrone und die Kolokaria. Aus der Wurzel der Kolokaria wurden Nudeln zubereitet. Die Inselbewohner galten als Romantiker und Ibn Battuta verbrachte zusammen mit seinen Frauen schöne, knapp zweieinhalb Jahre auf den Malediven. Die Malediver wurden als fromm, tüchtig, zuverlässig und als gute Krieger beschrieben. Deren Moscheen bauten sie aus Holz. Auch achteten die Malediver sehr auf die Hygiene, wohl auch wegen der Hitze. Ihre Kleidung bestand aus Schürzen und Turbanen. Zum Schutz vor dem Wasser wurde der Fußboden ihrer Häuser hoch über den Boden gelegt. Die Bewohner der Malediven gingen barfuß. Der Staat sicherte sich seine Einnahmen dadurch, dass er von seinem Recht Gebrauch machte, von jedem Artikel auf einem Schiff eine bestimmte Menge zu einem günstigen Preis zu bekommen. Exportiert wurden Fisch, Kokosnüsse, Schürzen, Turbane und Kupfergefäße. Als Zahlungsmittel galt die Kaurisschnecke. Auf den Malediven lebten auch Schwarze aus dem Sudan und Mali. Ibn Battuta wurde in diesen zwei Jahren zum Richter ernannt.

Bekehrt hat die Malediver der Marokkaner Abu al-Barakat, ein Berber, der den Koran nicht nur auswendig konnte, sondern ein hervorragender Lehrer war. Nach ihm wurde eine Moschee benannt. Zu Zeiten des Ibn Battuta regierte Chadija, die Tochter des Sultans Jel al-Din Omar, die Malediven. Ihre Anordnungen wurden mit einem Messer auf Palmblätter geschrieben. Das Papier blieb der heiligen Schrift vorenthalten. Beschützt wurde die Sultanin von Fremden, die mit Reis bezahlt wurden. Nach turbulenten zwei Jahren als Richter auf den Malediven reiste Ibn Battuta zunächst nach Mabar und dann weiter nach Ceylon. Von Weitem konnte der Berg Serendib erblickt werden. Nach stürmischer Überfahrt landete Ibn Battuta an der Küste Ceylons, von wo aus er zunächst zu Fuß die Stadt Battala erreichte. Diese Stadt war von Holztürmen und Holzmauern umgeben. Auf dieser Insel lebten die Bewohner von der Fischerei. Die Perlenfischerei beherrschten die Ceylonis vorzüglich. Ibn Battuta überwand sich und bestieg mit Hilfe von einheimischen Bergkletterern den Serendib. Von der Spitze genoss Ibn Battuta den herrlichen Ausblick.

Auf dem Rückweg passierte er die Stadt Konahar. Dort wurde er von Sultan Kumar empfangen, der am Hofe einen weißen Elefanten hielt. Konakar galt als die Stadt der Rubine. Ibn Battuta beschrieb gelbe, rote und blaue Rubine. Jeder konnte nach Rubinen suchen. Der Sultan legte den Preis fest. Die Berggegend war auch die Heimat von vielen Affen. Die Affen waren schwarz und hatten auffällig lange Schwänze. Die Männchen unterschieden sich von den Weibchen durch einen Bart. Als Ibn Battuta den Berg bestieg bemerkte er prächtige Bäume. Nach drei Tagen kehrte er zurück und reiste weiter nach Dewandera. Dewandera war eine bedeutende Handelsstadt. Diese Stadt beherbergte einen großen Tempel mit demselben Namen. Nach sechs Tagen Fußmarsch erreichten er und seine Begleiter die Stadt Kali. Von dort aus ging die Reise nach Kalambu, der größten und schönsten Stadt Ceylons weiter. Dort regierte der Gouverneur Jalasti, der eine äthiopische Leibgarde um sich hatte, da er den Einheimischen misstraute. In Battala setzte Ibn Battuta seine Seereise fort. Es ging nach Mabar. Die Überfahrt nach Mabar gestaltete sich sehr schwierig. Man erlitt Schiffbruch und erreichte mit Hilfe von Booten Einheimischer die Küste Mabars. An Land wurde Ibn Battuta von Einheimischen mit einer sonderbaren Frucht versorgt. Sie sah wie eine Melone aus und in ihrem Inneren befand sich eine Art Baumwolle, die eine honigähnliche Substanz enthielte. Aus dieser Substanz wurde das süße Gericht Tall hergestellt.

In Mabar angekommen traf sich Ibn Battuta mit Emir ed-Din, dem Gesandten des Sultans. Nach einigen Tagen traf sich Ibn Battuta mit dem Sultan Giyat ed-Din ed-Damegani. Dieser versorgte Ibn Battuta mit Unterkunft und Nahrung. Zur Gewohnheit dieser Menschen gehörte das Trinken von saurer Milch nach jeder Mahlzeit. Gemeinsam mit dem Sultan wurde die Heimreise nach Mutra angetreten. Giyat ed-Din war ein grausamer Herrscher, der alle Gefangenen töten ließ.

Im Nachbarland regierte der Hindu-König Bilal Diao, der über eine schlagkräftige Armee verfügte, die er bei Kubbau gegen Gijat ed-Din aufmarschieren ließ. Gijad wurde geschlagen und seine übrigen Soldaten zogen sich nach Mutra zurück. Von dort organisierte der König den Widerstand gegen Bilal. Seine beiden Kommandeure Seif ed-Din Bihadur, der Fromme, und el-Malik Mohammed as-Silahdar, standen ihm zur Seite. In einem Überraschungsangriff wurde die Armee des Bilal vernichtend geschlagen und der Hindu-König gefangen genommen. Gijat ed-Din ließ Bilal hinrichten. Ibn Battuta verließ den Sultan und ging nach Fattan, einer mittelgroßen Hafenstadt. In der Nähe dieser Stadt gab es große Granatapfelplantagen und große Weinberge. Die Stadt verfügte über eine große, aus Steinen gebaute Zentralmoschee. Nach einigen Tagen traf auch Sultan Gijat ed-Din in Fattan ein. Dort beauftragte er Admiral Chodscha Serur eine schlagkräftige Flotte aufzustellen, um zu den Malediven zu verreisen. Ibn Battuta hatte dem Sultan sehr viel über die Malediven erzählt. Der Sultan kehrte in die Hauptstadt Mutra zurück. Dorthin verschlug es auch Ibn Battuta. Mutra war eine große Stadt mit großen Alleen. In Mutra angekommen, mußte Ibn Battuta feststellen, dass in dieser Stadt eine Seuche grassierte, an der bereits viele Menschen verstorben waren. Das Leiden dauerte 2-3 Tage. Auch der einzige Sohn des Sultans verstarb daran. Von diesem Verlust konnte sich der Sultan nicht erholen. Er verstarb einige Tage später. Sein Neffe Nasir ed-Din wurde sein Nachfolger. Ibn Battuta erkrankte ebenfalls an dieser Seuche. Er behandelte sich selbst mit Tamarinde. Durch die Tamarinde bekam er Durchfälle, doch nach drei Tagen erholte sich dieser und verließ die Stadt wieder in Richtung Fattan, von wo aus er in Richtung Jemen die Seereise antrat.

Unterwegs wurden sie von Piraten überfallen. Daher machten sie gezwungenermaßen in Kaulem eine dreimonatige Pause. Erneut stach Ibn Battuta in See, um den Sultan Jemal ed-Din von Hinaur aufzusuchen. Auf hoher See wurden sie erneut überfallen und ausgeraubt. Mittellos kehrte Ibn Battuta nach Kalikut zurück. Dort wurde er in der Moschee von Muslimen versorgt. Dort erfuhr er, dass er Vater eines Knaben auf den Malediven geworden war. Daher reiste er erneut zu den Malediven. Dort angekommen wurde er auf der Insel Kanalus von Gouverneur Abdel-Asis empfangen. Abdel-Asis gab Ibn Battuta eine Kundura. Mit dieser kam er nach Hululi, wo sich die Sultanin der Malediven aufhielt. Ibn Battuta besuchte dort seinen zwei jährigen Sohn. Nach nur zwei Tagen auf den Malediven entschloss er sich weiter zu reisen. Nach 43 Tagen Seereise erreichte Ibn Battuta Bengalen, das Land des Unheils und das Land, das reich an Reis ist. Die Nahrungsmittelpreise waren sehr niedrig. Die erste Stadt auf dem bengalischen Gebiet die Ibn Battuta betrat, hieß Sodchawan. Eine Stadt, wo sich der Ganges und die Jumna vereinigten und in den Ozean fließen. In Bengalen herrschte Sultan Fach ed-Din, ein bekennender Sufist. In Sodchawan hatte Ibn Battuta jedoch keinen Kontakt mit Fach ed-Din. Ibn Battuta reiste in Richtung Namaruberge ab. Auf dem Wege dahin überquerte er fruchtbares Bergland, das sowohl an China als auch an Tibet grenzte. Die Einheimischen hatten Gesichtszüge ähnlich denen der Türken. Sie galten als gefürchtete Zauberer. Ibn Battuta besuchte auf seiner Reise den damals bekannten Scheich Jelal ed-Din et-Tibrizi, der einige Zeit in Bagdad lebte und dort die Bekanntschaft des abbasidischen Kalifen al-Mustasim Billah machte. Der Scheich war ein frommer und weiser Mann, der in seiner eigenen Schule Islamwissenschaften sowie Mathematik und Philosophie lehrte. Er selbst fastete in regelmäßigen Abständen. Ibn Battuta wurde von ihm herzlich empfangen. Als Ibn Battuta sich von diesem außergewöhnlichen Menschen verabschiedete, gab er ihm seine eigene Kleidung und wünschte ihm Gottessegen auf seiner weiteren Reise. Nach einigen Tagen kam Ibn Battuta in Sonorkawan an. Dort bestieg er eine Dschunke in Richtung Java, im heutigen Indonesien. Nach zwei Wochen auf hoher See erreichten sie das Land Barahnager, dessen Bewohner den Nordafrikanern ähneln, aber weder Muslime noch Hindus waren. Sie wohnten in Hütten aus Bambusrohr. Die Männer liefen nackt herum, nur das Glied und die Hoden wurden in einen Rohrstock gesteckt, der an den Bauch gebunden wurde. Die Frauen bedecken ihre Hüften mit Baumblättern. Unter ihnen lebten einige Muslime, die aus Bengalen stammten. Sie bewohnten ein eigenes Viertel. Ibn Battuta erfuhr, dass bei diesem Volk der Geschlechtsverkehr öffentlich vollzogen wurde. Es herrschte eine ausgeprägte Polygamie. Diese Eingeborenen versorgten die Seefahrer mit Trinkwasser aus dem Landesinneren. Sie selbst wohnten und lebten nicht an den Küsten, sondern tief im Dschungel. Sie verfügten über kleine Boote, die aus ausgehöhlten Baustämmen konstruiert wurden. Auf diesen Booten verkauften sie Bananen, Reis und Fische an die Seefahrer. Nach einem kurzen Aufenthalt wurde die Seereise fortgesetzt und nach 4 Wochen erreichte Ibn Battuta die Insel Java.

Welch eine fruchtbare Insel. Es existierte eine große Vielfalt an Bäumen, Kokosnüssen, Gewürznelken, Mangobäumen und Apfelsinnen. Als Zahlungsmittel waren chinesische Münzen im Umlauf. Die Ankunft des Ibn Battuta auf der Insel blieb dem Sultan nicht verborgen. Er lud Ibn Battuta und seine Gefährten Emir Daulsa und Scherif Emir Sayyid el-Isfahani in seinem Palast in Sumatra ein. Sultan el-Malik az-Zahir, Herrscher von Java, der die bedeutendsten Gelehrten des Landes an seinem Hofe sammelte, war ein neugieriger Mensch. Dieser Sultan, auch Pfeiler des Reiches, aufgrund seiner zahlreichen erfolgreichen Eroberungszüge genannt, begrüßte Ibn Battuta mit Handschlag wie dies dort üblich war.

Der Sultan pflegte philosophische Gespräche zu führen. Er verbrachte die meiste Zeit in der Zentralmoschee, wo er sich den Islamwissenschaften widmete.

Die Bewohner von Java trugen Schürzen statt Hosen. Das Hauptnahrungsmittel war auch hier der Reis. Ihre Häuser bauten sie aus Holz. Der Aufenthalt beim Sultan dauerte 15 Tage. Danach konnte Ibn Battuta die Reise nach China antreten, denn von Java aus konnte man regelmäßig nach China reisen. Als Geschenk für Ibn Battuta ließ der Sultan ein Schiff für die Reise nach China ausrüsten. Nach ca. 4 Wochen erreichte das Schiff mit Ibn Battuta an Bord Kambodscha. Ein Land, das von nur wenigen Muslimen bewohnt war. Die meisten waren Buddhisten oder Hinduisten. Typisch für dieses Land war der Benzoebaum. Ein kleiner Baum, dessen Zweige ähnlich der der Artischocke sind. Auch der Kampferbaum war sehr häufig anzutreffen. Aus Kambodscha kam das beste Aloeholz, hauptsächlich aus Kakula und Kumara. Am Hafen von Kakula waren zahlreiche Schiffe zu sehen, die hauptsächlich der Piraterie dienten. Die Stadt selbst war von einer großen Mauer umgeben. Die Häuser wurden aus geformten Steinen gebaut.

In Kambodscha war die Wolle begehrter als Seide. Als Reittiere dienten Elefanten. Einzig der Herrscher besaß Pferde. Ibn Battuta war 3 Tage Gast des Herrschers, der sich als sehr gastfreundlich erwies. Danach setzte Ibn Battuta seine Reise fort. Nach 30 Tagen Seereise erreichten sie das stille Meer. Auf diesem Meer wurden die chinesischen Schiffe von Ruderfahrzeugen geschleppt. Nach weiteren 2 Monaten auf diesem Meer erreichte Ibn Battuta und seine Gefährten Tawalisi, ein Land, das sich nach seinem König nannte. Dieses Land verfügte über eine große Flotte mit der es die Chinesen bekämpfte. In ihrem Aussehen ähnelten die Bewohner dieses Landes den Türken. Auch die Frauen trugen Waffen und waren ausgezeichnete Kämpferinnen. Nach einem gemeinsamen Abendessen mit der Kriegerprinzessin der Stadt Kailukari, stach Ibn Battuta erneut in See in Richtung Sin, dem heutigen Reich der Mitte. China konnte durch seine Größe und sein fruchtbares Land beeindrucken. Das Land war reich an Obst, verschiedenen Getreidesorten sowie Gold und Silber. China wurde von einem großen Fluss durchströmt, welcher Abi-Hajat hieß. Er entspringt den Bergen Chinas in der Nähe der Stadt Chan-Balik, durchquerte China und endet in Sinei Sin, im heutigen Kanton. China war gut organisiert und die Straßen waren gepflegt. Die Gartenanlagen waren außergewöhnlich und Ibn Battuta nahm mit Bewunderung und Erstaunen zur Kenntnis, dass diese Gärten mit Bewässerungsmaschinen versorgt wurden.

China war reich an Zuckerohr, Weintrauben und Pflaumen. Die Kürbisse waren sehr groß und sehr schmackhaft und sie erinnerten Ibn Battuta an seine Zeit in der ältesten bewohnten Stadt der Welt, an Damaskus.

Nahezu alle Früchte, die Ibn Battuta kannte, gab es auch in China, jedoch von besserer Qualität. Die Chinesen produzierten auch große Mengen an Reis, Linsen und Kichererbsen. Die Produktionsstätte des chinesischen Porzellans hatten ihren Sitz in den Städten Sai-tun und Sin-Kalan. Ibn Battuta fielen die großen Hähne und Hühner auf. Die chinesische Ente war eine Offenbarung. Die Chinesen selbst waren Anhänger des Buddhismus. Sie verbrannten ihre Toten wie in Indien. Der Herrscher über Sin, China, war ein Nachfahre des großen Dschingis Khan. Für die Muslime existierte in Peking ein eigenes Viertel mit zahlreichen Moscheen.

Die Essgewohnheiten der Chinesen waren für Ibn Battuta gewöhnungsbedürftig. Sie aßen alles. Hundefleisch war eine besondere Spezialität. Die Chinesen waren eher bequeme Menschen, die nach Aussagen des Ibn Battuta wenig Wert auf ihr Aussehen legten, obwohl China reich an Seide und Gold war. Als Zahlungsmittel diente Papiergeld, das den Stempel des Kaisers trug. Ibn Battuta bewunderte die Kunstfertigkeiten der Chinesen. Sie erwiesen sich als ausgezeichnete Maler. Der Kaiser beauftragte seine Hofmaler, jeden Fremden auf einem Bild festzuhalten, so dass im Falle eines Deliktes ein Steckbrief an alle Provinzen geschickt werden kann. Bereits bei der Ankunft in China muss sich jeder registrieren lassen. Abstoßend fand Ibn Battuta die Tatsache, dass die Chinesen ihre Söhne und Töchter verkauften. Gleichwohl war China eines der sichersten Länder der damaligen Zeit. Die Straßen waren gut ausgebaut und in regelmäßigen Abständen wurden entlang der Straßen kleine Übernachtungsmöglichkeiten eingerichtet, die dem Kaiser unterstanden, also staatlicher Kontrolle unterlagen.

Ibn Battutas erste Station auf chinesischem Boden war die Stadt Zaitun. Zaitun war eine prächtige Stadt und der Hafen dieser Stadt war der größte der Welt. Über 100 Schiffe konnten dort anlegen, also eine große Flotte. Dementsprechend waren die Bewohner dieser Stadt wohlhabend. Die Mehrheit von ihnen besaßen eigene Häuser mit wunderbaren Gärten. Nach einem langen Aufenthalt in der Stadt Zaitun besuchte Ibn Battuta, mit Erlaubnis des Kaisers, die Stadt Sina Sin. Hier mündete der Fluss Abi-Hayat ins Meer. Typisch für diese Stadt war die Töpferproduktion. Die Stadt verfügte über einen Tempel und ein Krankenhaus. Auch in dieser Stadt gab es ein Viertel in dem nur Muslime wohnten, die über eine große Moschee verfügte. Die Muslime hatten eine eigene Verwaltung mit entsprechender Justiz. Nach einem Aufenthalt in Sin a

Sin erhielte Ibn Battuta die Einladung des Kaisers, ihn in seiner Residenz in Kanjanfu zu besuchen, der Hauptstadt des Reiches. Diese wurde von vier Mauern umgeben. Hinter der ersten Mauer wohnten die Sklaven des Kaisers, die die Stadt nach Außen hin verteidigten. Hinter der zweiten Mauer wohnten berittene Truppen. Hinter der dritten Mauer wohnten die Muslime. Hinter der vierten Mauer wohnten die Chinesen. Die Stadt verfügte über eine Kanalisation und über ein ausgezeichnetes Bewässerungssystem. Jeder der Bewohner dieser Stadt besaß ein Häuschen mit einem eigenen Garten. Ibn Battuta verließ nach einigen Tagen Kanjanfu und reiste in die Stadt Beiwan Kutlu. Eine ausschließlich von Chinesen bewohnte Stadt. Ibn Battuta hielt sich nur kurz dort auf, um weiter nach Chansa zu reisen, einer sehr großen Stadt, die sich in sechs Einzelstädte aufteilte. In dieser Stadt traf Ibn Battuta den Gelehrten und Richter Afchar ed-Din, einem Nachfahren des berühmten Otman ibn Afan. Auch diese Stadt wurde zum Schutz von einer sehr großen Mauer umgeben. Innerhalb dieser Mauer teilte sich die Stadt in sechs große Städte, die jeweils von einer Mauer umgeben wurden. In dieser Stadt wohnten sehr viele Türken, Juden und Christen. Die Muslime bewohnten in dieser Stadt ebenfalls ein eigenes Viertel, in dem es zahlreiche Basare und Moscheen gab. Regiert wurde die Stadt vom Chinesen Kortai. Diese Stadt wurde von künstlichen Wasserkanälen durchzogen, die wie in Venedig von kleinen Booten befahren wurden. Neben dem Warenaustausch, konnten auch Vergnügungsfahrten gebucht werden. Der Regierungssitz befand sich im Zentrum der Stadt. Kortai lud Ibn Battuta ein und erklärte ihm die Gepflogenheiten der chinesischen Gesellschaft. So wurden Männer, die das 50-igste Lebensjahr erreicht hatten, vom Dienst befreit und vom Staat versorgt. Chinesen, die das 60-igste Lebensjahr erreichten, wurden zu den Kindern gezählt, so dass bei Straftaten das Gesetz nicht zur Anwendung kam. Das Alter wurde in China geschätzt. Ältere Menschen genossen ein hohes Ansehen. Als Gast des Kortai durfte Ibn Battuta mit einem Schiff Spazierfahrten auf den Kanälen unternehmen. Auf den kleinen Schiffen befanden sich Musiker, die arabische, persische und chinesische Lieder sangen. Die kleinen Schiffe waren mit Malereien geschmückt. Die Stadt selbst war für die Produktion von Stoffen und Schlüsseln berühmt. Von da setzte Ibn Battuta seine Reise nach Peking fort. In Peking befand sich der Hauptsitz des Kaisers. Die verbotene Stadt, so nannten die Chinesen den Kaiserpalast in Peking, lag im Zentrum Pekings. Die gesamte Kaiserstadt war aus Holz gebaut und besaß sieben Tore.

Während seines Aufenthaltes in Peking wurde der Kaiser ermordet und samt seinem Geld und Schwertern sowie vier Sklavinnen in einem Mausoleum begraben. Nach dem Tode des Kaisers, übernahm sein Vetter Firuz, ebenfalls mongolischer Abstammung, die Herrschaft und verlegte seine Residenz von Peking nach Karakorum. Die Ermordung des Kaisers bzw. des Khans und die Verlegung der Hauptstadt führten zu Auseinandersetzungen innerhalb Chinas. Bevor der Bürgerkrieg ausbrach, verließ Ibn Battuta China. Per Schiff kehrte Ibn Battuta nach Java zurück. In Sumatra wurde Ibn Battuta von Sultan al-Malik az-Zahir empfangen. Während dieser Zeit ernannte der Sultan seinen Sohn zu seinem Nachfolger. Mit zahlreichen Geschenken verabschiedete sich der Sultan von Ibn Battuta, der nach Kaulem weiterreiste. Dort kam er im Monat Ramadan an. In der Hauptmoschee betete er und brach täglich das Fasten mit anderen Muslimen. Nach dem Monat Ramadan reiste er nach Kalikut weiter. Dort angekommen nahm er ein Schiff in Richtung Arabien. In Oman angekommen reiste Ibn Battuta nach Bagdad weiter. Getrieben vom Glauben und Neugier reiste er erneut in seine geistige Heimat, den heiligen Städten Mekka und Medina. Dieser Ort gab ihm Kraft und Zuversicht. Die Aufenthalte dort waren für ihn eine Massage für die Seele.

Nach der Rückkehr des Scheich Abu Abdallah Mohammed, Sohn des Abdallah, Sohn des Mohammed, Sohn des Ibrahim vom Stamme der Lawate aus der marokkanischen Hafenstadt Tanger, in seine Heimat, trieb ihn die Sehnsucht erneut die Welt zu erkunden, diesmal allerdings in Richtung Schwarzafrika.

Über Marrakesch, einer Stadt mit zahlreichen Gärten und der berühmten Moschee Al-Kutubija sowie dem Platz der Gehenkten, begann Ibn Battuta seine Reise in Richtung der Sahara. In Marrakesch lebten viele Schwarzafrikaner. Auf der Durchreise durch Marokko besuchte er die altehrwürdige Universitätsstadt Meknes, der Stadt der Gelehrten. Von hier aus ging es über Sidijilmana in Richtung Schwarzafrika. Ibn Battuta schloss sich einer Karawane an, die zwei Monate durch die Wüste zog, um Mali zu erreichen. Das Mali-Reich gehörte zu den größten damaligen bekannten Reichen. Unter der Führung des Sultan Kankan-Musa hatte sich das Mali-Reich ausdehnen können. Kankan-Musa war nicht nur ein kluger Feldherr, sondern auch ein tüchtiger Geschäftsmann. Zu Ägypten unterhielt er eine enge wirtschaftliche Beziehung. In regelmäßigen Abständen schickte er große Karawanen nach Ägypten. Auch zum Sultan von Marokko, Abu al-Hassan, unterhielte Kankan-Musa ausgezeichnete diplomatische Beziehungen. Kankan-Musa war ein frommer Muslim, der die heiligen Städte Mekka und Medina mehrmals besuchte. Von dort kaufte er zahlreiche Bücher und holte sich berühmte islamische Gelehrte und Dichter wie as-Sahli an seinem Hofe. Im Mali-Reich herrschte Ruhe und

Ordnung, dies lag nicht zuletzt an der harten Hand des Sultans.

Im Mali-Reich lebten unterschiedliche Völker, u.a. Äthiopier, Sudanesen, Marokkaner und auch ein Teil des Volkes der Massai, die sich den islamischen Sitten angepasst hatten. Die Frauen zeugten von großer Schönheit. Sie liefen unverschleiert und teilweise mit nacktem Oberkörper in der Öffentlichkeit. Auch der Aberglaube war weithin verbreitet. Das Leben dieser Menschen war primitiv im Vergleich zu dem der Araber, Inder und Chinesen. Hauptnahrungsmittel war die Hirse. Ibn Battuta schmeckten die Speisen der Schwarzafrikaner nicht besonders. Dennoch fühlte er sich dort sehr sicher. Von Mali aus ging es nach Timbuktu, eine multikulturelle, multiethnische Stadt mit zahlreichen öffentlichen Bibliotheken und Moscheen aus Lehm, die in die Höhe ragten. Die Einwohner waren tüchtige Kaufleute. Diese Stadt war eine Stadt der Gelehrten und der Bücher. Überall wurde gelesen und über Religion und Philosophie diskutiert. Ibn Battuta war von dieser Stadt angetan. Nach einem langen Aufenthalt, setzte er seine Reise mit einem Schiff entlang des Nigers fort. Entlang des Niger-Flusses wohnten die Yorumba. Sie waren muslimischen Glaubens, nicht jedoch die Bewohner des Niger-Reiches. Sie sollen sogar Kannibalismus betrieben haben. Ibn Battuta war selbst Zeuge wie Diese Kamele, die seit Tagen tot waren, verspeisten. Erschöpft erreicht Ibn Battuta mit einem kleinen Boot Goa. Eine typisch schwarzafrikanische Stadt, in der die Frauen mit freiem Oberkörper umher liefen. Auch war die Stadt unsauber, trotz der Hitze existierte kein Kanalisationssystem und auch keine Bewässerungsanlagen. Allerdings waren die kleinen Gärten, die mit Wasser aus Wassertöpfen bewässert wurden, sehr schön und erfreuten die Seele. In Goa schloss sich Ibn Battuta einer großen Karawane an, die Früchte und Salz nach Ägypten transportierten. Nach einigen Tagen erreichte die Karawane Agades. Dort erreichte Ibn Battuta die Bitte des marokkanischen Sultan Abu al-Hassan, doch wieder in die Heimat zurück zu kehren, um über die Reiseerlebnisse zu berichten. Von Agades aus schloss sich Ibn Battuta einer neuen Karawane an, die im Monat Ramadan nach Marrakesch aufbrach. Von Marrakesch aus kehrte Ibn Battuta, der Weltreisende, nach Tanger, seiner Geburtsstadt, zurück. Seine Erlebnisse verfasste er in zahlreichen Büchern u.a. in Ibn Battuta fi sin (Ibn Battuta in China).

Im Jahre 1377 endete die Reise auf dieser Erde endgültig und eine neue Reise begann für ihn.

Hafiz *1320

„Es kam ein Hauch von oben,
Der mir ins Ohr die Werke blies:
Nicht wähn's aus eigenem Inneren
Erströme dein Gesang, Hafiz!
Vom Urbeginn der Zeiten
Auf Rosen und auf Lilien
Stehen seine Zauberformeln
Geschrieben hoch im Paradies.“[62]

Schams ed-Din, Sonne der Religion, Mohammed, genannt Hafiz, der den Koran auswendig kannte, gilt als der größte Dichter in der persischen Geschichte. Hafiz, der Goethe inspirierte, wurde im Jahre 1320 in Shiraz geboren. Er studierte neben der islamischen Theologie auch andere Geisteswissenschaften. Bereits in jungen Jahren zeigten sich seine außergewöhnlichen literarischen Fähigkeiten. In Shiraz wurde er zum Professor für Koranwissenschaften berufen. Seine Dichtungen, die er nebenher betrieb, erlangte bereits zu seiner Lebzeit Berühmtheit. Mit Timur führte er einen berühmten Dialog über seine Verse, als dieser 1387 Shiraz einnahm.

Obwohl Hafiz in seinen Versen den Wein verherrlichte, so war er doch ein tiefgründiger Philosoph und ein überzeugter Schiit. Zu seiner Trinksucht schreibt er:

„Weißt du, warum ich trinke?
Von Hochmuth strotze ich und Eitelkeit,
Und die will ich ersäufen
Im Meer der Betrunkenheit.“

Sein Diwan inspirierte Goethe zur Verfassung seines „Westöstlichen Diwan“.

[62] G. F. Daumer, Hafis, eine Sammlung persischer Gedichte, Hrsg. v. J. Stern, Leipzig, 1910, S. 35 f.

Hafiz starb im Jahre 1389 in seiner Heimatstadt Shiraz. Hafiz und Timur, der ein Jahr zuvor starb, setzten ihren Diskurs über den Wein und die Liebe im Reich des uns Unsichtbaren fort.

Ibn Chaldun *1332

Abdul-Rahman ibn Chaldun wurde am 27. Mai 1332 in Tunis geboren. Seine Familie ist südarabischer Abstammung und zählte zu der oberen Schicht. Im 9. Jahrhundert spielten die Ibn Chalduns am Hofe des Kalifen in Sevilla eine bedeutende Rolle. Im 13. Jahrhundert wanderten seine Vorfahren nach Nordafrika aus. Abdul-Rahman erhielt wie sein Bruder, der ein ausgezeichneter Historiker von Weltruf war, von seinem Vater und von anderen Wissenschaftlern eine ausgezeichnete Ausbildung in den damaligen Wissenschaften. Abdul-Rahman stieg rasch zum Sekretär des Hafridensultans in Tunis auf. Nach zwei Jahren ging er nach Fes, der ältesten Universitätsstadt der Welt, um dort am Hofe des Herrschers zu arbeiten. Die anfängliche Bewunderung des Sultans für den 22-jährigen aufgeweckten Mann änderte sich aufgrund von Intrigen aber schon bald. Abdul-Rahman wurde in den Kerker geworfen und erst nach dem Tode des Sultans im Jahre 1359 befreit.

Nach erfolglosen Jahren ging er 1362 nach Granada. Dort freundete er sich mit dem bekannten Dichter und Historiker Wesir Ibn al-Chatab an. Ibn al-Ahmar, Herrscher von Granada, erkannte das diplomatische Geschick das Abdul-Rahman und schickte ihn als seinen Vertreter zu den Friedensverhandlungen mit Pedro, dem Grausamen von Kastilien. Abdul-Rahman ibn Chaldun imponierte Pedro, der mit aller Macht versuchte, ihn in seine Dienste zu ziehen. Angesichts des zunehmenden Einflusses des Abdul-Rahman am Hofe des Herrschers von Granada kam es zu Auseinandersetzungen mit Ibn al-Chatib. Abdul-Rahman sah sich gezwungen Granada zu verlassen, um Premierminister bei einem Freund, dem Herrscher von Bougie, im Jahre 1365 zu werden. Dieser wurde bald besiegt und Abdul-Rahman diente dem Herrscher, wenn es ihm zum Vorteil erschien.

Einige Jahre war er als Berater des Sultans von Marokko tätig. Nach einigen Jahren fühlte er sich erneut nach Granada hingezogen, von wo er wieder vertrieben wurde. Enttäuscht von den politischen Intrigen zog er sich auf ein einsames Schloss zurück, um sich den Naturwissenschaften zu widmen. Während dieser Zeit reifte die Idee, sich mit Herrschaftssystemen auseinanderzusetzen. Er schaffte es in diesen Jahren die berühmte

Vorrede, die al-Muqqadima, in der er seine Ideen über Geschichtsphilosophie darlegte, zu vollenden. Anschließend begann er an der Geschichte der Araber und Berber zu arbeiten. Um sein Werk zu vollenden, ging er nach Tunis, wo ihm die Bibliothek des Sultans geöffnet wurde. Inzwischen war Abdul-Rahman 46 Jahre alt. Er vollendete sein Werk und hielt Vorlesungen an der Universität zu Tunis.

Erneut musste er wegen Auseinandersetzungen am Hofe seine Geburtsstadt verlassen. Im Jahre 1382 wollte er sich nach Mekka begeben, um seine Pflicht als gläubiger Muslim zu erfüllen. Auf dem Weg nach Mekka wurde er aufgrund seines wissenschaftlichen Rufes und seiner wissenschaftlichen Arbeiten und Vorlesungen zum Professor an der Al-Azhar Universität in Kairo berufen. Damit wurde er zu einem der höchsten islamischen Würdenträger seiner Zeit. Der Sultan schätzte seinen Scharfsinn und machte ihn zum Oberkadi seiner Rechtsschule der Madrasat al-Hukuq. Abdul-Rahman zeichnete sich durch sein gerechtes und strenges Vorgehen aus. Er ging gegen Korruption vor und machte sich erneut Feinde am Hofe. Während dieser Zeit kam seine Familie auf dem Weg von Tunis nach Kairo bei einem Schiffbruch ums Leben. Abdul-Rahman verfiel in eine tiefe Depression. Er bat den Herrscher um seine Entlassung und vollzog endlich die Pilgerfahrt, die er als ein sehr emotionales Moment in seinem Leben beschrieb. Nach der Pilgerfahrt zog er sich erneut zurück und widmete sich ausschließlich der Wissenschaft. Während dieser Zeit verfasste er seine Autobiographie, die bis zum Jahre 1394 reichte. Ibn Chaldun konnte sich trotzdem von der Politik nicht ganz zurückziehen. Erneut wurde er zum Oberkadi, al-Kadi al-Kabir, ernannt und mischt in der Politik mit.

Abdul-Rahman ibn Chaldun, Historiker, Schriftsteller, Soziologie, Politiker und Staatsmann, zog im Jahre 1400 in den Krieg gegen Timur, der die Stadt Damaskus belagerte. Auch hier übernahm er die Rolle des Vermittlers und begeisterte Timur, der ihn in seinem Palast nach Samarkand einlud. Abdul-Rahman ibn Chaldun kehrte auf seinen Posten als Oberkadi nach Kairo zurück, wo er an den Enden des März im Jahre 1406 verstarb.

„Der erste Schriftsteller, der die Geschichte als das eigentliche Objekt einer Spezialwissenschaft behandelte, war Ibn Chaldun. Ob er aus diesem Grunde als Begründer der Geschichtswissenschaft anzusehen ist oder nicht ist eine Frage, über die man verschiedener Meinung sein kann; aber kein aufrichtiger Leser seiner Prolegomena kann umhin, zuzugeben, dass sein Anspruch auf diesen Ruhm gerechtfertigter ist als der irgend eines anderen vor ihm."[63]

Die Geschichte der Araber und Berber mit ihrer Vorrede, der al-Muqqadima, geriet in Vergessenheit. Erst der Orientalist Sylvestre de Sacy machte durch seine Veröffentlichungen auf Abdul-Rahman ibn Chaldun und seine Werke aufmerksam. J. von Hammer-Purgstall, Orientalist und Historiker, verglich Abdul-Rahman mit Montesquieu. Die Wiedergeburt des Abdul-Rahman ibn Chaldun, dem Vater der Soziologie, erfolgte durch R. Flints Würdigung des islamischen Soziologen und Historikers. Die Gedanken dieses islamischen Gelehrten waren von einer genialen Einfachheit und Allgemeingültigkeit und zeugen von einem scharfen Verstand „der mit einer großen Kraft der Verallgemeinerung begabt war."[64] Zweifelsohne ist Ibn Chaldun ein Vorgänger zahlreicher europäischer Gelehrter wie Macchiavelli, Gibbon, Montesquieu, Abbe de Mabby, Herder, Compte und Bodin[65]. Die Kraft in den Werken des Ibn Chaldun liegt in seiner schonungslosen Analyse der politischen Missstände, der sozialen und wirtschaftlichen Ursachen, die der Entwicklung des Staates zugrunde liegen. Die neue Wissenschaft, die er begründet, ist eine Gesellschafts- und Geschichtsphilosophie, die dem Historiker entsprechendes Werkzeug in die Hand gibt, um die Gesellschaftsstrukturen zu analysieren[66]. Ibn Chaldun begründet die Gründung und Zerfall von Städten und Staaten. Er beschäftigte sich mit den Aufgaben der Künste und der Wissenschaften und setzte sich mit der Wirtschaftspolitik auseinander. Die Al-Asabija, eine verbindende und unsichtbare Kraft, die zwischen Verwandten und auch zwischen Klienten herrscht, zwingt die Menschen zur gegenseitigen Unterstützung. Jedes Mitglied einer Gesellschaft ist Träger bzw. Trägerin eines Asabija-Gens. Wer das reine Asabija-Gen innerhalb einer Gesellschaft besitzt, dieser ist auch zur Herrschaft über diese Gesellschaft oder über diesen Staate in der Lage, denn seine Al-Asabija übertrifft die der anderen. Mit anderen Worten, derjenige mit der größten Anhängerschaft, die er durch seine Al-Asabija schafft, ist am ehesten in der Lage Herrschaft auszuüben.

Die Al-Asabija kann durch den Glauben an den einzigen Gott vollendet werden. Der Islam verstärkt die Al-Asabija, er vergrößerte ihre Macht und

---

[63] R. Flint, Historical philosophy in France, French Belgium and Switzerland, Charles Scribners sons, New York, 1894, S. 157

[64] Palencia A.G., Historia de la literatura arabigo-espanola, Barcelona, 1928, S. 168

[65] Vgl. K. Ayad, Die Geschichts- und Gesellschaftslehre Ibn Halduns. (Forschungen zur Geschichts- und Gesellschaftslehre, 2. Heft), Stuttgart, 1930

[66] Vgl. K. Ayad, Die Geschichts- und Gesellschaftslehre Ibn Halduns. (Forschungen zur Geschichts- und Gesellschaftslehre, 2. Heft), Stuttgart, 1930

führte zur Gründung eines islamischen Staates, der gottesfürchtig, gerecht und vollkommen ist. Dabei ist Ibn Chaldun bewusst, dass ein vollkommener und gottesfürchtiger Staat nicht möglich ist, wohl aber der Versuch einer Annäherung an diesem. Die Al-Asabija ermöglicht die Herrschaft Gottes, d.h. ein Leben nach der Scharia. Eine auf die Scharia gestützte Al-Asabija kann jedes Hindernis auf dem Weg zur vollkommenen Macht überwinden.

Ibn Chaldun verglich die Entstehung des Staates mit dem Leben eines Menschen, zunächst die Geburt, dann das Erwachsenenalter, dann das Alter und zuletzt den Tod. Die Entwicklung eines jeden Staates erstreckt sich über drei Generationen mit einer jeweiligen Dauer von 40 Jahren. Der Staat wird gegründet, erhalten und letztendlich zerstört. Ähnliche Strukturen weisen auch Familien auf. Jede Familie, auch die Herrscherfamilie, existiert über vier Generationen, den Gründer, den Bewahrer, den Nachahmer und wie in der Staatsphilosophie und Staatsstruktur existiert auch in der Familienstruktur ein Familienzerstörer. Der Staat wird durch die religionsgeleitete Al-Asabija gegründet oder erobert. An der Spitze dieser ersten und mächtigen Al-Asabija steht meist ein Malik oder Sultan, der nach Gründung oder Eroberung versuchen wird sich seiner alten Anhänger zu entledigen, um die Macht für sich allein zu beanspruchen, danach erfolgt eine kurze Phase der Blüte in allen Bereichen des Lebens, um dann in die Phase der Stagnation zu gehen und der bloßen Nachahmung, und schlussendlich die Phase des Niedergangs und der Zerstörung einzuleiten. Das ist der ewige Kreislauf des Lebens und auch des Lebens eines Staates oder auch einer Stadt oder einer Familie. An der Spitze einer Familie steht der Vater, an der Spitze eines Staates der Führer, der allerdings nur primus inter pares ist. Die alte Gefolgschaft des Führers, der zum König wird, wird zurückgedrängt, andere fremde Unterstützer werden diese Position übernehmen. Der König und sein neues Gefolge gewöhnen sich an das bequeme Leben und an die Dekadenz. Sie geben für Luxus mehr aus als sie einnehmen. Der Staat verschuldet sich. Um die Ausgaben zu decken, werden Steuern erhöht. Die Bevölkerung und die Herrschenden entfremden sich voneinander. Das Volk geht in die Opposition, indem es weniger arbeitet und der Staat erlahmt bis er schließlich zusammenbricht. Um diesen Kreislauf zu erkennen ist die Anwendung der Geschichtswissenschaft vom Vorteil, da sie uns Informationen und Kenntnisse über Sitten und Rieten anderer Völker liefert. Sie beschäftigt sich mit den Gewohnheiten, die Politik und dem Wesen der Zivilisation und sie verhilft uns Irrtümer zu erkennen, denn sie stützt sich nicht blind auf die Überlieferungen. Die Geschichtswissenschaft bedient sich der Philosophie und den Kenntnissen der Naturwissenschaft, um sich nicht von der Wahrheit zu entfernen. Dabei blieb in Ibn Chalduns Leben die Religion stets die absolute Wahrheit, die Anwendung der Geschichtswissenschaften schmälert in keinster Weise die Allmacht des Allwissenden. Vielmehr ist die Geschichtswissenschaft ein Instrument zur Erkennung des Kreislaufs der Kulturen, d.h. zur Erlangung und Akkumulation von Wissen. Dies ist zweifelsfrei im Sinne des Islam. Die genaue Erforschung, der von Gott geschaffenen Dinge und die Befreiung der Überlieferung von erdachten und geschmückten Erzählungen dient der Suche nach der Wahrheit. Die Überlieferungen dürfen nicht ohne Überprüfung und kritiklos übernommen werden. Die Anwendung der Geschichtswissenschaften setzt Kenntnisse über die Struktur der Staatsführung, über die Unterschiede zwischen den Völkern sowie Kenntnisse über Gewohnheit, Religion und Sitten voraus. Der Geschichtswissenschaftler muss anhand dieser Erkenntnisse vergleichen können, Gemeinsamkeiten und Unterschiede erkennen, über den Ursprung von Dynastien, den Beginn ihres Erscheinens, die Gewohnheiten der darin lebenden im Bilde seien. Das Einfließen von Unwahrheiten in die Geschichtswissenschaften erfolgt auf verschiedenen Wegen, die die Geschichtswissenschaft kennen sollte. Wenn der Mensch beim Empfang von Nachrichten parteiisch ist, so nimmt die Seele die Nachricht an, die mit ihrer Überzeugung übereinstimmt, ohne diese zu überprüfen bzw. kritisch zu betrachten. So gelangen Unwahrheiten in die Weitergabe von historischen Ereignissen. Weitere Gründe von Unwahrheiten in der Überlieferung ist das blinde Vertrauen in den Überlieferer. Überprüfe ihn und überzeuge dich, dass er die Eigenschaften besitzt, um Wahrheit von Unwahrheit zu unterscheiden. Die meisten Überlieferer erkennen den Sinn einer Überlieferung nicht und geben die Nachricht gefärbt weiter, oder der Überlieferer überschätzt seine eigenen Fähigkeiten und verändert die Nachricht in seinem Sinne, im Glauben die Wahrheit zu besitzen. Ein weiterer Grund ist das mangelhafte in Beziehung stehen von Überlieferung und Ereignis angesichts der Kettenreaktion von Fälschungen. Zu den Ursachen von Verfälschungen gehört auch Opportunismus und Heuchelei. Hier versuchten und versuchen Geschichtsschreiber durch Verklärungen, sich beim Herrscher materielle Vorteile zu erhaschen ohne Anerkennung zu bekommen, denn die Seele sehnt sich nach Anerkennung und Lob.

In Erkenntnis dieser Gründe zur Entstehung der Unwahrheit, ist es von großer Bedeutung, dass der Geschichtswissenschaftler selbst auf die Gemeinschaft blickt, sich mit der jeweiligen Kultur auseinandersetzt. Die Geschichtswissenschaft unterscheidet sich von der Rhetorik, die versucht die Menge von einer bestimmten Absicht zu überzeugen. Sie unterscheidet sich auch von der Politik. Diese leitet den Staat, damit dessen Bevölkerung geschützt und rechtgeleitet wird. Ibn Chaldun zweifelt an der Meinung und am Wissen der Gelehrten, denn Gott selbst sagte „und ihr habt an Wissen nur wenig empfangen.“ (Sure 17, Vers 87) Der Mensch, so Ibn Chaldun, ist die Krone der Schöpfung. Er unterscheidet sich von den Tieren durch das Denken, das nur dem Menschen eigen ist. Das Denken ermöglicht das Entstehen von Künsten und Naturwissenschaften. Zum Menschendasein gehört das Bedürfnis nach der Regierung, die den Menschen Grenzen setzt und nach einer göttlichen Macht, da er ohne sie nicht bestehen kann. Der Mensch besitzt im Vergleich zu Tieren nicht nur Instinkt, sondern auch die Fähigkeit zu denken. Allah, der Allmächtige, hat gesagt: „Er hat jedem Dingen seinen Charakter gegeben; dann hat er es rechtgeleitet.“ (Sure 20, Vers 52) Hierzu gehört das, was der Mensch Kultur nennt. Das Zusammenleben, sei es in der Stadt oder auf dem Lande, weil der Mensch zur Geselligkeit neigt und weil er bei der Beschaffung seiner Nahrung auf andere Menschen angewiesen ist. Auch in der Verteidigung bedarf der Mensch der Mithilfe seines Artgenossen. Der Mensch ist ein Gemeinschaftswesen.

Jedoch existiert kein Unterschied zwischen den Landbewohnern und den Stadtbewohnern. Die Landbewohner schränkten ihre Bedürfnisse auf das Nötigste ein. Die Stadtbewohner sind mehr mit den Dingen des Luxus beschäftigt. Die Landbewohner weisen einen besseren körperlichen Zustand auf und sind festen Charakters. Ihr Verstand ist hinsichtlich verstehen und erkennen schärfer. Die Stadtbewohner sind verweichlicht. Es besteht kein Zweifel darin, dass das Lebensnotwendige dem Luxus vorausgeht. Das Landleben muss also der Ursprung für das Stadtleben sein. Der Landbewohner strebt die Überwindung des Lebensnotwendigen und das Erreichen des luxuriösen Lebens an. Das Ziel eines jeden Landbewohners ist das städtische Leben. Das Landleben ist die Wurzel der Stadtkultur. Die Stadtbewohner kümmern sich um die verschiedenen Arten von Vergnügungen. Sie geben sich ihren Gelüsten hin und beschmutzen ihre Seelen. Die Landbewohner bleiben den schlechten Eigenschaften, welche die Seele beeinträchtigen, fern. Sie sind in ihrem Charakter gefestigt und unterliegen keinen Stimmungsschwankungen. Die Landbevölkerung ist dem Guten näher als die Stadtbevölkerung. Die Stadtbewohner sind verweichlicht, träge, bequem. Die Stadtbewohner konzentrieren sich auf die Verteidigung ihres Besitzes. Die Verteidigung übernimmt der Kalif, der wiederum wird von Wächtern beschützt, die das Volk bezahlt. Sie umgeben die Städte mit Mauern und fühlen sich sicher. Sie haben verlernt im Verlaufe der Zeit zu kämpfen. Die Landbewohner hingegen verteidigen sich selbst. Tapferkeit ist bei den Landbewohnern eine Tugend. Die Landbewohner und die Stadtbewohner gewöhnen sich an die jeweiligen Gepflogenheiten und sie geben diese an die nächsten Generationen weiter. Zunehmend werden die Stadtbewohner von den Landbewohnern abhängig. Die Autorität der Staatsmacht schwächt die Energie ihrer Bewohner. Die Asabijja der Stadtbewohner ist schwächer als die der Landbewohner. Je größer die Asabijja eines Menschen ist, desto größer ist seine Ehre und sein Ansehen. Der Prophet pflegte zu sagen: „Die Menschen sind Erze; diejenigen, welche in der vorislamischen Zeit die besten waren, sind auch im Islam die besten, wenn sie das Gesetz verstehen." (überliefert von Buchari und Muslim).

Die Asabijja der Stadtbewohner existiert nur im übertragenen Sinne. Sie ist nicht durch Blutsbande gefestigt, obwohl diese Menschen sich zu den vornehmsten zählen, diese bilden sich eine Asabijja ein. Diese Aussage widerspricht fundamental der Feststellung des Ibn Rushd, der in seinem Buch der Rhetorik schreibt, dass das Ansehen und die Ehre darin besteht, dass man zu einem Volke gehört, das seit langem in der Stadt ansässig ist. Ibn Chaldun hält dagegen, dass die Asabijja nicht aus der Aufzählung der berühmten Vorfahren bestehe. Die Dinge kommen und gehen, auch die Eigenschaften des Heraustretens, die Charidschijja bedeutet, dass allem Ansehen und Adel ein Nichtvorhandensein vorausgeht. Die Voraussetzung adelig zu werden ist die Asabijja. Doch die Asabijja hält nicht ewig. Der Landbewohner, der über eine starke Asabijja verfügt, baut sich den Ruhm auf. Er weiß wie viel Kraft es kostet, sich solch einen Ruf aufzubauen und aufrechtzuerhalten. Er bemüht sich die Eigenschaften, die ihn diesen Aufstieg ermöglichten, zu bewahren. Sein Nachfahre steht in unmittelbarem Kontakt mit seinen Vorfahren. Er übernimmt Einiges von seinen Vorfahren, dennoch bleibt er hinter seinen Vorfahren zurück. Der dritte, ahmt nach und ordnet sich den Autoritäten, er bleibt hinter dem zweiten deutlich zurück. Der vierte verfügt über keine Asabijja mehr, er verliert die Eigenschaften des ersten völlig. Er verfügt nicht mehr über das Wissen, das den Aufbau des Ruhms ermöglicht und bewahrt und erklärt sich seinen noch atavistischen Ruhm durch seine Abstammung, nicht durch Asabijja oder andere Tugenden. Er wird verehrt und geachtet, er weiß aber nicht warum, die einzig logische Erklärung ist aus seiner Sicht die Abstammung. Er verlässt somit die Asabijja und glaubt etwas Besseres zu sein, da er die Befehlsgewalt über sie habe. Er bringt diesen Menschen Verachtung entgegen. Diese bringen ihm Geringschätzung entgegen. Die Abweichung und Schwächung der Asabijja lenken seine Eigenschaften und seine Position in eine andere Richtung. Die Entwicklung in dieser sich von der Asabijja entfernten Richtung wird forciert und die Wurzeln seiner Asabijja geraten in Vergessenheit. Dieser Prozess ist ein fortwährender, sowohl bei den Herrschenden als auch bei den Familien, bei allen Trägern der Asabijja. Die einen gehen, die anderen kommen, denn „wenn er will, lässt er euch vergehen und bringt eine neue Schöpfung hervor und das ist für Gott nicht schwer.“ (Sure 4, Vers 132) Eine starke Asabijja wird aufgebaut und im Verlauf von vier Generationen vernichtet, d.h. dass sich eine Familie oder eine Herrschaft nach ca. 120 Jahren auflöst.

Der Kreislauf beginnt mit dem Begründer, setzt sich über den persönlichen Berührer, dem Nachahmer und schließlich den Zerstörer fort, um wieder beim neuen Begründer zu gelangen. Wenn das Landleben eine Voraussetzung für Tapferkeit ist und die Seele dort noch nicht beschmutzt ist, dann ist hier die Voraussetzung zur Ergreifung der Macht gegeben. Damit entsteht ein Kreislauf zwischen Landleben und Stadtleben. Die Landbewohner, mögen sie noch so unvermögend sein, besitzen eine deutlich stärkere Asabijja als die Stadtbewohner, die sie befähigt, sich der Macht in der Stadt zu bemächtigen und den beschriebenen Kreislauf von Begründung bis hin zur Zerstörung zu durchlaufen. Der Begründer einer Herrschaft verfügt über eine große Asabijja. Durch die Asabijja gewährt er Schutz und kann Angriffe abwehren und selbst Angriffe anordnen. Durch die außergewöhnlich große Asabijja behielt er die Oberhand über sein Volk, das ist die Herrschaft. Die Herrschaft bedeutete wahre Macht und geht über den Begriff der Autorität deutlich hinaus. Wer Autorität besitzt ist in der Lage zu führen, jedoch könne er niemanden zwingen die Führerschaft anzuerkennen. Die Herrschaft, die höchste Form der Asabijja, übt über Autorität Zwang aus. Das Ziel der Asabijja ist stets die Herrschaft. Auch wenn die Herrschaft alleine durch Autorität Gehorsamkeit bedient, so strebt die menschliche Seele stets die absolute Herrschaft an. Im Falle des Auftretens multipler starker Asabijjas, setzt sich doch die stärkste unter ihnen durch und die anderen gehen in dieser auf. Aus einer kleinen Asabijja wird nun eine sehr große Asabijja. Andernfalls, so wie es im Islam der Fall ist, tritt eine Spaltung auf, die zur Schwächung aller vorhandenen Asabijjas führt und im ungünstigsten Falle zu kriegerischen Auseinandersetzungen untereinander führt ohne einen wirklichen Sieger hervor zubringen. In solch einer Phase findet eine stärkere Hinwendung zu Gott statt, denn „wenn Gott nicht die Menschen einen vom anderen zurückhielte, ginge die Erde zugrunde.“ (Sure 2, Vers 252) Wenn die Herrschaft über eine starke Asabijja gefestigt worden ist, dann strebt sie nach Ausdehnung ihrer Macht. Dies liegt in ihrem Naturell. Sie versuchte Oberhand über die von ihr entfernte andere Asabijja-Herrschaft zu gewinnen. Somit kommt es zu schweren Auseinandersetzungen zwischen zwei starken Asabijjas. Jeder von ihnen versucht die Gesamtherrschaft an sich zu reißen. Gelingt dies nicht, bleiben der Hass und die Feindschaft. Obsiegt die eine Asabijja über die andere, so gewinnt die Siegerin an noch mehr Kraft. Diese nun noch stärkere Asabijja, eine Verschmelzung aus zwei starken Asabijjas, sucht ein erneutes Ziel, um die Asabijja noch mehr zu vergrößern und zu stärken. Dieser Prozess wird solange fortgesetzt bis die Herrschaft so stark ist, dass eine bereits existierende Dynastie entmachtet wird oder es entsteht aus ihr selbst eine neue Dynastie. Stößt sie auf eine starke Dynastie, die allerdings ihre eigene Asabijja in die neue starke Asabijja integrieren will, da reiht sie ihre Anhänger unter der neuen Herrschaft ein. Gelangt eine Dynastie zur absoluten Herrschaft, so ordnet sich jeder Stamm ihr unter und die Landbevölkerung erkennt, dass sie nur im Schatten dieser Dynastie leben kann und sie strebt nach einem angenehmen, luxuriösen Leben. Sie sind nicht an der Herrschaft interessiert. Die Landbevölkerung strebt nach Wohlstand, so wird die starke ländlicher Asabijja geschwächt und in den kommenden Generationen geht sie gar verloren. Diese Stämme werden wiederum von anderen Stämmen mit noch existierender Asabijja verschlungen. Die Bequemlichkeit, der Luxus, die Überheblichkeit, die Feigheit schwächen die Asabijja und verhindern die Ergreifung bzw. Erlangung der Macht, der Herrschaft.

Die Asabijja ist der Schlüssel zur Macht und ein Instrument gegen Erniedrigung und Endwürdigung. Erniedrigung und Endwürdigung gehen auch mit Entrichtung von Steuern und Tributen einher, denn nur wer Erniedrigung akzeptiert, der entrichtet auch Steuern an die Herrschenden. Die Akzeptanz der Erniedrigung spiegelt die Situation der verschmutzten Seele. Denn eine Erniedrigung können widerstandskräftige Seelen nicht ertragen. Die Steuern, so Ibn Chaldun, sind ein Instrument der Erniedrigung und Endwürdigung. Wer sie akzeptiert, dessen Asabijja ist sehr schwach oder gar nicht existent.

Ein Mensch strebt von Natur aus nach Herrschaft. Die Charakterzüge und sein Intellekt stehen dem Guten näher als dem Bösen. Das Böse ist das Ergebnis der animalischen Kräfte im Menschen selbst. Herrschaft und gute Eigenschaften korrelieren miteinander. Das Gute kommt der Herrschaft zu Gute und ist die angemessene Eigenschaft einer Staatsführung. Die Asabijja ist der Schlüssel zur Macht und Herrschaft. Diese soll die Menschen schützen und sie vor Gott vertreten, d.h. dafür sorgen, dass die Gesetze Gottes, die Scharia, befolgt werden. Das Ziel einer starken Asabijja ist eine starke, aber gerechte Herrschaft, keine Despotie. Die

Herrschaft des Bösen ist das Ergebnis der Unwissenheit, der Dschahilia. Gute Eigenschaften in Kombination mit einer starken Asabijja befähigen zu einer gerechten Herrschaft, die zur Durchführung der göttlichen Gesetze in der Lage ist und auch berechtigt ist. Die gerechte Herrschaft basiert demnach auf zwei Säulen, der Asabijja und der guten Eigenschaft des Menschen, die durch Streben und Wissen, die Geduldsamkeit, Treue, Tapferkeit, Bescheidenheit, Gerechtigkeit, Achtung der Gesetze Gottes, Unterstützung der Armen und Einhaltung der Verträge zum Ausdruck kommt. Diesen Menschen ist die Asabijja und die gute Eigenschaft nicht zufällig gegeben, vielmehr ist es Gotteswille. Wenn Gott die Herrschaft einer Dynastie beenden will, weil sie die obengenannten Tugenden vernachlässigt, dann ist es Gotteswille. „Wenn wir eine Stadt zugrunde richten wollten, gaben wir denen, die dort im Wohlstand lebten Befehl, und sie führten ein unmoralisches Leben darin. Dann war der Gerichtsspruch über sie recht und wir zerstören sie von Grunde aus.“ (Sure 17, Vers 17)

Der Verlust aller Herrschaft beginnt mit dem Verlust der guten Eigenschaften und dann folgt die Schwächung der Asabijja und ihrer Vernichtung. Wenn eine Dynastie dem Untergang geweiht ist, dann gewinnen jene die Oberhand, die über eine noch funktionierende Asabijja verfügen und die Ehemaligen ordnen sich dieser Herrschaft unter, weil die Seele eines Menschen stets an die Vollkommenheit der Sieger glaubt und konsekutiv diesen auch gehorcht. Die Ursache ist different. Die Folgen jedoch fatal, wenn die Seele die Vollkommenheit der anderen zum Dogma erhebt und zur Nachahmung schreitet. Die Besiegten ahmen die Sieger nach, weil sie an ihre Vollkommenheit glauben. Das Volk folgt der Religion des Herrschers, weil es an seine Vollkommenheit glaubt. Diese Menschen, wenn über sie geherrscht wird, geben auf. Ihre Kultur und ihr weiteres Bestehen sind gefährdet und auch ihre Lebensfreude lässt nach, dies gefährdet die Fortpflanzung und kann zur Vernichtung eines ganzen Volkes führen.

In Bezug auf die Araber nahm Ibn Chaldun eine klare Position ein. In seinen Augen sind die Araber von Natur aus Räuber und Zerstörer und sie sind Feiglinge, den sie scheuen den offenen Kampf, es sei denn, um sich zu verteidigen. Sie suchen den Weg des geringsten Widerstandes. Die Araber sind ein undiszipliniertes Volk. Sie schweifen umher und sie zeichnen sich durch Faulheit aus. Sie sind habgierig. Gelangen sie an die Macht, dann ist der Schutz des Guten gefährdet und das Kulturleben wird zerstört. Sie sind arbeitsscheu, die Arbeit aber ist die Grundlage des Erwerbs. Hält man die Hände von der Arbeit zurück, so ergeht es der Bevölkerung ökonomisch schlechter und damit auch der Kultur. Ein weiteres Merkmal der arabischen Eigenschaft ist die Missachtung der

Gesetze und Vorschriften. Ihnen fehlen das Verantwortungs- und das Gemeinschaftsgefühl. Ihr Herrschaftssystem ist anarchistisch. Die Rivalität um die Führung dominiert den politischen Alltag. Wenn sie sich vereinen, dann durch die Macht Gottes, der sie über Propheten zwingt in sich selbst das Gute zu suchen. Sie lassen die Rivalitäten ruhen und schließen sich zusammen, weil die Religion sie von den negativen Eigenschaften befreit, so gelangen sie zu Herrschaft. Die Araber nehmen die Wahrheit an, weil ihre Natur noch rein ist, trotz der negativen Eigenschaften. Denn trotz der negativen Eigenschaften ist die Seele nicht so verschmutzt, als dass sie nicht in der Lage wäre das Gesetz zu erkennen und anzunehmen. Der Grund für die negativen Eigenschaften ist das Leben in der Wüste. Hier sind sie rauhes und wildes Leben gewohnt. Hier ordnen sie sich niemandem unter. Der Anführer, der über eine starke Asabijja verfügt, behandelt seine Untertanen gut, damit sie ihn vor Angriffen schützen. Die Herrschaft setzt aber voraus, dass der Herrscher Gehorsam notfalls mit Gewalt erzwingt. Aus diesen Gründen obliegt es nicht den Arabern die Herrschaft zu führen, es sei denn es handelt sich um einen religiösen Auftrag. Doch im Verlaufe ihrer Herrschaft gewinnt die Dekadenz an Einfluss und sie verlieren die Orientierung, vernachlässigen die Religion und folglich gelangen das Reich und die Macht in die Hände fremder Herrscher, so geschehen in Spanien. Die Schwächung der Asabijja reduziert die Anhängerschaft der Dynastie, die sich gezwungen sieht, durch Söldner die eigene Sicherheit zu garantieren. Ibn Chaldun führte als Beispiel den Untergang der Abbasidendynastie, der Sandhadscha, einer Berberdynastie im heutigen Marokko. Wenn die Religion vernachlässigt wird, dann entscheidet die Stärke der Asabijja über den Machtanspruch. Ist der Gegner nicht religiös, aber verfügt über eine starke Asabijja, so bedeutet dies das Ende einer Dynastie und der Beginn einer anderen. Ibn Chaldun betont allerdings, dass die Asabijja die Religion benötigt, so wie die Religion die Asabijja benötigt. Heißt es doch bei Muslim und Buchari, dass „Gott keinen Propheten gesandt, ohne dass er Beschützer in seinem Volk gehabt hätte.“

Wenn der Prophet selbst eine starke Asabijja braucht, wie groß muss die Asabijja bei normalen Menschen sein? Viele Gelehrte scharen Anhänger um sich, um gegen Tyrannei vorzugehen und im Jenseits belohnt zu werden. Doch die Anhänger sterben vergeblich, denn Gott hat ihnen nicht die entsprechende Macht gegeben, um solch einen Kampf gewinnen zu können, denn die Dynastien sind in ihrer Macht gefestigt und können nur durch die Konstellation einer starken Asabijja und Mithilfe Gottes bezwungen werden. Wenn jemand die Religion zur Ergreifung der

Macht missbraucht, so schränkt ihn die schwache Asabijja ein. Die religiöse Unterstützung kommt von Gott und Bedarf reiner Herzen. An diese Unterstützung zweifelt kein einziger gläubiger Muslim.

Die Reichen sind in ihren Zentren am stärksten, denn hier ist die Asabijja am stärksten, in ihren Randgebieten schwächeln die Dynastien, hier existiert keine Asabijja, daher fallen die Randgebiete häufig auseinander. Ist die Asabijja im Zentrum des Reiches geschwächt, dann ist das Auseinanderbrechen des Reiches umso brutaler und schneller. Prinzipiell gilt, je größer die Asabijja, d.h. je größer die Anzahl der Träger der Asabijja, desto stabiler ist eine Dynastie, desto schwerer könne sie vernichtet werden und desto länger existiert sie. Die Stärke der Asabijja ist also direkt abhängig von der Menge der Bevölkerung, die als Träger dieser gelten. Existiert eine Vielfalt an Asabijjas innerhalb eines Reiches, deren Stärke minimal voneinander differiert, dann kann keine Dynastie entstehen und wenn sie existierte nicht mehr bestehen, weil in diesem Falle Machtkämpfe zwischen den verschiedenen Asabijjas ausbrechen würden. Die mächtigste Asabijja ist die, welche alle existierenden Asabijjas unter sich vereint, das jedoch ist auf Dauer nicht möglich, daher kann kein Reich, keine Dynastie ewig existieren. Die Gesamt-Asabijja ist entscheidend für die Gründung oder Fortsetzung einer Dynastie. Je stärker sie ist, desto mächtiger die Dynastie unter Beibehaltung der göttlichen Gesetze. Die Einheit der Asabijja spiegelt die Einheit Gottes wieder, denn „wenn in ihnen beiden, Himmel und Erde, Götter außer Allah wären, dann gingen sie beide zugrunde." (Sure 21, Vers 22) Wenn eine vereinte Asabijja die Herrschaft übernimmt, dann wird sie übermütig, neigt zu Selbstvergötterung und die politische Notwendigkeit macht es erforderlich, dass nur einer herrscht. Dieser regiert nun mit einer deutlich geschwächten Asabijja, denn seine Umgebung entzieht ihm aus Gründen der Rivalität die Unterstützung. Eine solche Auseinandersetzung kann den ersten Herrscher durch geschicktes Taktieren überleben. Die nachfolgenden Herrscher jedoch werden in ihren Positionen erheblich geschwächt sein. Auch wenn das Volk durch eine starke Asabijja und durch Forderung die Herrschaft übernimmt, und es das Ziel erreicht, dann hat das Streben nun ein Ende. Das bequeme Leben, die Dekadenz halten Einzug. Das irdische Leben wird in vollen Zügen genossen und die Ausschweifungen werden weiter an die Nachfahren vererbt, bis der Allmächtige diesem Treiben, wie bei Sodom und Gomorrha der Fall, ein jähes Ende setzt. Es liegt in der Natur der Herrschaft, dass ein einzelner über allen herrscht. Eine Volksherrschaft, eine direkte, ist nicht möglich, wohl eine repräsentative, diese änderte jedoch am natürlichen Kreislauf der Entstehung und Fall eines

Reiches nichts. Wie der Mensch haben die Dynastien laut Ibn Chaldun auch ein natürliches Lebensalter.[67]

Ibn Chaldun fast die Zyklen eine Dynastie wie folgt zusammen. In der ersten Phase erfolgt die Eroberung eines bereits bestehenden oder die Gründung einer neuen Dynastie bei einer ausgeprägten Asabijja. In der zweiten Phase versucht der Herrscher sich seiner nahen Gefolgschaft zu entledigen, um seine Macht nicht teilen zu müssen und ersetzt seine Asabijja-Anhänger durch Fremde. In der dritten Phase erntet der Herrscher die Früchte seiner Macht. Er lässt Steuern eintreiben und gigantische Bauten errichten, um sich zu verewigen. Er überhäuft seine Gefolgschaft mit Geld und Ehren. In der vierten Phase ahmt der Herrscher seine Vorgänger nach und ist mit sich zufrieden. Die fünfte Phase ist die Phase der Genüsse und der Verschwendung. Die Ausgaben für sein luxuriöses Leben gehen auf Kosten der Soldaten und seiner Anhänger. Er wird durch diese angefeindet. Hier beginnt die Dynastie zu altern bis sie zusammenbricht. Zum Niedergang einer Dynastie tragen nach Ibn Chaldun folgende Faktoren bei, die Vernachlässigung der religiösen Pflichten, die zunehmende Dekadenz der Herrschenden, die Unterstützung durch Söldner und die damit einhergehende Abhängigkeit und zuletzt die Tyrannei.

Ibn Chalduns Vorstellungen von einer idealen Herrschaft bzw. von einem idealen Herrscher entsprechen in der Tat den heutigen Vorstellung von einem guten Politiker. Nicht das Ansehen, nicht nur das Wissen, nicht die Eleganz seiner Worte, sondern die Beziehung zwischen Herrscher und Untertanen ist von entscheidender Bedeutung. Herrscher ist der, der Untertanen hat. Der Herrscher ist jener, welcher die Untertanen beherrscht, ihre Angelegenheiten annimmt. Ein guter Herrscher ist milde, nicht nachtragend. Er darf nicht gewalttätig und zornig sein und keiner der sich schnell der Bestrafung bedient, den Angst verursacht Furcht und Furcht führt zur Endwürdigung. Um sich zu schützen, bedienen sich die Untertanen der Unwahrheiten und Täuschungen. Diese Verhaltensweisen werden verinnerlicht, die Konsequenz daraus ist meistens Verrat oder gar Ermordung des Herrschers. Die Asabijja wird hierdurch erheblich geschwächt und letztendlich auch das Reich. Ein gütiger, umsichtiger Herrscher erzeugt Vertrauen im Volke. Er gewährt Schutz und sie gewähren ihm Schutz. Er sorgt sich um ihren Lebensunterhalt, damit wird er bei seinen Untertanen Zuneigung und Liebe erzeugen.

[67]Vgl. E. Rosenthal, Ibn Khalduns Gedanken über den Staat, Beiheft 25 der historischen Zeitschrift, München-Berlin, 1932

Ibn Chaldun gibt aber auch gleich zu bedenken, dass Milde selten mit Intelligenz einhergeht. Milde ist meistens mit Nachlässigkeit und Faulheit verbunden. Der scharfsinnige, aber nicht milde Herrscher überfordert durch seine Aufgaben die Untertanen und verhielt sich damit zutiefst unislamisch, denn der Prophet selbst, der im Vergleich zu Ibn Chaldun die Asabijja nicht schätzt, sagte: „Geht so, wie die Schwächsten unter euch gehen!" (überliefert von Buchari und Muslim). Ausgeprägte Intelligenz bei fehlender Mitmenschlichkeit und Nächstenliebe geht mit einer schlechten Herrschaftsführung einher. Wünschenswert ist ein Mittelmaß, ein Gleichgewicht zwischen Großzügigkeit und Geizheit bzw. zwischen Tapferkeit und Hochmut. Diese Eigenschaften können durch Gesetze nicht erzwungen werden. Sehr wohl ist es für den Herrscher vom Vorteil, wenn er den Gesetzen der Weisen und großen Gelehrten folgt. Stammen die Gesetze von Gott selbst, dem Allmächtigen, dann ist es eine göttliche Leitung, die auf das Diesseits und auf das Jenseits ausgerichtet wird. Das irdische Dasein ist von begrenzter Dauer, die Existenz des Menschen jedoch überdauert das Diesseits. „Meint ihr, dass wir euch nur zum Spiel erschaffen haben?" (Sure 2, Vers 117) Die göttlichen Gesetze, denen sich ausnahmslos jeder unterordnen muss, sind auf Glückseligkeit im Diesseits und im Jenseits ausgerichtet. Somit sind die göttlichen Gesetze auch für die Herrschaft, ja gerade für die Herrschaft maßgebend, weil „wem Gott kein Licht gibt, der hat auch kein Licht." (Sure 24, Vers 40)

Religiöse Gesetze lassen keine Ungerechtigkeit oder Tyrannei zu und dem Herrscher sind diese Gebote bekannt und vor Gott sind alle Menschen gleich. Der irdische Rang ist nicht von Belang, denn nur die eigenen Taten werden im Jenseits bewertet. Daher kennzeichnet einen guten Herrscher die Befolgung der göttlichen Gesetze und die Leitung seines Volkes zu den religiösen Vorschriften. Die Ermahnung zur Einhaltung der Gottesgesetze ist den Propheten auferlegt, wenn die Propheten gehen, dann nehmen die Stellvertreter ihre Plätze ein, die Kalifen. Diese sind verpflichtet den göttlichen Gesetzen Geltung zu verschaffen. Das ist der Sinn eines Kalifats, die Verbindung des Diesseits mit dem Jenseits.

Die Königsherrschaft ist auf Befriedigung der Wünsche im Diesseits ausgerichtet. Die parlamentarische Führung versucht das Volk dahin zu bringen, vernünftig zu handeln, um so irdische Vorteile zu erhaschen und Unruhe zu vermeiden. Aus diesen Gründen ist das Kalifat die beste aller Regierungsformen, wenn sie auf der Basis der Religionsgesetze ausgeübt wird, dann gilt: „Gehorcht Gott und den Propheten und denen unter euch, welche die Befehlsgewalt haben." (Sure 4, Vers 62) Die Unterwerfung der Araber unter den Gesetzen Gottes führte zur Ausdehnung des islamischen Reiches. Die Asabijja wurde vollständig durch die Religionsgesetze erfüllt und sie war stärker als je zuvor, doch mit der Missachtung der Religionsgesetze, damit folglich auch der Asabijja, zerbrach das islamische Imperium. Daher sollte es zur Bedingung gemacht werden, dass derjenige, der die Muslime anführen will, durch eine starke Asabijja, die durch die Religionsgesetze erfüllt ist, gekennzeichnet ist. Der Kalif ist für die Belange seiner Untertanen zuständig und verantwortlich. Er muss sie zu Dingen führen, die vom Vorteil für sie sind und sie von Dingen abhalten, die für sie vom Nachteil sind. Das ist die Aufgabe eines Kalifen. Das Kalifat unterscheidet sich fundamental von der Königsherrschaft. Das Königtum ist das natürliche Ergebnis einer starken Asabijja ohne göttliche Gesetze. Für Ibn Chaldun ist die Asabijja die Voraussetzung für das Entstehen eines Königtums und auch eine Voraussetzung für eine funktionierende Religionsgemeinschaft. Durch die Existenz einer starken Asabijja werden die Gesetze Gottes vollständig umgesetzt. Gleichzeitig kritisierte Ibn Chaldun das Königtum, weil sich ihre Träger den irdischen Genüssen hingeben und den Weg Gottes verlassen haben. Der Prophet Mohammed forderte die Gläubigen explizit auf die Asabijja aufzugeben. Er bezieht sich allerdings auf die vorislamische Asabijja, die durch Blutsbande definiert war und nicht die islamische Asabijja, die ausschließlich auf göttliche Gesetze basiert. Die stärkste Asabijja besitzt nicht derjenige mit der größte Anhängerschaft und Reichtum, sondern der Gläubigste unter den Gläubigen. „Der Edelste von euch in den Augen Gottes, das ist der Gottesfürchtigste von euch." (Sure 49, Vers 13) Die Asabijja Ibn Chalduns steht für die Wahrheit und die Aufrechterhaltung der Gesetze Gottes, somit steht sie nicht im Widerspruch zur Offenbarung, denn diese Asabijja ist nichts anderes als die Offenbarung selbst, die alle Gläubigen verbindet und der Gläubigste unter ihnen, der Amir al Muminin, ist derjenige mit der stärksten Asabijja und zur Durchsetzung der göttlichen Gesetze und zur Führung und Leitung befähigt.

Das islamische Gesetz kennt keine Monarchie, so Ibn Chaldun, weil diese sich ausschließlich über die vorislamische Asabijja, der Blutsbande, definiert. Nach dem Tode des Propheten folgten die vier rechtsgeleiteten Kalifen, keine Könige. Ibn Chaldun ist davon überzeugt, dass das Königtum unter Einhaltung der Gottesgesetze durchaus mit der Offenbarung und der islamischen Tradition vereinbar sei, das wiederum wäre die Kalifatsherrschaft. Im Laufe der Geschichte des islamischen Reiches vermischten sich Kalifat und Königtum. Doch Form und Spur des Kalifats verschwanden, weil die Asabijja der Araber, die durch göttliche Gesetze erfüllt war, verschwand. Diese Araber haben den Weg der Offenbarung verlassen. Anfangs existierte das Kalifat ohne Königsherrschaft, im Verlauf vermischten sich beide Herrschaftsformen und zuletzt verschwand das Kalifat völlig und allein blieb die Königsherrschaft, eine Herrschaftsform, die nur durch eine weltliche Asabijja geprägt ist. Darin sieht Ibn Chaldun die Gründe für den Untergang des islamischen Imperiums. Das Königtum ist im Islam stets dem Kalifat untergeordnet und hat sich dem Kalifat unterzuordnen. Die verschiedenen Titel des Königtums sind belanglos. Das Sultanat ist eine dem Königtum untergeordnete Herrschaftsform. Der Sultan ist an und für sich ein schwacher Mann, der auf Hilfe anderer angewiesen ist. Er besitzt nicht die Kraft, die göttlichen Gesetze durchzusetzen und seinen Untertanen den wahren Weg aufzuzeigen.

Über die Kriege sagte Ibn Chaldun, dass ihre Wurzeln im Willen der Menschen liegen, sich zu rächen. Kein Volk und keine Generation sind frei vom Krieg. Die Ursachen für den Krieg sind unterschiedlich. Es können banale Sachen wie Eifersucht sein, wohl aber auch religiöser Übereifer. Es gibt nach Ibn Chaldun vier Arten von Kriegen. Die Kriege zwischen rivalisierenden Stämmen und Sippen, der Krieg zwischen wilden Völkern, bedingt durch Feindschaft und Gier nach dem Besitz anderer. Die dritte Form des Krieges ist der Dschihad, der heilige Krieg, zur Verteidigung des eigenen Territoriums und der eigenen Rechte. Die vierte Form des Krieges sind Kämpfe, welche von Staaten gegen diejenigen geführt werden, die ihnen den Gehorsam verweigern. Die ersten beiden Kriege bezeichnete Ibn Chaldun als ungerechte Kriege. Die letzten beiden Formen des Krieges als gerechte Kriege. Über die Steuern sagte Ibn Chaldun, dass zu Beginn einer Dynastie nur geringe Abgaben erforderlich seien, um ein Maximum an Gewinn zu erzielen. Am Ende eines Reiches werden die Steuern massiv erhöht und werfen dennoch wenig ab. Die Ursache dafür sieht er in der religiös geprägten Asabijja, die am Anfang einer Dynastie sehr stark ausgeprägt sei. Daher würden in der Steuerpolitik nur die gesetzlichen Abgaben verlangt. Etabliert sich aber eine Dynastie und verlässt den gerechten Weg, so wird die religiös dominierte Asabijja geschwächt und der Hang zur Verschwendung nimmt zu und es kommen zunehmend neue Abgaben hinzu und der Druck auf die Untertanen nimmt massiv zu. Die Arbeitsmoral und die Motivation der arbeitenden Schicht lassen nach. Je weniger gearbeitet wird, desto niedriger die Summe der Staatseinkünfte, weil jetzt die Anzahl der Steuerzahler gesunken ist. Ibn Chaldun plädierte für niedrige Steuern, weil dadurch die Seele entlastet wird und die Arbeitsmotivation steigt, weil der Untertan erkennt, dass das Arbeiten sich lohne. Erwerb und Gewinn sind der Wert der Arbeit der Kulturmenschen. Ibn Chaldun bekennt sich zum Prinzip laissez faire, d.h. die Nachfrage bestimmt das Angebot. Gleichzeitig gibt Ibn Chaldun zu bedenken, dass es in der Natur der Dinge liegt, dass eine Dynastie die entsprechenden Phasen durchläuft, auch die Phase der Steuererhöhung und zuletzt werden nahezu alle Waren besteuert. Das ist ein Zeichen für den bevorstehenden Untergang einer Dynastie. Die Dynastie saugt sich selbst aus und sie trocknet aus. Wenn der Herrscher in den Markt regulierend eingreift, dann entsteht für eine gewisse Zeit eine Monopolstellung, weil niemand mit dem Vermögen eines Herrschers konkurrieren kann. Die Untertanen verarmen, später aber auch die Herrscher selbst, denn nun können die Bauern keine Landwirtschaft betreiben und die Kaufleute ziehen sich vom Handel zurück. Das Prinzip Nachfrage-Angebot funktioniert nicht mehr. Bei geringer Nachfrage werden die Angebote zu niedrigsten Preisen verkauft, das trifft auch auf den Herrscher zu. Wenn die Untertanen verarmen, dann ist es eine Frage der Zeit, wann das Reich sich in Nichts auflöst. Der beginnende Zerfall eines Reiches geht mit einer Zunahme an Tyrannei einher. Die Tyrannei ist die Zerstörerin der Hoffnung. Die Bewohner wandern auf der Suche nach Hoffnungen in andere Reiche aus. Die Bevölkerungszahl sinkt und damit auch wieder die Einnahme für das Reich. Ein fortwährender Kreislauf. Das göttliche Gesetz, das für die Bewahrung des Glaubens, des Verstandes, der Seele, der Bevölkerung und des Besitzes verantwortlich ist, wird missachtet. Das ist die Tyrannei, die in der Offenbarung verboten wird. Zur Tyrannei ist nur derjenige befähigt, der auch über die entsprechende Macht verfügt und über den keine andere Macht herrscht. Da Gott die absolute Macht ist, ist demzufolge die Zeit der Tyrannei von kurzer Dauer. Das Reich zerbricht in Teilreiche, ein unaufhaltsamer Vorgang. Diese Prozesse sind natürlicher Genese und können weder verhindert noch gestoppt werden. Die Stadthalter der abtrünnigen Provinzen ernennen sich zum König und können, falls sie über eine starke Asabijja verfügen, das schwächelnde Reich erobern und neu strukturieren. Eine andere Möglichkeit ist die Eroberung durch ein anderes Reich, das noch über eine starke Asabijja verfügt. Die dritte Möglichkeit wäre eine Revolution von Innen durch religiöse Kräfte. Alle drei Möglichkeiten können scheitern oder tatsächlich zur Gründung einer neuen Dynastie mit einer starken Asabijja führen. Entscheidend für die Machtergreifung ist der Sieg auf dem Schlachtfeld. Auch wenn das alte Reich über mehr Soldaten und Waffen verfüge, so kommt es nicht selten vor, dass diese den Krieg verlieren, weil sie vorher die Hoffnung verloren und der Glaube an einem Sieg verlassen hat und weil ihnen die Geduld abhanden kommt bzw. gekommen ist. Ob eine Schlacht gewonnen oder verloren werde, entscheidet häufig die psychische Verfassung eines Heeres und seiner Befehlshaber. Die Träger der neuen Dynastie, Träger einer sehr starken Asabijja, sind noch ländlich geprägt und die neue Dynastie erlebt eine Phase der Bescheidenheit, Tapferkeit und Religiosität und des wirtschaftlichen Wachstums, bevor sie in die zweite Phase eintritt.

Ibn Chaldun beschreibt wie keiner zuvor den Aufstieg und Fall eines Reiches. Er geht auch auf ökonomische Zusammenhänge ein. Ibn Chaldun beschäftigt sich mit der menschlichen Gesellschaft, der Ethnologie und der Anthropologie. Er analysiert und beschreibt unterschiedliche Regierungsformen und Institutionen. Sehr intensiv setzte er sich mit der städtischen Kultur und Lebensweise auseinander. Ibn Chalduns Leistungen auf dem Gebiet der theoretischen Ökonomie sind nicht genug zu würdigen. „In the field of economics, Ibn Khaldun understands very clearly the supply and demand factors wich effect price, the independents of prices and the ripple effects on successive stages of production of a fall in prices, and the nature and function of money and its tendency to circulate from country to country according to demand and the level of activity.“[68]

Ibn Chaldun war während seiner Lebenszeit eine anerkannte und geachtete Persönlichkeit in der gesamten islamischen Welt. Ibn Chalduns Werke sind in Europa erst im 17. Jahrhundert durch den Orientalisten Hammer-Purgstall bekannt geworden. Die Werke der Soziologen Compte und Durkheim sind durch Ibn Chalduns Werke beeinflusst worden. Ibn Chaldun verbrachte seine letzten und auch wohl seine glücklichsten Jahre in Kairo. Dort beendete er seine Autobiographie und war als Gelehrter und Richter in Diensten der Mamelukken tätig.

Seine Rückkehr zur Ur-Asabijja erfolgte am Eden des März im Jahre 1406. Doch seine Werke und Taten sind bis heute unvergessen geblieben.

[68]Deeb M. J., Al Zaytuna, in: The Oxford Encecloaedia of the Modern Islamic World; edited by J. L. Esposito, Oxford University Press, New York, 1995, Vol. 4, S. 374

Mulla Sadra *1572

Sadr al-Din al-Schirazi, genannt Mulla Sadra wurde ca. 1572 in Schiraz, im heutigen Iran, geboren. Er zog nach Isfahan, um Theologie und Philosophie zu studieren. Er war Schüler von Mir Damad und Mir Abul Qasim Fendereski. Mulla Sadra kehrte später nach Schiraz zurück. Er starb auf dem Rückweg von Mekka nach Schiraz in Basra im Jahre 1641.

Er verfaßte zahlreiche theologische und philosophische Werke unter anderem das Buch „Die vier geistigen Reisen". Damit waren die Metaphysik, die Physik, die Theologie und die Psychologie gemeint. Seine Philosophie basierte auf den Thesen des Ibn Sina und des as-Suhrawardi. Mulla Sadra sah in Gott das Licht, das reine Licht. Gott sei die Vollkommenheit. Die Schöpfung der Welt sei eine Emanation des Seins. Diese These ist durchaus mit der neoplatonischen Philosophie zu vereinbaren. Für Mulla Sadra war das von Gott Geschaffene göttlich. In allen und in jedem sei Gott gegenwärtig. Im Menschen sei es die Seele, die die geistlose Materie mit dem Göttlichen verbinde. Der Mensch könne durch Befolgung der göttlichen Gebote Gott noch näher kommen.

Mulla Sadra verstand es die neoplatonische Philosophie mit der Illuminationslehre des as-Suhrawardi in Verbindung zu bringen. Daher übte er und übt weiterhin auf viele Menschen eine große Anziehungskraft aus.

Gholam Ahmad *1839

Der Begründer der islamischen Reformbewegung Achmadija, wurde 1839 in Kadijan im Pandschab, im heutigen Indien, geboren.

Er sah sich selbst als Mahdi an, allerdings ordnete er sich selbst dem Propheten unter. In seinem Umfeld galt und gilt er als die Inkarnation des Propheten Mohammed und Jesus. Seine Prophezeiungen sollen sich erfüllt haben. Er verfasste zahlreiche Bücher und Abhandlungen. Zu seinem wichtigsten Werk gehört „Barahin-e Ahmadija“, Beweise der Ahmadija. Er stand für die Notwendigkeit einer friedlichen Ausbreitung des Islam. Gleichzeitig lehnte er die Kreuzigung Jesus als historisch unwahr ab. Vielmehr sei Jesus nach Srinagar ausgewandert. Dort sei er im Alter von 120 Jahren gestorben.

Gholam Ahmad starb im Jahre 1908. Seine Reformbewegung ist bis heute lebendiger und aktiver denn je, insbesondere in Deutschland. Zu den Errungenschaften dieser Bewegung gehört auch eine ausgezeichnete Übersetzung des Koran ins Deutsche.

Mohammed Abdu *1849

Scheich Mohammed Abdu wurde im Jahre 1849 in Unterägypten als Sohn einer armen ägyptischen Bauernfamilie geboren. Bereits in frühen Jahren beherrschte er die Heilige Schrift auswendig. Ein reicher Bewohner seiner Stadt ermöglichte ihm sein Studium an der Universität für Theologie in Tanta. Durch außergewöhnliche Leistungen durfte Mohammed Abdu sein Studium an der berühmten Al-Azhar-Universität in Kairo fortsetzen. Während dieser Zeit vertiefte er sich in die unterschiedlichsten mystischen Lehren. 1872 wurde er Schüler des bekannten Sayid Jermalch du-Din al-Afghani. Dieser beschäftigte sich mehr mit den islamischen Gegenwartsfragen, weniger mit der Vergangenheit des Islam.

Beeindruckt von al-Afghani, begann er Journalismus zu studieren. Beide gaben im Jahre 1884 gemeinsam eine antiimperialistische Zeitschrift in Paris heraus, die einige Monate später eingestellt wurde. Mohammed Abdu lehrte danach Theologie in Beirut. Im Jahre 1889 kehrte er nach Kairo zurück. Dort wurde er zunächst Richter, 1899 wurde er staatlicher Mufti. Damit war er der höchste religiöse Würdenträger Ägyptens. Ferner war er Mitglied des Verwaltungsrates der Al-Azhar-Universität. Zudem wurde er in die gesetzgebende Versammlung Ägyptens gewählt. Mohammed Abdu war ein Verfechter der göttlichen Einheit. In seinem Hauptwerk „Risalat u-Tauhid“, Brief über die Einheit, forderte er die Muslime zur Rückkehr zur wahren und reinen Lehre des Islam auf. Gleichzeitig forcierte er die Modernisierung der Al-Azhar-Universität. Mit seinem Freund und Schüler Rashid Rida veröffentlichte er die Monatszeitschrift „Der Leuchtturm“. Abdu wollte den Islam reformieren, von der Tradition befreien. Er wollte die arabische Sprache erneuern, sie an die modernen Wissenschaften anpassen. Das Volk sollte mehr Rechte erhalten. Er wünschte sich eine Rückkehr zum wissenschaftlichen Islam. Er gilt neben al-Afghani als bedeutendster Begründer des modernen Ägyptens und als Verfechter des „Tauhid“, der Einheit Gottes.

Im Jahre 1905 erlosch sein Leuchtturm im Diesseits und begann im Jenseits zu leuchten.

Mohammed Iqbal *1877

„Der Dichter ist das Herz in der Brust der Nation.“
(Iqbal)

Hermann Hesse äußerte sich wie folgt über Mohammed Iqbal: „Drei Reichen des Geistes gehört Sir Muhammad Iqbal an, drei Reiche des Geistes sind Quellen eines gewaltigen Werkes: die Welt Indiens, die Welt des Islam und die des abendländischen Denkens.“

Ein Moslem indischer Abstammung, geschult am Koran, am Vedanta und an der persisch-arabischen Mystik, aber auch stark berührt von der Problematik westlicher Philosophie und mit Bergson und Nietzsche vertraut, führt uns in ansteigenden Spiralen durch die Provinzen seines Kosmos.

„Nicht Mystiker mehr, ist er doch von Rumi geweiht. Nicht Hegelianer noch Bergsonianer mehr, ist er doch spekulativer Philosoph geblieben.

Seine Kraftquelle aber liegt anderswo, im Religiösen, im Glauben. Iqbal ist ein Frommer, einer, der sich Gott geweiht hat, doch ist sein Glaube nicht ein kindlicher. Er ist ganz männlich, glühend, kämpferisch. Und sein Kampf ist nicht nur ein Ringen um Gott, sondern auch ein Ringen um die Welt. Den Iqbals Glaube erhebt durchaus den Anspruch auf Katholizität. Sein Traum ist eine in Allahs Namen und Dienst geeinigte Menschheit.

Den geistigen Morgenlandfahrern wird nicht die umfassende Bildung und nuancenreiche Spekulationslust Iqbals das Wichtige und Große an diesem mächtigen Geiste sein, sondern seine dichterische Liebes- und Gestaltungskraft. Sie werden ihn um seine Herzensglut und um seiner Bilderwelt Willen verehren und sein Werk als den west-östlichen Divan lieben.“[69]

Wer war dieser Mann, der Hermann Hesse dermaßen beeindruckte?

[69] Muhammad Iqbal, Botschaft des Ostens, Hrsg. Annemarie Schimmel, Horst Erdmann Verlag, Tübingen und Basel, 1977, S. 7

Mohammed Iqbal wurde am 09.11.1877 in Sialkot im nördlichen Panschab geboren. Er studierte zunächst in Lahore. 1905 begann er sein Philosophiestudium in Cambridge. 1907 setzte er sein Studium in Heidelberg fort. Bei Professor Fritz Hommel promovierte er mit dem Thema „The Development of Metaphysics in Persia". Ein Jahr später kehrte er in seine Heimatstadt Lahore in Pakistan zurück.[70] Iqbal, der geistige Vater Pakistans, war stets bestrebt die moderne muslimische Gemeinschaft von mittelalterlichen Einflüssen zu befreien. Daher versuchte er den „ursprünglichen dynamischen Geist des Islam" mit dem Geist der Moderne in Verbindung zu bringen. Der Wandel der islamischen Gesellschaft hin zur Moderne war für ihn keine Bedrohung der Religion, sondern er begriff diese Entwicklung bzw. diesen Wandel als ein Zeichen der Existenz Gottes.

Der Islam bedeutete für Iqbal die Grundlage allen Lebens. Diese ist ewig und offenbart sich in Vielfalt und Wandel. Der Wandel und der Fortschritt ist ein Teil des göttlichen Planes. Beständigkeit und Wandel müssen in einer islamischen Gesellschaft Hand in Hand gehen. Der Islam verkörpert ewige Prinzipien. Innerhalb dieser Prinzipien ist jeglicher Art von Wandel enthalten. Trotz des gegebenen Wandels steht der Mensch auf festem Boden, denn das Ewige bietet Halt. Daher muß der Mensch den Pfad der Angst vor Veränderungen verlassen. Nur eine Religion, die über ewige Prinzipien verfügt, kann Veränderungen erlauben. Denn diese Veränderungen können göttliche Gesetze nicht verändern. Sie bewegen sich lediglich innerhalb dieser. Das Ewige enthält alle erdenklichen Varianten, weil sie ewig, unendlich ist. Wenn ewige Prinzipien als starre Gesetze angesehen bzw. verstanden werden, dann führt dies zur „Lähmung" einer Gesellschaft. Das ist momentan das Hauptproblem der islamischen Gesellschaft. Angesicht einer solchen Entwicklung wird der Säkularismus gepredigt. Doch der Säkularismus ist ein Produkt der abendländischen Philosophie. Es gilt die unterschiedlichen historischen Entwicklungen in beiden Kosmologien zu berücksichtigen. Der Islam ist kein mönchischer Orden, der sich in einer großen Organisation im Laufe der Zeit verwandelt hat. Kurzum eine kirchliche Struktur existiert im Islam nicht. Der Islam ist keine Institution, sondern ein göttliches Gesellschaftssystem. Gegen wenn sollten sich die Menschen erheben? Die Aufstände und Revolutionen im Islam waren nicht gegen religiöse Strukturen gerichtet, sondern gegen weltliche Strukturen. Iqbal entschleiert und entmystifiziert damit

[70] Vgl. Muhammad Iqbal, Botschaft des Ostens, Hrsg. Annemarie Schimmel, Horst Erdmann Verlag, Tübingen und Basel, 1977, S. 9

den Säkularismus. Zu der Entwicklung in Europa zur Zeit der Reformation und Gegenreformation äußerte sich Iqbal wie folgt. „Luther hatte vollkommen recht damit, gegen diese Organisation zu revoltieren. Wenn man mit dem Konzept einer absolut jenseitigen Religion beginnt, dann ist es vollkommen natürlich, was dem Christentum in Europa widerfahren ist. Die universale Ethik des Christentums wurde durch Systeme nationaler Ethik und Politik ersetzt. Europa wird zwangsläufig zu dem Schluß gedrängt, dass Religion Privatsache des Individuums ist und nichts mit dem zu tun hat, was man das weltliche Leben des Menschen nennt.“[71] Der Islam ist auch ohne Institutionen in der Lage aus sich heraus seine Werte und Vorstellungen gegen alle Anfeindungen zu verteidigen und sich durchzusetzen. Eine klerikale Herrschaft hat im Islam nie existiert. Die universelle Ethik des Islam wurde durch keine Institution angetastet, wohl durch einzelne philosophische Schulen. Doch diese spekulativen Diskurse sind nicht antiislamisch, sondern sie bewegen sich innerhalb der islamischen Philosophie. Hingegen wurde die christliche Ethik durch die Politik nicht nur verdrängt, sondern ersetzt. Dazu sagt Iqbal: „Da es im Islam weder eine göttliche Sanktionierung einer Theokratie oder einer Priesterschaft gibt, und es auch keinen historischen Fall einer klerikalen Herrschaft in der Frühzeit des Islam gegeben hat, wäre es unangebracht, das politische Leben der Muslime um das säkulare Dogma herum zu organisieren. Das Leben ist eine unteilbare Einheit und sie ermöglicht den Menschen, durch die „Eroberung der Materie“ nach spiritueller Erhebung zu Streben.“[72] Den Propheten zitierend sagt Iqbal: „Die ganze Erde ist eine Moschee.“[73] Der Islam untersagt jede künstliche Trennung des Spirituellen vom Weltlichen. „Der Geist findet seine Möglichkeiten im Natürlichen, im Materiellen, im Säkularen. Alles Säkulare ist daher in den Wurzeln seines Seins heilig.“[74] Außerdem „unterteilt der Islam die Einheit des Menschen nicht in einen unversöhnlichen Dualismus von Geist und Materie. Im Islam sind Gott und das Universum, Geist und Materie, und Kirche und Staat eine organische Einheit. Der Mensch ist kein Bewohner einer profanen Welt, der er zu Gunsten einer anderswo gelegenen Welt des Geistes entsagen

[71] Muhammad Iqbal, Die Wiederbelebung des religiösen Denkens im Islam, Hrsg. von Axel Monte und Thomas Stemmer, Hans Schiler-Verlag, Berlin, 2003, S. 9

[72] Muhammad Iqbal, Die Wiederbelebung des religiösen Denkens im Islam, Hrsg. von Axel Monte und Thomas Stemmer, Hans Schiler-Verlag, Berlin, 2003, S. 9 f.

[73] Muhammad Iqbal, Die Wiederbelebung des religiösen Denkens im Islam, Hrsg. von Axel Monte und Thomas Stemmer, Hans Schiler-Verlag, Berlin, 2003, S. 10

[74] Muhammad Iqbal, Die Wiederbelebung des religiösen Denkens im Islam, Hrsg. von Axel Monte und Thomas Stemmer, Hans Schiler-Verlag, Berlin, 2003, S. 10

muß."[75] Weiter erklärt Iqbal: „Selbst der Akt des Strebens nach Erkenntnis wird als spirituelle Erfahrung beschrieben, als eine Art von Gebet. Die wissenschaftliche Beobachtung der Natur hält uns in engem Kontakt mit dem Verhalten der Realität und formt so unsere innere Wahrnehmung für eine tiefere Vision von ihr. (...) Die Wahrheit ist, dass alles Streben nach Erkenntnis seinem Wesen nach eine Form des Gebets ist. Der wissenschaftliche Beobachter der Natur ist eine Art mystischer Sucher im Akt des Gebets. (...) Dies allein wird seine Macht über die Natur erhöhen und gewährt ihm die Vision des Allumfassend-Unendlichen, das die Philosophie sucht, jedoch nicht finden kann."[76] Wenn das Herz und die Seele im Einklang stehen, dann sind selbst säkulare Handlungen heilig. In den Augen Iqbals ist ein Wissenschaftler, der sich in seiner Materie vertieft, um Kenntnisse zu erlangen, ein Mystiker. Denn er tut nichts anderes als sich auf der Suche nach der Schönheit und Vollkommenheit des Göttlichen zu begeben. Diese unermessliche Schönheit ist in der Natur selbst verborgen. Der Forscher erforscht und erobert die Natur. Hierbei handelt es sich laut Iqbal um eine Synthese von Visionen und Macht. Diese beiden Aspekte kennzeichnen den Suchenden aus. Visionen ohne Macht können zu keiner dauerhaften moralisch geprägten Kultur führen, daher ist der Faktor Macht entscheidend. Die zerstörerischen Elemente der Unwissenheit gilt es Einhalt zu gebieten. Wenn „Materie Geist im Raum-Zeit-Gefüge" ist, so Iqbal, wie ist es zu erklären, dass die Ethik des Islam angenommen wird, hingegen seine politische „Gesellschaftsordnung" abgelehnt wird. Der Islam umfasst aber sowohl die Ethik als auch die Gesellschaftsordnung. Wer die islamische Ethik annimmt und die islamische Gesellschaftsordnung ablehnt, der lehnt den gesamten Islam ab, einschließlich der islamischen Ethik, denn diese ist nur innerhalb eines islamischen Systems relevant. Die Gründung eines islamischen Staates, so Iqbal, ist die Verwirklichung des Spirituellen in einer dynamischen Organisation. Der Säkularismus wäre eine künstliche Trennung und würde diesem Prozess der Dynamik berauben. Es wäre ein Gesellschaftsvertrag ohne Ethik und Moral. Der Islam ist laut Iqbal „ein Mittel, die erhabenen spirituellen Ideale im praktischen Leben der Menschen umzusetzen. Die Schaffung einer künstlichen Trennung zwischen Religion und Politik würde einem dynamischen Glauben seiner praktischen Möglichkeiten

[75] Muhammad Iqbal, Die Wiederbelebung des religiösen Denkens im Islam, Hrsg. von Axel Monte und Thomas Stemmer, Hans Schiler-Verlag, Berlin, 2003, S. 10

[76] Muhammad Iqbal, Die Wiederbelebung des religiösen Denkens im Islam, Hrsg. von Axel Monte und Thomas Stemmer, Hans Schiler-Verlag, Berlin, 2003, S. 10

berauben."[77] Iqbal hegte eindeutig die Hoffnung, dass der Islam das Potential besitzt, die fortschrittlichen und dynamischen Kräfte einer Gesellschaft zu entfesseln. Es sollte betont werden, dass Religion für Iqbal eine befreiende Erfahrung darstellt. „Die Essenz des Tauhid als praktisch umgesetzte Idee" ist in den Worten Iqbals „Gleichheit, Solidarität und Freiheit. Der Staat ist aus islamischer Sicht das Bestreben, diese idealen Prinzipien in räumlich-zeitliche Kräfte umzuwandeln, und hat den Anspruch, sie in einer bestimmten Gesellschaftsform zu realisieren."[78] Iqbals Idee von Religion ist umfassend, nicht ausschließend. Seiner Ansicht nach besteht ein Hauptzweck des Islam darin, eine Gesellschaft zu schaffen, die alle Menschen achtet und respektiert, ungeachtet welcher Religion oder welchem Volk sie angehören. Wenn es im politischen Denken Iqbals keinen Raum für eine Theokratie gibt, worin besteht dann sein politisches Ideal? Inspiriert vom egalitärem Geist des Islam und seiner „Abschaffung des Priestertums und des erblichen Königtums" setzt Iqbal seine Hoffnungen auf das allgemeine Wahlrecht als Mittel der politischen Meinungsbildung. Es lag für Iqbal eindeutig auf der Hand, dass der Islam durch die Aufhebung aller göttlichen Ansprüche auf die Macht das „Recht der Herrschaft" von den Priestern und Königen genommen und in die Hände des einfachen Volkes gelegt hat. Die Domäne der politischen Macht liegt jetzt in Reichweite der Unterdrückten, und nicht nur der Unterdrücker, und in Reichweite der plebejischen Volksschichten, nicht nur der Aristokraten. In einer wahrhaft muslimischen Gesellschaft wird die politische Autorität an die gesamte Gesellschaft und an alle Menschen delegiert, die diese Macht durch ihre gewählten Mitglieder als heilige Verantwortung und in den von Gott gesetzten Grenzen ausübt. Die konkreten Mechanismen der Wahl und der politischen Institutionen können im Einklang mit den Erfordernissen der jeweiligen Zeit und den unterschiedlichen Notwendigkeiten der einzelnen Gesellschaften gestaltet werden, aber das Prinzip der „freien Wahlen" muß unangetastet bleiben.[79]

Warum konnte die Demokratie in der islamischen Welt keine Wurzeln schlagen? Die Gründe dafür sind vielfältig. Man liegt jedoch nicht falsch, wenn man die monarchistische Herrschaft als größtes Hindernis für das Wachstum einer Zivilgesellschaft und demokratischer Traditio-

---

[77] Muhammad Iqbal, Die Wiederbelebung des religiösen Denkens im Islam, Hrsg. von Axel Monte und Thomas Stemmer, Hans Schiler-Verlag, Berlin, 2003, S. 11

[78] Muhammad Iqbal, Die Wiederbelebung des religiösen Denkens im Islam, Hrsg. von Axel Monte und Thomas Stemmer, Hans Schiler-Verlag, Berlin, 2003, S.11

[79] Vgl. Muhammad Iqbal, Die Wiederbelebung des religiösen Denkens im Islam, Hrsg. von Axel Monte und Thomas Stemmer, Hans Schiler-Verlag, Berlin, 2003, S. 2-20

nen hervorhebt. Die revolutionäre Führerschaft des Propheten stimmte den Ruf „La-Kaiser-o-la-Kisra“ gegen die ausbeuterische Herrschaft des blaublütigen Adels an. Diese Botschaft war gegen die monarchistischen Imperien gewandt: Vertreibt die königliche Magie der Cäsaren und der Chosroes und zwingt die Königsthrone in die Knie. In der Zeit nach dem Propheten gründete die Regierung der ersten vier rechtgeleiteten Kalifen auf einer „republikanischen Ordnung“, die bekannt war für ihre Herrschaft durch Konsens und Konsultationen. Es war ein großer Verlust, dass der demokratische Geist des frühen Islam so schnell zu einer Monarchie degenerierte, in der die erbliche Nachfolge zur Norm wurde. Der Geist der Demut machte dem Pomp und der Glorie der Könige Platz, und der Geist des Fortschritts wich dem kalten Konservatismus. Seitdem wurde der Republikanismus der Frühzeit des Islam nie vollständig wiedererlangt. Tragischerweise wurde die Botschaft des Islam, die als eine Befreiung von den Königsthronen daherkam, selbst ein Opfer der monarchistischen Herrschaft. Iqbal war ein harscher Kritiker der arabischen Könige, die ihren Blick fest auf ihre eigenen dynastischen Interessen gerichtet hatten und nicht zögerten, den Ausverkauf ihres Landes hinzunehmen, um ihre persönlichen Interessen zu wahren. In seinen poetischen wie in seinen politischen Formulierungen versucht Iqbal, die Massen darauf vorzubereiten, gegen die Könige zu revoltieren. Er hat den Rückfall in die vorislamische Zeit des erblichen Königtums als „Repaganisierung“ des Islam bezeichnet. In einem Brief an Nicholson bemerkt er: „Ich betrachte es als einen großen Verlust, dass der Fortschritt des Islam als ein erobernder Glaube das Wachstum dieser Keime einer ökonomischen und demokratischen Organisation der Gesellschaft verhinderte, die ich auf allen Seiten des Korans und in den Überlieferungen des Propheten vorfinde. Die Muslime waren ohne Zweifel erfolgreich beim Aufbau eines großen Reiches, aber dadurch 'paganisierten' sie ihre politischen Ideale größtenteils und verloren den Blick für einige der wichtigsten Potentiale ihres Glaubens.“[80] Der allmähliche Verfall der muslimischen Reiche, der am Ende im Zerfall des Osmanischen Reiches gipfelte, war von der Entstehung neuer muslimischer Nationalstaaten geprägt. Für eine Weile lebte die Hoffnung auf, dass die muslimischen Völker ihre monarchistische Vergangenheit abschütteln und sich dem republikanischen Ideal des Islam zuwenden würden. Die alte politische Ordnung hat sich jedoch kaum verändert. Die einzige Veränderung war vielleicht der Austausch

[80]Muhammad Iqbal, Die Wiederbelebung des religiösen Denkens im Islam, Hrsg. von Axel Monte und Thomas Stemmer, Hans Schiler-Verlag, Berlin, 2003, S. 13

des muslimischen Imperialismus durch den europäischen Imperialismus. Zu den autokratischen Regimen gesellten sich nun auch noch ihre westlichen Beschützer, und die Despoten und Monarchen wurden zu Wächtern von deren imperialistischen Interessen. Eine derartige Unterstützung des Westens für undemokratische Regime dauert in den Herzlanden des Islam bis heute an. Die lange Geschichte der dynastischen Herrschaft hat ihren Tribut gefordert. Einen großen Schaden hat diese politische Degeneration im Bereich der Rechtsprechung angerichtet. Ebenso wie das islamische Prinzip der Beratung wurden auch solch grundlegende Prinzipien wie Idschtihad (die Bildung einer eigenständigen Meinung zu Rechtsfragen) und Idschma (Konsens der Gemeinschaft) nicht adäquat umgesetzt. Der Grund dafür ist klar. Der republikanische Geist des Islam kann nur durch die Negierung des „Prinzips der Bewegung in der Struktur des Islam“ unterdrückt werden. Es diente den Interessen der herrschenden Dynastien, die die politischen Folgen fürchteten, diese wirkungsvollen rechtlichen Ideen nicht in eine institutionalisierte Realität umzuwandeln. Iqbal hielt die Ideen von Idschtihad und Idschma für die Wiederbelebung des Islam für unverzichtbar. Iqbal hegte die Vorstellung einer egalitären und spirituellen Demokratie. Ein System, das das „latente“ Potential der Menschen weckt, in dem Menschen aus „plebejischem Material“ sich politischer Mobilität erfreuen, und wo der Staat nicht von den Interessengruppen der Reichen und Mächtigen kontrolliert wird. Ein System, das den Schwachen und Besitzlosen dient, und nicht den Reichen, in einem Geiste, der sich in den Worten des ersten Kalifen Abu Bakr widerspiegelt, die er bei Antritt seines Kalifats geäußert hat: „Die Schwachen unter euch sind mit mir stark, denn ich gebe ihnen, was ihnen zukommt, die Starken unter euch sind bei mir schwach, denn ich nehme ihnen, was sie zu geben verpflichtet sind.“[81] „Die Menschheit“, so sagt Iqbal, „bedarf dreier Dinge, einer spirituellen Interpretation des Universums, der spirituellen Emanzipation des Individuums, und grundlegender Prinzipien von universaler Bedeutung, die die Entwicklung der menschlichen Gesellschaft auf spiritueller Basis leiten.“[82] Nach Ansicht Iqbals ist die Wiederbelebung des politischen Denkens der Muslime wesentlich für die Befreiung der Menschen von der eisernen Hand der Tyrannei und der Ausbeutung. „Eine spirituelle Interpretation des Universums ist nur möglich, wenn das politische System um die universalen Prinzipien der menschlichen Solidarität,

[81] Muhammad Iqbal, Die Wiederbelebung des religiösen Denkens im Islam, Hrsg. von Axel Monte und Thomas Stemmer, Hans Schiler-Verlag, Berlin, 2003, S. 14

[82] Muhammad Iqbal, Die Wiederbelebung des religiösen Denkens im Islam, Hrsg. von Axel Monte und Thomas Stemmer, Hans Schiler-Verlag, Berlin, 2003, S. 14 f.

Gleichheit und Freiheit herum organisiert wird. Die Gier hat die Menschheit stets entzweit. Also predigt Brüderlichkeit und sprecht von Liebe. Solch eine gesellschaftliche Wiederbelebung erfordert von den Muslimen einen vernünftigen Gebrauch ihrer besten Fähigkeiten, um die koranische Botschaft durch das dynamische Instrument des Idschtihad umzusetzen. Die Tore des Idschtihad dürfen nie geschlossen werden. Wer kann ein Tor schließen, das vom Propheten Muhammad selbst geöffnet wurde?"[83]

Wir sollten daran erinnern, dass Religion für Iqbal eine dynamische und fortschrittliche Idee darstellt, deren Hauptzweck in seinen Worten darin besteht, „für die allmähliche Erhöhung des Lebens ein einheitliches gesellschaftliches Ganzes aufzubauen".[84] Tauhid, der Glaube an einen Gott, war das geläufige Wort, das das vereinigende Prinzip lieferte. Der Koran betont unermüdlich die spirituelle Harmonie der „Menschen des Buches". Man ist an dieser Stelle versucht, sich auf den Koran zu beziehen: „Und streitet mit den Leuten der Schrift nie anders als auf eine möglichst gute Art – mit Ausnahme derer von ihnen, die Frevler sind! Und sagt: 'Wir glauben an das, was zu uns und was zu euch herabgesandt worden ist. Unser und euer Gott ist Einer. Ihm sind wir ergeben.'" (Sure 29, Vers 46) „Sagt: 'Wir glauben an Gott und an das, was zu uns, und was zu Abraham, Ismael, Isaak, Jakob und den Stämmen herabgesandt worden ist, und was Mose und Jesus und die Propheten von ihrem Herrn erhalten haben, ohne dass wir bei einem von ihnen einen Unterschied machen. Ihm sind wir ergeben.'" (Sure 2, Vers 136)

In der Befürwortung spiritueller Homogenität als Basis der menschlichen Einheit und politischer Mobilisierung ließ sich Iqbal gleichermaßen von der muslimischen Geschichte anleiten. Die meisten objektiven Historiker stimmen dem zu, dass die Toleranz gegenüber anderen Religionen der Grundstein der muslimischen Geschichte war. Die Geschichte bezeugt den Umstand, dass die muslimische Herrschaft neue Beispiele eines spirituellen Pluralismus hervorbrachte, von denen man zuvor noch nichts gehört hatte. Die Ursprünge der akademischen Disziplin der Vergleichenden Religionswissenschaft (Ilm Al Milal Wal Nihal) verfolgend stellt Isma'il R. al-Faruqi fest: „Im frühen Mittelalter sahen die Kalifenhöfe von Damaskus, Bagdad und Cordoba zahllose Treffen von Juden, Christen und Muslimen, auf denen die gelehrten Anhänger der drei Glaubensrichtungen diskutierten. Die herrschende Kultur ehrte die drei Religionen derart und

[83] Muhammad Iqbal, Die Wiederbelebung des religiösen Denkens im Islam, Hrsg. von Axel Monte und Thomas Stemmer, Hans Schiler-Verlag, Berlin, 2003, S. 15

[84] Muhammad Iqbal, Die Wiederbelebung des religiösen Denkens im Islam, Hrsg. von Axel Monte und Thomas Stemmer, Hans Schiler-Verlag, Berlin, 2003, S. 15

respektierte ihre Prinzipien und Institutionen so sehr, dass die interreligiöse Debatte das Thema von Salongesprächen, ein öffentlicher Zeitvertreib war.“[85]

Karen Armstrong hatte, während sie in Oxford die erste Fazlur Rahman Memorial Lecture hielt, folgendes zu sagen: „Im islamischen Imperium erfreuten sich Juden, Christen und Zoroastrianer religiöser Freiheit. Dies spiegelte die Lehre des Koran wider, welcher eine pluralistische Schrift ist, die andere Traditionen bestätigt. Den Muslimen ist von Gott befohlen, die „Menschen des Buches“ zu respektieren und sie werden daran erinnert, dass sie dieselben Glaubenssätze und denselben Gott teilen. Beständig erläutert der Koran, dass Mohammad nicht gekommen ist, um die Offenbarungen von Adam, Abraham, Moses oder Jesus aufzuheben.“[86] Vor diesem Hintergrund ist es leichter zu verstehen, dass Iqbals Konzept eines muslimischen Nationalismus in keinster Weise eine engstirnige Vorstellung darstellt, sondern auf die letztliche Einheit der Menschheit abzielt. Durch die Wiederbelebung der muslimischen politischen Theorie im Kontext moderner nationaler Ideale hat Iqbal in der Tat eine neue Theorie des gemeinsamen Nationalismus für die Anhänger abrahamitischen Glaubens (Millat-e-Ibrahimi) formuliert. Er erweitert sogar den Umkreis seiner Theorie, um in ihr Zoroastrianer und andere Glaubensrichtungen einzuschließen, die fast dieselbe Weltsicht aufweisen. Eine falsche Lesart der Poesie Iqbals ist nicht auf die ungebildete Öffentlichkeit beschränkt.[87] In seiner Botschaft des Ostens schrieb er: „Der Orient, und speziell der islamische Orient, hat nach dem jahrhundertelangen Schlaf die Augen geöffnet. Doch den Völkern des Orients dürfte es fühlbar geworden sein, dass das Leben in ihren Ländern nicht irgendeinen Umsturz offenbaren kann, bevor nicht in ihren eigenen Tiefen ein Umsturz geschehen ist, und dass eine neue Welt nicht eher ins äußere Dasein treten kann, solange nicht ihre Existenz im Inneren des Menschen vorgeformt ist. Dieses unwandelbare Gesetz der Natur, dass der Koran in den einfachen, beredten Worten ausgedrückt hat: „Nicht ändert sich der Zustand eines Volkes, wenn es sich nicht selbst ändert“ (Sure 13, Vers 12) betrifft sowohl die individuelle als auch die soziale Seite des Lebens, und ich habe in meinen persischen Werken gestrebt, eben auf diese Wahrheit den Blick

[85] Muhammad Iqbal, Die Wiederbelebung des religiösen Denkens im Islam, Hrsg. von Axel Monte und Thomas Stemmer, Hans Schiler-Verlag, Berlin, 2003, S. 17

[86] Muhammad Iqbal, Die Wiederbelebung des religiösen Denkens im Islam, Hrsg. von Axel Monte und Thomas Stemmer, Hans Schiler-Verlag, Berlin, 2003, S. 17

[87] Vgl. Muhammad Iqbal, Die Wiederbelebung des religiösen Denkens im Islam, Hrsg. von Axel Monte und Thomas Stemmer, Hans Schiler-Verlag, Berlin, 2003, S. 17 f.

zu richten."[88] „Iqbal ist Politiker, Philosoph und Poet, geschult in abendländischer wie in islamischer Philosophie, gestellt in eine Brennpunkt der Geschichte der islamischen Welt, in dem jahrhundertelange Traditionen zusammen gebrochen waren und die Beziehungen zwischen Abendland und Morgenland neue Gestallt annahmen. Fast 1.000 Jahre lang hatte der Westen die islamische Kultur zumindest andeutungsweise gekannt, hatte sie bekämpft oder ihr gewisse Werte, bestimmte literarische Themen und Formen übernommen; war, im Werk Goethes und Rückerts und der ihnen folgenden Generationen, zu einer echten Auseinandersetzung und, bei Rückert, Anverwandlung orientalischer Poesie gelangt und hatte sich seit dem Beginn des 19. Jahrhunderts bemüht, ein objektiveres Bild der islamischen Geschichte zu gewinnen. (...) Eben an einem solchen kritischen Punkt der islamischen Selbstinterpretation steht Iqbal, und in seinem Werk kann man deutlich die Strömungen erkennen, die in jenen Jahren zwischen 1900 und dem Ausbruch des 2. Weltkrieges die Muslime allgemein, und die Muslime des Subkontinentes insbesondere, bewegten."[89]

Der Botschafter des Ostens verstarb im Jahre 1938. „Iqbals Tod verursacht eine Lücke in der Literatur, die, wie eine lebensgefährliche Wunde, lange braucht, um sich zu schließen."[90]

---

[88] Muhammad Iqbal, Botschaft des Ostens, Hrsg. Annemarie Schimmel, Horst Erdmann Verlag, Tübingen und Basel, 1977, S. 129

[89] Muhammad Iqbal, Botschaft des Ostens, Hrsg. Annemarie Schimmel, Horst Erdmann Verlag, Tübingen und Basel, 1977, S. 8 f.

[90] Muhammad Iqbal, Botschaft des Ostens, Hrsg. Annemarie Schimmel, Horst Erdmann Verlag, Tübingen und Basel, 1977, S. 8

Al-Jabri *1935

Mohammed Abd al-Jabri wurde am 27.12.1935 in Fagig, im heutigen Marokko, geboren. Er wuchs in ärmeren Verhältnissen auf. Mit 18 Jahren begann er sein Studium für Lehramt an der Mohammadia-Universität in Casablanca.

Während des Studiums beteiligte er sich am Widerstand gegen die französischen Besatzer. Sein Studium beendete er 1956, ein Jahr später durfte er als Lehrer arbeiten. Aus Mangel an Professoren wurde er an der Mohammadia-Universität in Casablanca auf den Lehrstuhl für Erziehungswissenschaften berufen. Im selben Jahr wurde er staatlicher Übersetzter. Während seiner Lehre nahm er Kontakt mit dem Führer der sozialistischen Partei Marokkos, Ben Barka, auf. Dieser wurde 1965, nachdem er aus politischen Gründen nach Frankreich fliehen musste, ermordet. Al-Jabri kündigte seinen Job an der Universität und begann für die Zeitung „Al-Alam“ zu schreiben. Aus politischen Gründen verließ er 1958 Marokko und begann an der Universität von Damasus Erziehungswissenschaften zu lehren. Ein Jahr später kehrte er wieder zu der Zeitung zurück. Gleichzeitig schrieb er sich als Student für Philosophie, an der humanistischen Universität in Rabat, ein.

1959 wurde er Chef des neugegründeten Institutes l'Ermitage in Casablanca. Im selben Jahr ging er erneut in die Opposition und wurde Mitglied in der Oppositionspartei „Al-Tahrir“. Konsequenterweise musste er seinen Job als Chef des Instituts l'Ermitage aufgeben. 1962, während er noch Mitglied der Oppositionspartei war, bekam er seinen Abschluss in Philosophie. Er wurde daraufhin Lehrer für Sekundarstufe I, gleichzeitig blieb er als freiwilliger Journalist für verschieden Zeitungen, hauptsächlich für die Opposition, tätig. 1962 wurde er zum Mitglied des Zentralkomitees der Nationalen Einheit, gewählt. Im selben Jahr wechselte er auf eine Privatschule für Mädchen.

1963 wurde er aus politischen Gründen verhaftet und musste für mehr als 2 Monate ins Gefängnis. Aufgrund des Mangels an Lehrern wurde er frei gelassen und verpflichtet, an einer unbedeutenden Schule zu unterrichten. Von 1964-1983 blieb er als Journalist für verschiedene Zeitungen tätig, u.a. „Aqlam“ und „Al-Muharrir“. Aufgrund seiner zahlreichen Veröffentlichungen in unterschiedlichen Zeitungen wurde er erneut in einer noch kleineren Schule in Casablanca zum Unterrichten verdammt. Zwischenzeitlich wurde er erneut verhaftet. Inzwischen hatte er allerdings eine kleine Gruppe an Lehrern um sich gruppiert, die nicht nur solidarisch waren, sondern auch der Regierung die Stirn boten. Sie sorgten dafür, dass Al-Jabri nicht mehr verhaftet wurde.

1966 schrieb er zusammen mit Achmed al-Satani und Mustafa al-Omari ein philosophisches Lehrbuch (Durus al-Falsafa, Philosophische Unterrichtseinheiten, für Sekundarstufe I und II). Im ersten Teil dieses Buches schrieb er über Ethik und Metaphysik. Im zweiten Teil des Buches über wissenschaftliche Methoden, Sozialwissenschaften und Psychologie. Nur ein Jahr später, im Jahre 1967, veröffentlichte er erneut ein Schulbuch mit dem Titel „Das islamische Denken und das Studium von Dokumenten". Im Oktober des selben Jahres wurde er zum Professor für Philosophie, an der humanistischen Universität Mohammed V., in Rabat berufen. Im selben Jahr, nachdem er sich erneut gegen das Regime wandte, wurde er verhaftet. 1968 war er für die Zeitung „Palästina" tätig. Im selben Jahr wurde er, zusammen mit einem anderen Kollegen, zum obersten Philosophen des Staates berufen.

Er war zuständig für philosophische Lehrinhalte sowohl für Universitäten als auch für Schulen. Im Rahmen des Nationalisierungsprogrammes bekam er den Auftrag, alle französischen philosophischen Bücher ins Arabische zu übersetzen. 1969 war er nur noch Professor für Philosophie an der Universität Mohammed V. 1970 promovierte er im Fach Philosophie. Es war die erste Promotion in der Geschichte des unabhängigen Marokkos. Seine Promotionsprüfung wurde in arabischer und französischer Sprache von marokkanischen und französischen Professoren abgenommen. Der Titel seiner Promotion lautete „Trivialität und Staat, Aspekte in Ibn Chalduns Theorie in der islamischen Geschichte".

1971 wurde er erneut zum Professor für Philosophie, nachdem er zuvor suspendiert wurde, berufen. 1973 veröffentlichte er sein zweites Werk „Einblick in die Probleme schulischer Erziehung". Drei Jahre später erschien sein berühmtes Buch „Die Einführung in Philosophiewissenschaften". Dieses Werk setzte sich aus zwei Teilen zusammen. Im ersten Teil geht es um die Entwicklung der mathematischen Denkweise und der Vernunft in der Gegenwart. Im zweiten Teil um die Methodik und die Entwicklung wissenschaftlichen Denkens. Ein Jahr später erfolgte die Veröffentlichung eines weiteren bedeutenden Werkes mit dem Titel „Zunehmendes Missverständnis einiger kultureller und erzieherischer Probleme". 1981 wurde er vom Zentralkomitee der Nationalen Einheit aufgefordert, ein kulturelles Programm und ein Erziehungsprogramm für das gesamte Land zu erstellen. Parallel zu seinen Veröffentlichungen und seiner Arbeit im Nationalen Komitee blieb er stets als Journalist für verschiedene Zeitungen tätig. 1980 veröffentlichte er das wenig bekannte Werk „Wir und unsere Kultur". Im Jahre 1997 veröffentlichte er das erste bedeutende Werk seines Lebens „Verstand und Vernunft". Im Jahre 2001 erschien sein monumentales Werk „Kritik der arabischen Vernunft" in mehreren Bänden.

Der vierfache Vater galt als der bedeutendste arabisch-islamische Philosoph der postkolonialen Ära. In seinen Werken, insbesondere in seinem wohl bedeutendsten Werk „Kritik der arabischen Vernunft", welches in mehr als 20 Sprachen übersetzt wurde, kritisierte er die Verflechtungen zwischen der Tradition einerseits und der islamischen Lehre andererseits. Er strebte in seinen Werken die Reinigung der arabischen Leseart von mystischen Inhalten an. Gleichzeitig forderte er einen Prozess der Erneuerung wissenschaftlichen Arbeitens in der islamischen Welt, außerdem machte er sich für das Erlernen und das Kopieren wissenschaftlicher Methoden, welche in Europa jetzt und heute verwendet werden stark. In seinen Modernisierungsüberlegungen bzw. in seinen Modernisierungshypothesen trennte er den Staat von der Religion. Er strebte eine Trennung zwischen Religion und Staat einerseits und zwischen Religion und Wissenschaft andererseits an. Damit widersprach er dem ursprünglich islamischen Grundsatz von „Din wa Dawla" (Religion gleich Staat). Für die Einen war er ein moderner islamischer Denker, für die Anderen ein Nachahmer der europäischen Lebensart.

Für seine Werke wurde er in der arabisch-islamischen Welt mit Auszeichnungen überhäuft. So erhielte er 1988 den Bagdad-Award für arabische Kultur von der UNESCO. 1999 den Maghreb-Award für Kultur von der tunesischen Regierung. 2005 erhielt er den „Großen Preis für philosophische Studien in der arabischen Welt" ebenfalls von der UNESCO. Im selben Jahr erhielt er den Pionierpreis für arabisches Denken in Beirut. 2006 das Avicenna-Medaillon ebenfalls von der UNESCO und von der marokkanischen Regierung. Zu seinen weiteren Auszeichnungen gehört auch der Saddam-Hussein-Award und der Gaddafi-Award für Menschenrechte.

Nicht nur seine Preise waren umstritten, sondern auch seine Philosophie. Dennoch hat er durch seine Werke und durch sein Arrangement, auch wenn manchmal doch fraglich, einige Akzente in der arabisch-islamischen Philosophie in der postkolonialen Ära gesetzt. Ihm ist es zu verdanken, dass die islamische Philosophie aus dem Dornröschenschlaf geweckt wurde. Das ist sein größter Verdienst.

Der umstrittene Philosoph, gerade weil er sich von Despoten hat hofieren lassen, der in der marokkanischen Résistance und gegen das marokkanische Regime nach der Unabhängigkeit kämpfte, starb am 03.05.2010 im weißen Haus, Casablanca. Es bleibt zu hoffen, dass das Haus weiterhin weiß bleibt.

Ulama

„Denkt nach ihr alle, die ihr Einsicht habt."
(Sure 59, Vers 2)

Die Religionsgelehrten „Ulama" werden häufig für den Untergang der islamischen Philosophie verantwortlich gemacht. Doch diese Aussage beherbergt zwei falsche Aussagen in sich. Zum einen ist die islamische Philosophie nicht untergegangen. Zum anderen entbehrt es jeglicher Grundlage zu behaupten, da die Ulama gegen die islamische Philosophie gekämpft haben, auch weil die Ulama nie eine einheitliche Position zur Philosophie bezogen haben. Ganz im Gegenteil, bis in das 13. Jahrhundert hinein haben orthodoxe Gelehrte die Logik des Aristoteles und seines Schülers al-Farabi als methodische Grundlage akzeptiert, obwohl sie der Philosophie gegenüber skeptisch standen. Die Kritik des Ahmad ibn Hanbal, die sich gegen die Thesen der Willensfreiheit und der Erschaffenheit des Korans seitens der Al-Mutazila richtete, darf nicht als Kritik gegen die gesamte Philosophie angesehen werden. Vielmehr wurden Einzelaspekte der Philosophie der Al-Mutazila kritisiert. Der orthodoxe Hardliner Hassan al-Aschari verband sogar die hanbalitische Dogmatik mit der klassischen islamischen Philosophie, auch mit der aristotelischen Logik.

Hassan al-Aschari kann durchaus als Begründer einer rationalistischen Bewegung innerhalb der islamischen Orthodoxie bzw. sunnitischen Orthodoxie angesehen werden. Die hanbalitische Dogmatik existierte parallel. Daraus resultierten Auseinandersetzungen hinsichtlich der Interpretation des Korans.

Die Eskalation dieser Auseinandersetzung fand unter dem radikal-orthodoxen Gelehrten Ibn Taymiyya ihren Höhepunkt. Ibn Taymiyya kritisierte nicht nur das Gottesbild der klassischen islamischen Philosophie, sondern auch die Korruption und Vetternwirtschaft innerhalb des islamischen Klerus. Er kämpfte gegen dekadente Zustände innerhalb der Ulama-Kaste. Er forderte mehr Moralität und Glaubenseifer. Seine Forderung nach der reinen Lehre gelang der Durchbruch im 18. Jahrhundert. Seine Lehren dienen als Basis für die Entstehung der Bewegung des Wahhabismus.

Doch gleichzeitig nahm auch die islamische Mystik an Einfluss zu. Die Spekulationen über die Erschaffung des Kosmos, über die Existenz Gottes und über die verschiedenen Wege zur Vereinigung der menschlichen Seele mit der Urseele, gingen weiter. Die islamische Mystik bzw. der Sufismus stand immer in enger Beziehung zur Philosophie. Der Sufismus führte zur Entdeckung Gottes in sich und machte sich von den Heiligen Schriften unabhängig. Daher kann die islamische Mystik, die sich jederzeit der Philosophie bediente, als Gegenbewegung zur Dogmatik der Schriftinterpretation angesehen werden. Die sunnitische Orthodoxie sah in der mystischen Religiosität insofern eine Gefahr, als dass diese die heilige Offenbarung relativierte. Die islamische Mystik vernachlässigte die islamischen Gebote und plädierte für eine individuelle Suche nach Gott. Darin unterschieden sich diese beiden Richtungen fundamental. Dennoch war die Koexistenz nie gefährdet. Die Ulama als Alleinverantwortliche für den Stillstand in der islamischen Welt verantwortlich zu machen entbehrt jeglicher Grundlage und zeugt von mangelhaften Kenntnissen diesbezüglich.

Die Fehlentwicklungen und die Missstände innerhalb der islamischen Welt, insbesondere in den letzten 500 Jahren, sind multifaktorieller Genese. Daher erfordert die Behebung dieser katastrophalen Umstände bzw. Zustände einen breit gefächerten Konsensus. Das Zeigen mit dem Finger auf einen Stern am Himmel führt meistens zu einem Sturz in eine Kloake.

Das islamische Mittelalter

Zwischen dem 14. Jahrhundert und dem 19. Jahrhundert kam es in der islamischen Welt zu einem „Stillstand“. Reinhard Schulze, Islamwissenschaftler, bezeichnete diese Zeit nicht zu Unrecht als eine „inhaltslose Zeit“. Die Nachfolger der goldenen Generation ließ auf sich warten. Doch ganz zum Stillstand kam die islamische Philosophie nie. Der Eindruck der entstand hängt damit zusammen, dass diese islamische Epoche wenig erforscht wurde. Vielmehr war das christliche Abendland damit beschäftigt, das islamische Reich unter sich aufzuteilen. Bagdad, eines der Zentren der islamischen Wissenschaft, wurde bereits im Jahre 1258 durch die Mongolen zerstört. Die alten Bibliotheken mit ihren unschätzbaren Schätzen wurden zerstört. Zu den mongolischen Eroberungszügen kamen noch innere Zerfallserscheinungen dazu. Neue Dynastien entstanden. In Indien entstand zwischen dem 16. und dem 19. Jahrhundert das Mogulen-Reich. Diese indo-islamische Kultur ist bis heute wenig erforscht. Durch diese Umwälzungen wurden die wissenschaftlichen Infrastrukturen zerstört. Die Wissenschaften entwickelten sich lokal. Zunehmend dominierte die islamische Orthodoxie. Nicht weil sie philosophiefeindlich war, sondern weil ein Vakuum entstand. Die Gelehrten beschäftigten sich mit bereits vorhandenem. Es mangelte an Originalität. Die neuen Dynastien bedürften der religiösen Legitimation. Sie bedienten sich der islamischen Orthodoxie. Dabei wurde die Philosophie an den Rand gedrängt. Nicht die Orthodoxie bekämpfte die Philosophie, sondern die Politik. Unter der osmanischen Herrschaft wurde der islamische Philosophie und Mystik wieder Leben eingehaucht. Hier sei als Beispiel Scheich Bedreddin zu nennen, der durch die Verbindung der Mystik mit dem Humanismus die osmanische Obrigkeit erheblich beeinflussen konnte. Dennoch war die islamische Philosophie in dieser Zeit wenig produktiv. Das islamische Mittelalter zeichnete sich nicht durch Seuchen, Hexenverfolgung, Judenverfolgung oder Inquisition, sondern durch einen Rückgang der sehr produktiven islamischen Philosophie aus. Die Philosophie wurde in diesen Jahren vernachlässigt. Gleichzeitig erlebte die Soziologie im 14. Jahrhundert durch Ibn Chalduns Geschichtsphilosophie ihre Blütezeit.

Islamische Philosophie heute

Nicht selten stellen sich junge Muslime angesichts der gegenwärtigen Situation in der islamischen Welt, insbesondere nach den Revolutionen in Tunesien und Ägypten und nach der Spaltung des Sudan, die Frage, wie die Größe der islamischen Zivilisation wiedererlangt werden kann und wie die islamische Tradition wieder an Stärke gewinnen könnte. Diese jungen Menschen sehnen sich nach einer erneuten glorreichen islamischen Epoche. Dies scheint momentan ein Ding der Unmöglichkeit zu sein. Um die Sehnsucht zu befriedigen, träumen die meisten jungen Muslime von der islamischen Vergangenheit, eine Vergangenheit, die die islamische Gegenwart bestimmt und weit in die Zukunft hineinragt. Diese Menschen sind sich durchaus der Tatsache bewusst, dass die vorislamische Tradition die Gegenwart bestimmt und die Zukunft bestimmen will. Gleichzeitig erkennen diese jungen Menschen, dass diese verhasste Tradition das Überleben der islamischen Welt in den letzten 700 Jahren ermöglichte. Der westlichen Herausforderung wurde die vorislamische Tradition vorgesetzt und tatsächlich scheint der Westen im Kampf gegen fast archaische Traditionen zu zerbrechen. Der Rückzug auf diese Tradition bezeichnet al-Jabri als fundamentalistisch. In Wirklichkeit ist sie eine grundlegende Haltung in der gesamten islamischen Welt. Nicht, weil sie fundamentalistisch ist, sondern weil sie das Überleben des Islam ermöglichte und ermöglicht. Das Festhalten bzw. die Rückkehr zur vorislamischen Tradition ist eine Überlebensstrategie gewesen und hat mit der heutigen Bewegung des islamischen Fundamentalismus nichts gemein. Diese Tradition als fundamentalistisch zu bezeichnen entbehrt jeglicher Vernunft. Die Bewegung des islamischen Fundamentalismus hat erst in den letzten drei Jahrzehnten an Bedeutung gewonnen. Die vorislamische Tradition, von der die Rede ist, ist deutlich älter als 1.500 Jahre. Die Zunahme der Bedeutung und der Stärke des islamischen Fundamentalismus könnte ein Indiz dafür sein, dass die vorislamische Tradition in der Abwehr westlicher Dominanz an Stärke verloren hat und daher die Unterstützung durch den islamischen Fundamentalismus bedarf. Die vorislamische Tradition ist kein Freund des islamischen Fundamentalismus. Ganz im Gegenteil, es handelt sich um völlig gegensätzliche Ideologien, aber mit einem gemeinsamen Feind, der westlichen Dominanz. Die fundamentalistischen Strömungen streben nicht nach der Wiederherstellung der vorislamischen Tradition. Ganz im Gegenteil, sie bekämpfen jegliche Art von Traditionen. Das Aufkeimen des islamischen Fundamentalismus ist ein Zeichen für einen zunehmenden Rückzug der vorislamischen Tradition. Zunehmend tritt der islamische Fundamentalismus als Verteidiger islamischer Interessen in den Vordergrund. Die Anhänger dieser Strömungen vertreten den Standpunkt, dass ein islamisches Land nach islamischen Gesetzen, d.h. nach der Scharia, regiert werden muss. Das ist zunächst eine legitime Forderung, denn in Europa regiert die Kirche mit und man spricht bewusst von einer christlichen Wertegemeinschaft. Warum soll der Islam in den islamischen Staaten seine Stimme nicht erheben dürfen? Die Europäische Union darf sich eine christliche Wertegemeinschaft nennen und sie erhebt Kirchensteuern. Warum darf sich die islamische Welt dann nicht auf ihre Wurzeln besinnen? Die fundamentalistischen Strömungen sind keine Ungeheuer, sondern sie waren und sind stets eine Bewegung der Erneuerung gewesen. Bereits Jamal ed-Din al-Afghani, Vordenker der fundamentalistischen Bewegung, rief zur Erneuerung auf und verdammte den nachahmenden Konformismus. Al-Afghani, der von 1838 bis 1897 lebte, strebte die Beseitigung aller Elemente an, die der Epoche der Schande entstammten, ohne aber dem westlichen Denken zu verfallen. Er forderte eine Erneuerung von Innen heraus. Die Religion soll zur Grundlage der islamischen Renaissance werden, das bedeutet Fundamentalismus. Der Fundamentalismus ist vom Extremismus zu unterscheiden. Der Fundamentalismus ist authentisch, mit der Vergangenheit verwurzelt und stets bemüht die islamische Identität am Leben zu erhalten. Spätestens jetzt wird man mir eine Sympathisierung mit dieser Bewegung andichten. Doch es geht nicht um Sympathie oder Antipathie, sondern um verstehen oder missverstehen. Der liberale Muslim, die Ideen des Liberalismus, entstammen der westlichen Kultur. Fragt sich, wie eine Auseinandersetzung mit dieser vorislamischen Tradition aussehen könnte? Er beschäftigt sich mit der Gegenwart, doch die sogenannte islamische Gegenwart ist die Gegenwart des Westens, die sich in Form einer Projektion als islamische Gegenwart deklariert. Der junge liberale Muslim geht von einer imaginären islamischen Gegenwart aus und versucht daraus eine islamische Zukunft zu erschließen. Man könnte auch sagen, dass aus der christlich-abendländischen Gegenwart eine islamische Zukunft entstehen soll. Dem liberalen Muslim unterlaufen mehrere Fehler. Zum einen das nicht Erkennen der eigenen Vergangenheit und Gegenwart und damit der eigenen Tradition. Zum anderen macht er die christliche Gegenwart, die er nicht kennt, und somit auch nicht ihre Vor- und Nachteile, zu seiner islamischen Gegenwart. Das ist die Position der islamischen Intellektuellen, derjenigen, die Objektivität in der Sache und Neutralität für sich beanspruchen und behaupten, die Wissenschaft zu lieben und sie fördern zu wollen. Ihre Häuser sind auf Sand gebaut. Sie sind wahre Träumer. Sie sind diejenigen, die sich am weitesten von der eigenen Kultur entfremdet haben, ja noch gefährlicher von der eigenen Identität. Nehmen wir an, der junge, scharfsinnig denkende Muslim erkennt dieses Dilemma und fragt sich nun selbst, nachdem er erkannt hat, das die islamische Tradition eine andere ist als die christliche, wie könne er diese Tradition wiederherstellen? Doch durch eine Revolution? Wenn ja, wie kann solch eine Revolution aussehen? Von der Revolution erhofft sich der junge Muslim die Wiederherstellung der ursprünglich islamischen Tradition. Gleichzeitig erwartet er von der Tradition, die die Vergangenheit bis hinein in die Zukunft dominiert, dass sie die Revolution unterstützt. Warum sollte diese Tradition den eigenen Umsturz unterstützen? Der scharfsinnig denkende junge Muslim ist stets auf der Suche nach einer Methode, um eine Revolution zu verwirklichen, denn er sieht die Lösung nur in einer Revolution. Gelingt es nicht, so wird die eigene Identitätskrise auf andere projiziert. Das Scheitern dieses Vorhabens wird als fremdgesteuert angesehen. Damit solch ein Konstrukt für ihn überhaupt akzeptabel erscheint und um den inneren Konflikt zu reduzieren, wird er versuchen, die Realität in einer bereits bestehenden Theorie einzubinden. Das ist das Dilemma der arabisch-islamischen Linken. Es geht ihr nicht um gesellschaftliche Veränderungen und Umstrukturierungen, sondern um den Nachweis der Gültigkeit der sozialistischen-marxistischen Theorie. Daher bewegt sich die Linke in der islamischen Welt seit Jahrzehnten in einem Teufelskreislauf ohne Perspektive auf eine wirkliche Veränderung der Gesellschaft. Diesen Intellektuellen mangelte es an Objektivität und an historischer Perspektive.

Die unterschiedlichen Denkweisen, seien sie nationalistisch, liberal oder links, basieren auf Analogieschlüssen. Sie schließen von Bekanntem auf Unbekanntes. In diesem Falle schließen sie aus der bekannten vorislamischen Tradition, kombiniert mit westlichen Denkströmungen, auf eine islamische Zukunft. Wie können Analogieschlüsse gezogen werden, wenn die vorislamische Tradition zum einen mit der ursprünglichen islamischen Tradition und zum anderen mit der christlichen Tradition wenige Gemeinsamkeiten aufweist? Die islamische Intelligenzia kritisiert einerseits die Analogieschlüsse innerhalb der islamischen Philosophie, andererseits praktiziert sie selbst die Analogie mit verheerenden Folgen.

In der Konsequenz heißt es aber auch, dass der Islam durchaus sozialistische, kapitalistische, kommunistische und liberale Elemente enthält, jedoch nicht deckungsgleich ist mit der westlichen Kultur. Die islamische Kultur muss von sich aus Lösungsvorschläge erarbeiten und in die Praxis umsetzen. Alle Bewegungen und alle Denkströmungen, die ihre Wurzeln nicht in der islamischen Kultur haben, können der islamischen Welt nicht wirklich weiterhelfen. Der Kommunismus, der Sozialismus und der enthemmte Kapitalismus, allesamt westliche Produkte, sind in der islamischen Welt kläglich gescheitert.

Der Autor

Der Autor wurde 1972 in Marokko geboren. Der Mediziner, Politikwissenschaftler und Soziologe entstammt einer marokkanischen Familie, die ihre Wurzeln in Andalusien hat.

Während seiner gymnasialen Zeit nützte er die Schulferien, um andere Kulturen und andere Religionen kennen zu lernen. So reiste er im Rahmen eines Austauschprogrammes nicht nur in die USA sondern auch in die damalige UdSSR. Mit anderen Gruppen reiste er auch in die damalige Tschechoslowakei. Mit Rucksack und einem Bahnticket machte er sich auf die Spuren der Expressionisten und Impressionisten und insbesondere wegen seines großen Vorbildes, des Surrealisten Salvatore Dali, auf den Weg nach Südfrankreich und Nordspanien.

In Nordafrika bereiste er die alten Universitätsstädte wie Fes. Zudem besuchte er die Al-Azhar-Universität in Kairo. Er verweilte dort für einige Wochen bei einer Sufigruppe.

Vor seinem Medizinstudium bereiste er Sizilien auf den Spuren Friedrich II. Während seines Medizinstudiums gab es zahlreiche Auslandsaufenthalte u.a. in die USA, nach Großbritannien und nach Marokko. Während dieser Zeit beschäftigte er sich sehr intensiv mit unterschiedlichen Religionen und vertiefte sich in die Spiritualität des Sufismus und der christlichen Mystik des Meister Eckhard. Er besuchte die Heiligen Städte der Juden in Marokko und lernte deren Sitten kennen. Gleichzeitig begann er sich für die arabisch-islamische Medizin zu interessieren. Während seines Studiums machte er zahlreiche Praktiker in zahlreichen arabischen Krankenhäusern.

Enttäuscht von der heutigen arabischen Medizin wandte er sich während seines Studiums der Politikwissenschaften der internationalen Politik und der Friedensforschung zu. Tief beeinflusst und beeindruckt von Galtung und unterstützt von seinem Mentor Professor Simonis vertiefte er sich in die Materie und schrieb entsprechend seine Magisterarbeit über die Muslimbruderschaft in Ägypten. Gleichzeitig häufte er sich Wissen und Erfahrung in der Medizin an. Er wurde Neurologe, Psychiater und Psychotherapeut. Zusätzlich interessierte ihn, auch im Zusammenhang mit seinen spirituellen Erfahrungen, das Thema Tot. Er wechselte die Fachrichtung komplett und begann in der Anästhesie zuarbeiten. Zusätzlich war er jahrelang als Notarzt und Flugarzt tätig. Während dieser Zeit als Notarzt lernte er das Elend kennen. Diese Arbeit warf für ihn erneut die Frage auf, was der Sinn des Lebens wohl sein soll. Er intensivierte daraufhin sein Studium des Sufismus.

Als Flugmediziner holte er Patienten aus mehr als 90 Ländern. Dabei kam er zu der Erkenntnis, dass die Kulturen, so unterschiedlich sie auch erscheinen mögen, sich doch in Wirklichkeit sehr ähneln. Er machte sich seit dem zur Aufgabe, die unterschiedlichen Kulturen aneinander bekannt zu machen.

Von ihm ist erschienen:

Machtprobe am Nil: Der Siegeszug der Moslembrüder (2009)

Der Schrei aus dem Serail: Eine Reise durch die religiöse und spekulative Gedankenwelt des Islam (2012)

Die verdrängte Kultur: Eine kurze Einführung in die Geschichte des Orients (2012)

Unser Meer hat kein Ufer: Fragmente einer Liebesgeschichte (2013)

Der Islam (2013)